本书获得江苏省社会科学基金后期资助项目支持

U0653261

江苏青年文化消费研究

高健 著

JIANGSU QINGNIAN WENHUA XIAOFEI YANJIU

南京大学出版社

图书在版编目(CIP)数据

江苏青年文化消费研究 / 高健著. —— 南京：南京
大学出版社，2021.6
ISBN 978 - 7 - 305 - 24349 - 3

Ⅰ. ①江… Ⅱ. ①高… Ⅲ. ①青年－文化生活－消费
－研究－江苏 Ⅳ. ①G127.53

中国版本图书馆 CIP 数据核字(2021)第 060510 号

出版发行　南京大学出版社
社　　址　南京市汉口路 22 号　　　　　邮　编　210093
出 版 人　金鑫荣
书　　名　**江苏青年文化消费研究**
著　者　高　健
责任编辑　马　丽

照　　排　南京南琳图文制作有限公司
印　　刷　江苏凤凰数码印务有限公司
开　　本　718×1000　1/16　印张 18.25　字数 337 千
版　　次　2021 年 6 月第 1 版　2021 年 6 月第 1 次印刷
ISBN 978 - 7 - 305 - 24349 - 3
定　　价　72.00 元

网址：http://www.njupco.com
官方微博：http://weibo.com/njupco
官方微信号：njupress
销售咨询热线：(025) 83594756

目　录

前　言

文化消费是一个十分复杂的问题。如果说工业社会存在的基础是消费,那么文化工业背景下的文化消费则是一种历史的必然。然而文化毕竟是一种特殊的商品,当文化作为一种商品出现在市场时,文化本身的性质和功能就发生了根本性的变化,也由此引发了一系列的有关文化发展的问题。以消费为目的的文化,还是文化吗? 文化成为商品后,又该怎样评价文化的价值、文化的追求? 市场总是能最直接、最敏锐地反映人们的需求,谁又能为文化商业化、产业化所引发的后果负责?

随着经济快速发展,社会持续进步,人们的生活水平不断提高,消费需求层次也随之日益提高。然而,在知识、文化成为社会竞争主导因素之一,文化消费逐步扮演着重要角色的今天,我们不禁要问,那些文化资本相对贫乏,在文化消费中易被忽视的青年群体究竟处于何种状态,他们在文化消费过程中都受到哪些因素的影响? 因此,本书从社会学角度对青年群体文化消费的影响因素进行研究,在分析总结江苏青年群体文化消费的状况、特点,并深入考察其文化消费的影响因素基础上,探讨其是否以及如何通过文化消费来增加文化资本的拥有量,以此来获得在社会场域中的有利位置,且就这一群体文化消费的社会脉络进行分析,剖析其在主流文化占主导地位的情况下,如何创造本群体的文化消费行为,界定自身的社会地位。

本研究主要采用抽样问卷调查与深入访谈法,以文化消费为切入点,力图揭示青年文化消费实践的意义和亚文化对该群体文化消费行为的影响。本书既是对青年文化消费现象的分析,也是对中国当代文化发展的理论反思。

一、研究背景

党的十八大报告提出,扎实推进社会主义文化强国建设,必须坚持文化体制改革。在文化消费方面,文化消费水平是同经济基础、消费需求和实际供给能力密切相关的。业内人士分析认为,当人均年收入超过 8 000 美元时,人们对于文化娱乐的需求将呈现井喷式增长。文化是民族的血脉,是人民的精神家园,深化文化体制改革,推动社会主义文化大发展大繁荣,对于全面贯彻落实科学发展观,加快转变经济发展方式、满足人民群众精神文化需求、维护安定团结政治局面、全面建成小康社会具有重大而深远的意义。

近年来,随着我国社会经济的发展,人民生活水平得到不断提高,文化消费产品日益丰富,愈来愈多的人意识到文化消费的重要性,文化消费所占比重逐渐增大。文化消费是指用文化产品或文化服务来满足人们精神感受需求的一种消费方式,主要包括教育、文化活动、体育健身、旅游观光等方面。近年来,文化体验消费的范畴日益变大,更多的人开始积极地参与到文化体验消费的各项活动中,文化消费在消费结构中的所占比例不断提升。

在众多消费者中,青年作为一个特殊群体,正处于学习知识、接受教育、储备能量的重要时期和世界观、价值观形成与发展的关键阶段。与一般消费者相比,他们对知识的、精神的、文化的消费需求理应更为显著。尤其是江苏当代青年,由于网络的深入影响,他们较之以往的青年,思想更为求新求异,追求更丰富多样的产品形式。因此,引导江苏青年树立正确的文化消费观念,可谓意义重大。

然而,根据相关数据显示,目前我国当代青年在文化消费结构上还存在缺陷,与发达国家相比,我国青年的文化消费比重较低,尤其是他们对专业类书报杂志、课外培训班等实用发展型文化消费所占比重明显偏低,文化消费层次不高,热衷于消遣性、娱乐性或炫耀性消费。所以,如何更好地满足和引导青年精神文化消费,使之朝着健康、科学、合理的方向发展,正成为当今教育界乃至整个社会关注的焦点。

近几年,关于当代青年文化消费的理论研究逐渐增多,但其中大多数研究者基于定性分析,从当代青年自身特点及其引发的消费特殊性出发提出相应的引导对策,很少有研究者选择定量分析。即使从定量分析着手,研究者也更多只是基于相关调查数据进行表面的现状分析,很少会深入内在,导致提出的应对策略总是在实际运用时存在一定偏差。

在此情况下,本书试图从江苏地区当代青年的文化消费现状调查出发,用定量的手段分析当代青年文化消费所存在的问题、探寻影响文化消费的因素,从一个全新的角度提出相应的应对策略,以期更准确地为江苏当代青年文化消费把脉。

二、研究意义

目前,人类已进入了知识经济时代,文化与经济的相关性变得日益紧密,文化资本在个体竞争乃至国家竞争中均扮演着极其重要的角色。因此,人们对于文化消费愈加重视。尤其近几年,我国社会经济不断发展,人们对文化消费的需求愈加强烈,文化体验消费的范畴日益变大,更多的人也开始更为积极地参与到文化体验消费的各项活动中,文化消费在消费结构中所占的比例不断提升。因此,有学者断言文化消费将成为未来国民消费的重要发展趋势之一。

当代青年,作为一个正值学习知识、接受教育、储备能量关键阶段的特殊群体,通过文化消费实现文化资本的聚集,将帮助其世界观、价值观的形成与发展。因此,探索当代青年群体文化消费的影响因素,将为推动该群体更好地进行文化消费提供一定参考。对青年群体文化消费的观察与测度,还将有利于对青年消费心理的变化及文化消费的内在本质规律进行认知层面的有效拓展,为相关领域的理论知识丰富提供了有效途径。同时,了解当代青年的文化消费心理及行为方式,对未来此类消费发展趋势进行有效预测与把握,将为在塑造未来消费市场、服务青年健康成长、提升国家文化软实力等多个领域取得长远发展提供较大程度帮助,产生较为显著的社会实践价值。

青年文化消费看似是个体行为,实际上却受到媒体、家庭、同伴等社会因素的影响,个体不同的消费能力、家庭背景都将作用于自身的文化消费。因此,本书基于过往文献研究,充分结合消费社会化的相关理论,提出研究假设,通过大量的问卷调查,实证研究自身文化消费意识、媒体使用情况和对媒体的接受态度以及家庭、同伴和社会环境等因素与江苏当代青年文化消费行为间的关系,并根据调研结果提出一些相关的建议与理论结论,因此本研究在理论与实践上具有一定新意。

三、研究内容与技术路线

(一) 研究内容

前言,又是导论。在这一部分将说明选题的背景、研究的意义、研究的内容、研究方法以及可能的创新点,并简要介绍本研究的研究思路。

第一章:文化与文化消费的内涵。在这一章里,笔者将对国内外有关文化消费及消费社会化理论的相关文献资料进行回顾与梳理,从而对文化消费的定义、形态及生产,文化消费的类型,文化消费的本质(内涵、类型、功能、条件),文化消费的现实与理论基础(文化消费与消费文化)的相关研究理论进行系统阐述。

第二章:文化与文化消费思想考据。这一章包括三节内容:第一节西方文化消费思想的发展沿革(李维思学派的精英主义立场、法兰克福学派对文化工业的批判、伯明翰学派的文化消费理论、凡伯伦、齐美尔、布迪厄的文化消费理论);第二节 马克思文化与文化消费思想(人是实践的人与文化的人的内在统一、物质生产与精神生产的关系、现代文化与商品拜物教);第三节后现代主义视角下的文化消费进程(女性主义的文化批判理论、詹姆逊的文化理论、波德里亚的后现代文化消费理论)。

第三章:文化消费的历时态实践。这一章包括五节内容:第一节近代时期的文化消费;第二节现代时期的文化消费(19世纪后半期至20世纪60年代);第三节后现代时期的文化消费;第四节中国文化消费的兴起与现状;第五节典型国家文化消费比较分析(美、英、日、韩的启示)。

第四章:江苏文化消费的历时态实践。主要包括江苏文化消费的现实基础、改革开放后江苏青年文化消费的历时变迁和当前江苏青年文化消费的主要趋势等。

第五章:江苏青年文化消费的现状及特征。这一章包括三节内容:第一节文化消费的水平、结构和内容;第二节江苏青年群体文化消费的特征;第三节江苏青年网络文化消费的现状。

第六章:江苏青年文化消费影响因素分析。这一章包括三节内容:第一节江苏青年文化消费影响因素分析;第二节江苏青年文化消费影响因素关联性分析;第三节各影响因素内部关联性的讨论。

第七章:江苏青年网络文化消费案例实证研究——以网络直播为例。通过定性和定量相结合的社会调查研究方法,尝试解读和分析"网络主播群体的直播实践及其后果"这一江苏青年文化消费案例问题。具体而言,从网络主播的群体特征、直播价值、直播风险这三个维度分析网络直播实践现状,并提出具体的对策与建议,进而提升对于网络主播群体的直播实践的认知与理解。

第八章:江苏青年文化消费引导对策。笔者将基于消费结构的分析和影响因素的探究,从社会、家长、学校等三个层面提出促进江苏青年文化消费合理化的建议与对策。

（二）研究技术路线

本研究的分析路线遵循"提出问题—分析问题—解决问题"的逻辑思路,具体研究技术路线如图 0.1 所示。

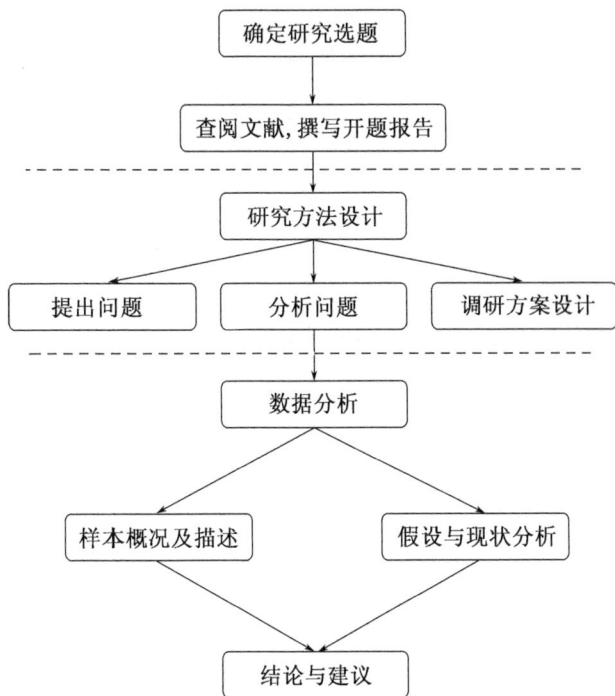

图 0.1　研究路线图

四、研究方法与创新点

（一）研究方法

定量研究是国外研究消费者行为的主流方法,但在国内文化消费行为研究领域亦极少有人采用这类方法,因此此次研究将采用实证为主,运用 SPSS 软件对数据进行剖析,以探究江苏青年文化消费的影响因素及对策。具体研究方法如下:

（1）文献检索法。运用主流信息检索网站数据库,查询分析文化消费的相关文献资料,对已有文献数据进行梳理与整合,将研究思路落到实际。

（2）问卷调查法。通过一定数量的调查问卷与合理的回归模型，对不同类型的青年群体文化消费现状进行调查。

（3）因素分析法。对影响青年群体文化消费的主要因素进行相关性检验与回归分析，通过构建回归方程等方式，对核心因素进行准确把握。

（4）虚拟民族志。利用花椒、映客等网络直播平台进行线上参与观察；在网络主播的工作地点进行实地观察。考察青年群体网络文化消费现状。

此外，依据之前的文献回顾，消费社会化过程中的家庭、同伴、大众媒体以及社会环境等外在变量因素对消费者进行的消费行为起着重要作用。同时，考虑到青年消费群体自身的内在变量，如性别、年纪、价值观念等，根据消费社会化概念模型，笔者提出本研究的研究模型，具体如图 0.2 所示。

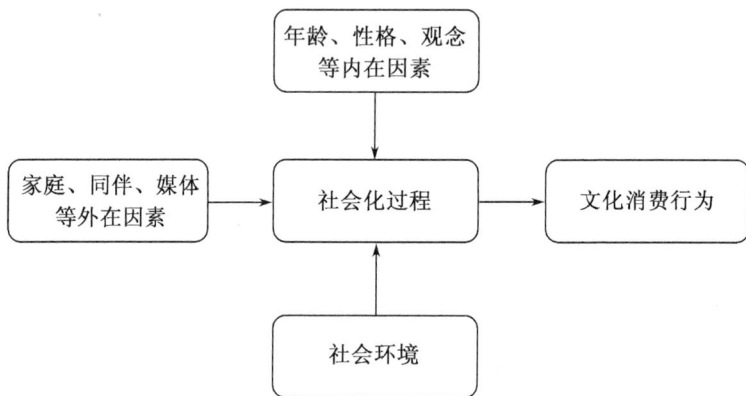

图 0.2　研究模型

（二）创新点

（1）从学术思想而言：对文化消费概念的准确界定与据此而进行的青年群体文化消费行为现状分析，对相关领域的交叉区域进行了有机探索，从而为青年健康成长进行有效分析，具有一定研究新意。

（2）从研究方法而言：目前，关于文化消费的研究还主要集中于对行为现状与主要影响因素的探索中，研究团队将更进一步，通过对主要因素未来变化的仿真与模拟，预测未来青年群体文化消费行为的变化，具有一定首创性。此外，调研方法将使用虚拟民族志：利用花椒、映客等网络直播平台进行线上参与观察，考察青年群体网络文化消费现状。基于江苏地区的样本分析，对本地区的政策制定提供翔实的数据支撑和工作依据，将有一定的政策参考价值。

（3）从研究视角而言：本研究在分析青年网络消费时，并没有先入为主地对青年群体的网络消费进行过多的预设和贴上一些污名化标签。本研究以网络直播空间的劳动策略、呈现过程与抵抗方式为切入点,研究组成员已经在南京、淮安等网络直播公司与花椒、映客等网络直播 APP 进行数月线上田野观察,与十几位网络主播建立联系,并进行了大量的实地访谈;已经与 2 家公司的网络直播公司创办人取得联系,并获取其信任。因而,这有利于课题组成员深入接触青年网络文化消费问题。

五、国内外研究现状及趋势

随着我国居民生活水平的不断提高,涉及文化消费的研究近年来在我国一直是学界关注的热点与前沿。面板数据、聚类分析、结构方程均是相关领域所采用的主流分析方法,以探索这两类消费行为在我国各类消费群体中的消费结构组成状况及主要存在问题。例如,邵继红、叶思佳(2012)运用相关实证手段从武汉市民日常消费行为习惯着手,基于个人、心理、文化及社会等四方面分析当前阻碍该城市文化消费发展的主要原因;朱伟(2012)利用有序 Probit 模型建立青年文化消费需求模型,分析微观因素对青年文化消费的影响。但总体而言,这类基于消费结构的行为研究一定尚存不够完善的地方,即对于两类消费行为概念的界定与分类难以做到准确。由于无法清晰定义,因此在统计、测度等过程中就带来了一定不确定性。此外,这类统计指标在设计过程中,还是主要借鉴曹俊文在 2002 年发表的精神文化消费统计指标体系,与时代发展出现了一定的不吻合性。

国内对于文化消费的关注还聚焦于消费市场的重新塑造过程。基于消费者消费体验的大数据分析,众多学者对文化消费制造组织提供了全新的工作思路。例如,蒋映(2013)、张飞飞(2013)便先后依据消费者文化消费特性,为绍兴及澳门文化纪念品开发、文化旅游线路设计提供了重要的参考思路。

将文化消费的消费对象收缩至青年群体,亦有一定数量的文献研究。例如,张文潮(2012)通过问卷调查,将当代青年群体的文化消费特点概括为理性化、个性化与浅层化;霍蓉光、胡军来、程哨杰(2012)从社会、家庭、学校、青年自身等四方面对青年文化消费进行了论证与阐述。但这类研究大多还是教育工作者在日常工作中的一些经验总结,定性描述较多,对于青年群体的实际文化消费行为活动可能存在一定偏差,更难以对青年群体的文化消费未来预期进行有效判断,缺乏前瞻性。

正如 Van Boven、Gilovich(2003)和 Mehmet(2012)所说,文化活动对于人

类而言,具有持续增强的吸引力,它就像一条社交纽带不断地作用于人类的行为与心理活动。因此,与国内研究现状相似,国外学者对于文化消费的研究也是十几年来的重点研究领域。

目前,国外学者对于文化消费的研究成果大致可以分为三类:① 文化消费是一种精神倾向的消费行为,与目标导向型消费不同,受享乐意识、内在激励与互动影响所刺激发生(Dhar、Wertenbroch,2000;Novak、Hoffman、Duhachek,2003);② 文化消费受到个人特质和社会环境综合影响,其中大五人格中的"情绪稳定"特质对文化消费的作用格外明显,而社会环境整体风格的营造也是文化消费行为开展的主要作用因素之一(McDaniel,Zuckerman,2003;Lissek et al,2005;Mehmet,2012);③ 将文化消费研究对象聚焦于青年后,"消费社会化"理论是主要研究成果。和其他领域的社会化一样,家庭、同龄人及媒体等是青年群体消费社会化的重要影响因素,帮助青年消费者获得各种与市场活动相关的技巧、知识和行为。Ward(1978),Moschis、Churchill(1978)等更将消费者行为的自身特质与外界作用力结合,提出了消费社会化的概念模型,认为社会阶层和性别是最重要的两个社会结构变量。

综上所述,在国内外学界,关于"青年文化消费"的研究都是一个关注热点,定量化、理论化研究将成为这一领域的未来趋势。借助对大量研究数据的分析,将进一步构建并丰富我国文化消费领域的理论基础,同时,现有的文献研究还存在一定不足,例如对于文化消费的准确定义及由这一定义引发的关于各种类型青年群体文化消费行为现状的研究等。根据这些研究数据,可以对未来文化消费市场进行有效预测与指导,也为青年的健康成长提供强有力的数据支撑。

第一章 文化与文化消费的内涵

第一节 文化的定义、形态及生产

一、文化的定义

何为文化？这似乎已成了一个"人人知其意，不可尽其言"的问题。正如余秋雨先生在《何谓文化·自序》中所说："这正像要把空气抓在手里似的：当我们去寻找文化时，它除了不在我们手里以外，它无所不在。"

西方的"文化"一词主要由拉丁文中的"Cultura"演变而来，其主要是指后天发展出来的产物，如耕种、熔铸、思考、教育等所产生的事物，与先天存在的事物相对。例如先天生长的谷物不是文化，经过人工种植培育生长出来的粟、麦、水稻，乃至现今的杂交水稻等则为文化；天然的矿石不是文化，而经过人类磨制、熔铸而成的石器、青铜器等则为文化；各种自然现象不是文化，而人类将其幻想成神格化的神灵意志则为文化。以上种种，均表明文化与自然的根本差异，在于事物在其产生过程中是否经过人类加工，是否接受了人格化的改变。

不同的学科方向、学术背景和知识体系决定了人们对于文化的层次、内容有着纷繁复杂的理解。历史专业的学者们往往将文化当作古代社会的遗留产物，或者传统的思维、行为模式的全部集合；而心理学家则更倾向于把文化看作无数个体心理在历史卷帙上会合而构成的鸿篇巨制，或者是因满足历史上多数人心理期望而留存的思维、行为方式。发生论者强调，文化是社会本身及其内部各要素不断互动影响的产品；而结构功能主义者则反驳，文化是由社会各要素或不同文化特征所构成的一个稳定整体。有的人提出把文化定义为观念之流，偏重文化观念的作用；有的人则把文化作为社会的最高规范，把文化视作不同人类群体共同遵守的行为模式或生活方式。1952 年美国人类学家阿尔佛雷德·克罗伯和克莱德·克拉克洪在《文化——关于概念和定义的评论》一书中，对文化本身进行了深入而广泛的研究,总结并列举了共161种定义。在人类社会的发展历程中,人们对于文化概念的探索和研究从未止步,并仍保持着不断扩充和发展的活力,而文化概念的发展,既反映了人类对自身发展成果的总结,也体现了知识以学科为界限的不断分化和成熟。

1871年英国古典进化论的主要代表人物爱德华·伯内特·泰勒在其代表作《原始文化》中首次创造性地提出了把文化作为一个中心的概念,并且系统地表述其含义为:"文化,或文明,就其广泛的民族学意义来说,是包括全部的知识、信仰、艺术、道德、法律、风俗以及作为社会成员的人所掌握和接受的任何其他的才能和习惯的复合体。"这是人类首次具有把文化看成多元的整体的基本观念,这也为后来的人类学、社会学专家们研究文化的现象划定了一个学术的基本范围。

在《文化论》一书中,马林诺斯基将文化定义为"文化是指那一群传统的器物、货品、技术、思想、习惯及价值而言的,这概念实包容着及调节着一切社会科学"。这对文化范围的划定在超越了泰勒的文化描述性定义的基础上,对文化的功能和价值给予了更高程度的关注,书中强调文化就是直接或间接地满足人类的各方面需要,包括人们的物质、精神需求和适应社会的社会功能。

社会学家则在社会的行为模式和共有价值观念上停留了更多目光,他们强调文化具有特殊的群体共同特征。法国社会学家迪尔凯姆强调说:"文化是我们身外的东西——它存在于个体之外,而又对个人施加着强大的强制力量。我们并不老是感到文化强制的力量,这是因为我们通常总是与文化所要求的行为和思想模式保持着一致。然而,当我们真的试图反抗文化强制时,它的力量就会明显地体现出来了。"

美国社会学家保罗·布莱斯蒂德是从价值和意义世界来理解文化的。他认为:"文化是用来指作为一个民族社会遗产的手工制品、货物、技术过程、观念、习惯和价值。包括一切习得的行为,智能和知识,社会组织和语言,以及经济的、道德的和精神的价值系统。一个特定文化的基本要素是它的法律、经济结构、巫术、宗教、艺术、知识和教育。"

斯宾格勒认为文化的根在于生命或者生活,把文化看作一场生命的创造活动。他认为文化是"生成变化的过程",而文明则是众多文化的集合,"文明是一种人性发展(即一种文化发展)所达到的最外在、最不自然的状态"。这种概念更突出了文化活动所具有的动态性、过程性。

社会学家丹尼尔·贝尔则通过三个层面来对文化进行深层次剖析:第一层面,从广义上来说,是覆盖了一切人类的行为生活方式;第二层面,从艺术的角度来看,是贵族阶层的传统中对高雅艺术和上流社会精细生活的狭窄限定;而第三个层面,即用作者自己的语言来说,"文化本身是为人类生命过程提供解释系统,帮助他们对付生存困境的一种努力","是回答人类生存反复遭遇人生的一些根本性问题",这些也是丹尼尔·贝尔本人向来坚持和推崇的。

与此同时,中国学者对于文化的界定基本上也是一种广泛的、属于"大文化"的概念。

梁漱溟先生曾在《东西文化及其哲学》一书中用"一个民族生活的种种方面"来形容文化,其中主要包括三个层面:第一层面,在物质生活方面上包括如一日三餐、生活起居等种种享用,人类向自然界谋求生活必需品的各种方面;第二层面,在社会生活方面上,我们个人的行为、生活方式以及我们对待身边的人的方式,如社会组织、伦理、习惯、政治制度及经济关系等;第三层面,在精神生活方面上,大到宗教、艺术,深似哲学、科学等。诸如此类基本上都是对文化从广义上的界定和对其内容的扩充。根据以上划分,人类后天所创造的一切,包括各学科、各领域等任何非天然的产物都可纳入文化的范畴。

张岱年先生从意义的生产和流通的角度出发,把文化理解成为意义生产与流通的过程及成果。他指出,"文化总是既作为人类在人本身的自然及外部自然的基础上、在社会活动中创造并保存的内容之总和而存在,又总是作为一种活生生的创造活动而演化。文化是人类在处理人和世界关系中所采取的精神活动与实践活动的方式及其所创造出来的物质和精神成果的总和,是活动方式和活动成果的辩证统一",而且在文化活动过程和文化成果中都含有一种文化意义或文化精神。

在 20 世纪 80 年代,中国曾掀起过一阵"文化热"。在那个时代,当时的学术界基本沿用了苏联学术界对于文化概念的看法,如 1982 年版的《简明社会科学辞典》中,将文化定义为"人类在社会发展过程中所创造的物质财富和精神财富的总和"。之后又从广义和狭义的角度,对文化概念进行更详细的划分,广义上包括物质文化和精神文化,而狭义上则仅包括精神文化。

到了 90 年代,中国学术界开始了新一轮的思考,人们把目光更多地投向文化的动态过程,即马克思主义中以实践为基础的人的主观能动作用,同时又将文化归结为"人化"和"化人",即对历史和现实的社会主体的对象化,和由其演变而来的超越,进一步将人与文化合而为一,变成密不可分的有机整体。与各门学科所研究的对象相比,文化最大的不同之处在于,它并非与众多学科,如政治、经济、哲学、科学等或者其他具体意象相并列的一个具体的对象,而是与人的一切行为、生活息息相关,内化于一切生命活动之中,潜移默化中影响、制约着人的深层次、机理性的行为方式。因此,文化虽然包罗万象,但又是无形、抽象的存在,很难用具象化的语言去形容和把握。

以上是古今中外关于文化一些具有代表性的名家之言,从这些讨论中我们可以总结出公认的文化的基本定义:文化就是人类创造的一切活动成果及其使用成果的方式。既包括各种物质文化,如各类物质要素及生活必需品;又包括各种精神文化,如各种思想方式、观念习惯、价值系统及其产品;同时也包括诸多社会产物,例如制度文化、风俗习惯,各种社会组织及行为方式。

二、文化的存在形态

那么,文化的存在形态到底是什么,即文化在现实生活中以什么方式体现或以什么方式发挥作用?

一般而言,在一个社会中,从构成社会的主要阶层和其存在状况的方面来看,我们可以把文化的基本存在形态分为三种:其一是官方文化,即一个社会占统治地位的、为官方所认可或颁布的通知思想或意识形态;其二是精英文化,是由社会的知识分子,特别是人文知识分子所代表的自觉的文化精神;其三是大众文化,主要指一般民众的自在的文化模式或社会文化心理。这三种文化在不同的社会阶段和历史时期会呈现出不同的关系,可能是互相冲突的,也可能是相对统一的;可以是相互交叉渗透,也可以是相互游离而毫无关联。正所谓"雅俗共赏",我们也可以把社会的主体文化区分为雅文化和俗文化,或是更通俗的上层文化与下层文化。雅文化或上层文化与前文所述的精英文化相类似,是由各领域顶尖的知识分子,例如哲学家、艺术家、文学家、教育家、思想家等群体妙手所作,理论化且成一定体系的文化;而俗文化或下层文化也即是我们所说的大众文化或民间文化,它是比精英文化更自发、自然的一种文化,包括各种民间艺术、山歌民谣、流行歌曲等等。

如果我们再换一个角度,从人类或全球的角度来分析文化的存在形式,我们还可以发现文化所具备的民族性与世界性,这样,我们又可以将文化分为民族文化与世界文化、中心文化与边缘文化等多种形态。马克思和恩格斯曾在《共产党宣言》《德意志意识形态》等著作中讲到,随着资本主义世界市场的开辟和全球范围内物品的交往和交换的不断发展,民族的历史越来越被"世界性的历史进程"所取代,相对应的,民族文化受到世界文化的冲击也越来越大。而事实也的确如此,随着上个世纪末开始的全球化进程不断推进,一个全人类都无法逃避的问题逐渐凸显,即民族文化和世界文化的关系问题。民族文化与世界文化在竞争开始处于劣势,一方面是各民族为了不被全球化进程和现代化进程所抛弃,为了生存与更好地发展,越来越主动地接受或提出一些具备共同约束力的国际准则,认同一些各民族共同的文化价值,另一方面是各民族的年轻一代在成长过程中接触的并非一隅,而是新时代背景下具有世界性的文化,从而在这种氛围中自觉地趋同。这种现象在全球化进程进一步深化的同时,也引起部分学者的担忧和批判。其中,典型代表便是后现代主义者从反对文化殖民主义的立场出发,提出的中心文化与边缘文化的概念。他们认为,在全球化进程中,各民族在文化上的处境和地位是不对等的。其中,以美国、欧洲为代表的一些发达国家以世界主流文化的身份自居,而不发达的国家则成了这种文化的被动接受者,同时这些民族还面临着遭受文化殖民主义或文化帝国主义的文化霸权带来的思想、文化上的统治的可能。因此,中心文化与边缘文化的划分实际上是对世界文化与民族文化的理论在批判性视角上的一种补充。

三、文化的产生

那么,文化是如何产生的呢?文化生产作为一种独立的创造活动是人类社会分工发展的产物。随着社会生产力的提高、物品交易范围的扩大,物质劳动和精神劳动开始出现细分,人类的社会分工在此基础上逐渐实现。一方面,使得科学、文化、哲学、艺术、神学等文化真正实现了独立;另一方面,专门从事生产这些文化的人也逐渐形成了一个个群体。也正是社会分工,使文化生产从一般生产劳动中独立出来,并成为一种专门的创造活动,形成一种社会职业,使文化生产者得以摆脱物质生产活动而从事文化创造。

研究文化消费的前提是要掌握文化生产的特殊性质。

首先,文化生产是一种不同于物质生产的特殊的创造性活动。换而言之,文化生产是在创造一种文化特质。作为文化生产者,艺术家、科学家、哲学家、文学家等的任务,不是重复劳动,生产已有的东西,而是要去创造新的特质,生产过去没有的东西。这种创造不是异想天开,而是必须以总结人类过去的社会文化为基础,利用已有的文化特质、要素,进行文化再创造。正是文化生产具有的创造性,才使文化生产区别于一般的物质生产而自成一体。因此我们说,文化生产具备创造性,是一种创新活动。

其次,文化生产从本质上来说是一个社会自由的精神生产。文化生产是一种社会群体进行精神创造的过程,不考虑其借助实物而存在的情况,其产品的主要存在形式是精神产品。文化生产虽离不开经济基础,离不开这个基础上所建立的一定社会形式,但是,它们仍受该经济基础上形成的社会关系、社会环境的一定影响,并不直接依赖于经济基础。文化生产作为精神劳动,其存在与社会经济形态和社会生产方式具有一定的依存性,但它同时也具有很大的独立性,表现为独立的自由创造性活动。只有清楚地认识这一点,才能够理解文化生产作为精神创造其独有的的特殊性和规律。

最后,文化生产不同于一般的商品生产,而其产品也并非用于交易的一般商品。文化生产的性质随着其依存的社会形态的改变在历史上发生过几次根本性变化。

1. 文化生产的非市场化时期

文化生产在古代文明开始产生的时候便已出现,只是那时的文化生产不过是一些个体文化创造者的无心之举。除了极个别的人,他们大多数都不以文化创造为职业,从事文化生产不过是兼而为之。例如,中国古代盛行的诗歌、绘画等文化艺术创作者大多是官僚和士大夫。他们吟诗、作画,或是为了发泄贬谪之苦,或是为情而发,并非将其作为专门的文化艺术创作来从事的。即使像张衡、蔡伦、沈括这样的发明家,他们也是在各个王朝中担任着一定的职务,而发明创造不过是兴趣使然。

随着社会的发展,社会生产力的提高,人类从以生存为目的的觅食、劳作,演变为物质生产、文化创造齐头并进;又从满足个人的需要而进行的自发创造,发展为有划分、有分工的专业文化生产,这是文化发展史上的一个巨大进步。文化生产专业化的出现,不仅使物质活动和精神活动、肉体劳动和精神享受、生产与消费各由不同的社会群体来承担,而且真正使文化的创造活动成为现实。在人类为了生存而投身到必要的物质生产、肉体劳动的时候,从事文化创造活动是一项很奢侈的精神活动。

在《资本论》中,马克思提出:"资本主义社会的文化、艺术生产者,如诗人、画家、音乐家等,所进行的创造是非生产劳动;所生产的产品,也是非商品。只有当他们成为雇佣劳动者成批生产为资本家致富的时候,他们的创作才是生产劳动,他们的产品才是商品。"由此可见,即使在资本主义社会的背景下,从事精神创造活动的文化生产者也不是某个资本家的雇佣者,其精神创造产品也不是单纯为了谋利而用于交易的商品。文化生产者绝不是把自己的作品作为谋利手段,其作品就是创作这件事情的目的本身,所以对于这些文化创造者来说,在必要时为了自己作品的地位或是存在而牺牲个人的利益也是可能的。科学家毕生投入未知领域的探索,哲学家穷极一生总结世界的真理,法学家为了维护法律而殉法,这些行为或许在其他人看来是难以理解甚至是愚蠢的,对他们而言却是高尚之举,是为了维护自己的"目的"而自然产生的行为。文化生产者对待他们的精神产品往往视如己出,他们坚信这种生产不夹杂任何私念,单纯是为了推动人类社会的发展。因此,文化生产本质上是一种无私的精神生产,其产品是全人类共享的精神财富。

2. 文化生产的市场化发展

随着社会生产力的提高以及物质和精神生产之间开始出现界限,当一部分人不只是为了个体生存而是为了满足整个社会、整个人类群体的精神需要而进行文化生产时,文化生产的实质已发生了翻天覆地的变化:第一,文化生产作为社会分工中不可或缺的一部分,逐渐发展成为专业劳动,其间文化生产者也逐渐正式成为一种大众认可的社会职业;第二,文化生产在不断延续过程中,产生了一定的继承性,如家族传承,师徒继承等,这种连续性也使得文化生产始终保持着旺盛的生命力;第三,文化生产成了一个社会系统,从而使文化产品持续稳定地增长。

事实上,文化生产直到现代社会,才真正以一个生产部门的身份出现,文化生产者才成为一种可供选择的社会职业。文化生产在社会分工成为专业化的一部分,并在过去的文化生产基础上演变出许多不同的特点。

其一,现代化的文化生产已经不同以往,其特征是有组织地大规模地进行,并且生产形式和生产手段都已经现代化。在社会以商业资本运作之前,文化创造与其他生产运行的方式一样,都是以个体的方式进行的。即使有些文化创作来源于群众的智慧,就如山歌民谣,都是一个地区人民传唱多年后逐渐成形的,但它们仍然是以个别的方式单独进行的,而绝非现代有组织的大规模的集体生产。如今,一个现代化的科学研究所可以聘请上千名科学家同时进行科学探索,其借助的装置也是日趋先进。这种庞大的科研院所好比进行现代化的文化生产的工厂,它在保证极高精确性的前提下进行连续不断的试验,而这在过去是无法想象的。现在,不仅是如数学、物理学、化学、生物学这样的自然科学在利用这种"文化工厂"进行生产,这种生产手段已经被广泛运用于其他各领域,包括社会科学,如人类学的调研基地、心理学的实验室等等。通过这种"工厂"的形式,一个个分散的、个体的文化生产者被集合在了一起,形成了一个职业群体,更有效地在一定的部门进行现代化的文化生产。

其二,现代化的文化生产的进行是有计划的。非市场化时期,文化生产由个人完成,分散且具有很大的盲目性。创造的成果人们互不知晓,各地区各文明在许多问题上重复创造,创造了又很难传承下去,导致后人又不得不重新创造,这样重复进行的文化生产毫无计划性,对资源也造成极大的浪费。文化生产的有计划进行,能有效地节约资源,把握文化生产的整体脉络和发展进程。但这也存在弊端,清晰的计划性、导向性使得创造者的创造力在一定程度上被限制了,而事实上很多的文化生产,如艺术、文学等,生产者都需要有足够充分的精神自由,来发挥自己思想的无穷创造力。

其三,现代化的文化生产的类型是知识密集型的。过去,由于人类文明在大陆上的散乱分布,人类的文化知识是不互通、不统一的。要进行文化生产,信息的唯一来源就是前人遗留的文化知识。在这种情况下,文化生产是有前后顺序的,没有前者的遗留就不可能有后者的产生,尽管它们之间可能存在极大的时间空间跨度。而现代化的文化生产则并非如此,如今各种有用的知识都已经集合到了一起,文化创造者们可以综合地参考所有的信息进行新的文化创造。也正是有赖于知识密集,才能让现代化的文化生产高速、高效地发展。

今天,文化生产已被纳入了商品生产的范畴。尽管文化产品以其特殊性,与一般的商品生产并不等同。但毋庸置疑的是,文化生产的商品化色彩已越来越重,成为支撑经济发展的一大有生力量,并且这一现象仍将继续延续。

第二节　文化消费的本质

一、文化消费的内涵

目前国内学界对于文化消费的界定仍有着许多不同的见解,但对文化消费概念的核心内涵却取得了共识,即满足自身精神的需要是文化消费的最终目的。因此,本研究最终选择对于文化消费的定义是:人们在文化产品或服务领域进行的消费,目的是满足自身精神需求,消费的领域包括教育、社交娱乐、旅游观光等。

在众多参考文献中,学者对文化消费的划分标准也是众说纷纭。本研究通过研究过往资料中多种划分标准,梳理总结如下:第一,按照消费对象的表现形式进行划分,可以将文化消费分为文化产品或文化服务;第二,按照消费对象的性质进行划分,可以分为实用发展型文化消费、娱乐休闲型文化消费及文化耐用品消费;第三,按照文化消费的内容进行划分,则可将文化消费分为教育培训消费、娱乐社交消费、艺术鉴赏消费、体育休闲消费等。[①]

---

① 查婧.青少年文化消费的影响因素分析[D].上海:华东师范大学,2008.

由于本研究的研究对象定位为江苏青年的文化消费行为,特将文化消费的内涵进一步界定,以求研究结果更加科学与实用。江苏青年文化消费行为是指:江苏青年为了满足自身精神需求,适应社会发展需要,对文化产品或文化服务进行购买、享受或使用的行为。从内容及性质上看,这些文化消费行为主要包括:① 教育学习类消费,如购买书籍、购买网络课程等;② 休闲娱乐类消费,如网络游戏购买和充值、购买课外杂志等;③ 体育健身类消费,如租借运动场地、办健身卡等;④ 旅游观光类消费,如境外旅游、周边旅游等。其中,教育学习类消费与前文的实用发展型消费相类似。

> 人们一向认为不能出让的东西这时都成了交换和买卖的对象……甚至像德行、爱情、信仰、知识和良心等最后也成了买卖的对象……这是一个普遍贿赂、普遍买卖的时期,或者用政治经济学的术语说,是一切精神的或物质的东西都变成交换价值并到市场上寻找到最符合它的真实价值的评价的时期。
>
> ——马克思《哲学的贫困》

在现代社会,文化生产已转变为专业化的社会分工的一部分,从过去原始的、分散的个体精神生产活动,转变为大规模的工厂式生产。文化产品也开始被纳入商品生产的范畴,以商品的身份出现在市场上,像其他商品一样供人们挑选、购买。这种背景下,文化消费已成为一种普遍的社会现象。

文化消费是指对精神文化类产品及精神文化性劳务的购买、享受和使用等。其实质是对他人创造生产的文化产品(物质和非物质形态)的消耗,以及可能存在的继承、积蓄、再造和创新过程。简单来说,文化消费是人类购买、享用或使用文化产品或文化服务的行为。其具体内容包括文学、影视、舞蹈、戏剧、音乐等,广义的还包括健身、体育表演和赛事观赏等。主要的两种形态是物质形态和劳务形式,前者如书籍、光碟等,后者如舞蹈表演、剧场演出等。

在很早以前,文化消费就已经存在于人们的消费活动中。只不过由于生产力的极为低下,这种精神性消费只能隐藏在人类争取生存的基本生产和消费活动之中。工业革命带来的生产力发展则改变了这一切,大多数社会成员在全新的社会模式下拥有了一定的经济支付能力,也不必为了生存终日奔走。教育的大众化也让原先王公贵族和各领域精英专享的文化产品逐渐走下神坛,进入大众的审美视野。如出版业、电影业、娱乐业等文化产业的建立使得廉价地大量复制文化产品成为可能,极大地推动其成为大众化的消费品。在社会从以上方面为人们做好文化消费大众化的客观条件和物质准备的同时，现代人的身心全面发展和对精神消费需求的与日俱增已经成为文化消费发展的内在动力。

第二次工业革命带来的巨大生产力使人类社会又一次发生巨变。人们的物质生活水平逐渐提高，拥有和消耗的物质财富越来越多，但这种改变的代价却是牺牲人的全面发展。人们对科学主义和技术主义的盲目崇拜在其打破了宗教迷信和神权统治后再度兴起；人们因实证主义和逻辑崇拜的倾向破坏了基本的价值判断而陷入迷惘；人们因激烈的竞争和快节奏生活而神经紧张，失去了心理平衡；人们对理性的过分推崇导致内心情感的萎缩。在认识到这种病态心理带来的危机后，人们越来越重视通过精神上的自我调整来充实情感、重拾人性，借助文化消费来为人类的发展开拓新的生存空间。

二、文化消费的类型

文化消费由于其主体的兴趣爱好不同，接受的教育水平和文化素质不同以及收入水平参差不齐而出现了层次划分。这种划分主要包括普及型或大众化的文化消费和提高型或高品位的文化消费；有基于生存需要的文化消费，也有基于发展的文化消费；有自娱型的文化消费，也有专业型的文化消费。此外，还有消遣型文化消费、社交型文化消费、娱乐型文化消费、享受型文化消费和智力型文化消费等，这其中消遣型、娱乐型文化消费层次较低，享受型、社交型和智力型文化消费层次较高。

文化消费也可以按供给的主体分为供给性文化消费和自给性文化消费。供给性文化消费主要由学校提供文化消费内容。自给性文化消费主要由青年自我提供文化内容，例如青年课余自己练习声乐演唱，享受音乐文化的陶冶，就属于自给性文化消费。按文化消费的性质，可以分为教育型文化消费和娱乐型文化消费。教育型文化消费主要是为了学习而消费，娱乐型文化消费主要是为了休闲而消费，例如青年到歌舞厅去跳舞属于娱乐型文化消费，到图书馆查阅资料则属于教育型文化消费。按文化消费品的经济属性，可分为商品性文化消费和非商品性文化消费。商品性文化消费指青年按照一定的价格，以货币交换方式实现的文化消费；非商品性文化消费指青年无须支付货币就可以实现的文化享受，主要由社会和学校无偿提供无形的传统文化资源和有形的文化艺术产品而实现，如一所高校的历史文化、校训等无形资源，学校的雕塑、免费的广场音乐会等。从文化消费内容的载体看，可以分为实物形式文化消费和非实物形式文化消费。实物形式消费的文化内容主要有图书、报刊、音像制品、美术品(字画、雕塑)等,非实物形式消费的文化内容主要有电视、电影、广播、文艺表演等。

三、文化消费的功能

1. 文化消费的发展是优化产业结构、促进经济发展的有效途径

随着社会现代化进程的进一步深入,发达国家的产业中心逐渐由落后的第一第二产业的发展转向无形的服务生产。迫于有限资源与脆弱生态对产业的限制,当生产力达到一定水平后,文化消费逐渐替代第一第二产业,成为各国经济增长的有生力量。在 1996 年美国文化产业营业额已高达 1957 亿美元,其中音像制品 295 亿美元,电影电视营业额为 525 亿美元,从事文化产业工作的人数达 1 700 万人。在部分发展中国家,文化消费也随着人们精神文化需求的提高和国内文化产业的发展取得了不小的成果。在 1992 年阿根廷的全年的文化总收入约为 27 亿美元,单是戏剧、音乐票房收入就达 1.2 亿美元。近年来我国人民的精神文化需求提高,文化产业发展迅速,2002 年我国文化产业七大行业总产值达 2 448.39 亿元(包括出版、广告、娱乐、广播电视、报刊、音像、电影),其他相关产业年度总产值为 5 762.36 亿元(包括旅游、体育、演出、网络传媒)。

2. 文化消费的发展是实现人的全面发展的根本出路

在人的身心发展过程中,取得物质的保障和满足只是第一步,是保障发展的经济基础,精神需求的满足才是最高层次的上层建筑。通过文化消费,不仅可以充分开发消费者的智力资源,使其系统掌握有关专业知识和技能,造就高素质的人才,更重要的是使人在精神层面得到全面发展,陶冶情操,有利于引导公众的心理朝着积极、健康的方向发展。尤其在我国经济高速发展的过程中,物欲横流,如果沉迷于物质享受,而不去追求更高层次的精神追求,很容易使人的心理产生偏激、失衡,这是实现人的全面发展的障碍,也是人民幸福生活最大的敌人。

3. 文化消费的发展是社会和谐进步的有力保障

文化消费可以有效陶冶情操,提高人们的精神文化素养,改善社会风气。与此同时应积极倡导健康、文明、有益的精神文化消费,抵制低级、庸俗和奢侈的物质消费,这对全社会形成和谐、友爱的氛围是有帮助的。

四、文化消费的条件

在宏观上讲,文化消费需要科技、教育和信息三大产业的发展,需要有高素质消费者作为消费主体,需要社会文化消费方面的基础设施建设;在微观上讲,需要消费者在文化消费上花费更高比例的收入。

由此可以总结出,以下三点是影响文化消费的基本条件:

1. 消费者的消费能力

此处的消费能力包含三个方面的含义:其一是消费者的经济基础,即消费者要有"闲钱"来投入文化消费中。其二是消费者的业余空闲时间,即消费者要有将"闲钱"用于文化消费的时间。随着我国劳动体制改革的进一步完善,"双休日"已在全国范围内普遍实行,医生有"年假"、老师有"教学假",再加上家务劳动的社会化,人们进行文化消费的"闲暇时间"会越来越多。其三是消费者的受教育程度和精神文化修养。人的文化和精神消费的需要是社会化的产物,正如布迪厄所说,"文化需要是培养和教育的产物"。文化消费的发展同社会整体教育程度的高低有着密不可分的联系。只有实现了一定的教育水平,教育出来的社会群体才具有对文化艺术的鉴赏和消费能力,由此可见文化消费还同社会群体的文化艺术修养有密切的联系。正如马克思在《1844 年经济学哲学手稿》一书中提到,只有具有音乐的耳朵的人才能欣赏音乐的美,只有具有艺术眼光的人才能体会艺术的韵味。由于文化消费具有明显的层次性,文化消费能力不同,人们选择消费的文化对象往往大相径庭。即使是选择了相同的文化消费对象,由于文化消费能力的不同也会导致其接收到的信息有天壤之别:文化消费能力强的消费者,能够理解深奥的文化产品的深层含义,而文化消费能力弱的消费者,只能看到一些粗浅的东西,甚至觉得乏味。在现实生活中,我们可以发现许多电影爱好者,他们有的仅仅是为了追星,或是为了追求感官的刺激、特效的炫酷,或是为了电影中情节跌宕的故事,至于影片背后的深刻内涵及其社会影响,就不在思考范围之内了。而这样一个高层次群体的缺失,正是高雅文化消费的发展相对大众文化消费而言举步维艰的原因。

2. 文化市场的发展

这里文化市场的发展主要关注市场成熟度和规范化程度。市场成熟度指市场处于发展过程的初始阶段还是高速增长阶段还是较为成熟的阶段,以及供求双方自身的发展阶段,供应方是粗放还是集约状态,对需求是否有良好的导向;

需求方是理性状态还是盲目冲动、攀比竞争状态，是否形成高层次需求标准对供应方进行规范和要求。市场规范化程度，是指市场的供应方是有序还是无序状态，能否做到正当、公平竞争，杜绝消费欺诈和宣传误导行为；需求方的要求是健康还是病态。

3. 文化产业的发展和崛起

文化消费发展的根本动力是文化产业自身的发展。一个成熟的文化产业的特点是一方面能满足消费者多层次、大体量的需求，另一方面能为文化消费的健康稳定发展提供良好的资源和环境。就我国而言，文化产业的诸多方面刚刚开始发展，文化市场成熟度与规范化程度有限，管理机制尚不成熟，文化产业距离健康有序发展仍有一段长路要走。

以上三个条件对文化消费有着根本性的影响，只有这三点互相扶持、不断完善，才能保证文化消费持久发展。

第三节　文化消费的现实与理论基础

一、消费社会化理论

由于本次研究的主体对象江苏青年的文化消费行为受到消费社会化过程的影响颇深，因此在探索影响江苏青年文化消费的因素前，本研究首先对消费社会化理论进行探讨。

1970 年起，众多学者在消费社会化理论的研究上相继取得了一定成果。Ward 在 1978 年最先定义消费者在市场活动中获得技能和行为的过程为消费社会化。[①] 随后，Moschis 和 Churchill 同样在 1978 年提出了消费社会化的概念模型[②]（如图 1.1）。模型认为消费者受到自身所处阶段与社会结构变量对其的影响而形成了与旁人不同的个性，并在受到家庭、学校和社会的影响后，模仿他人或强化自身的特点，从而产生具有个人特点的具体消费行为。目前，众多学者皆按照这一概念模型，从个体内在因素及社会外在变量两方面入手，不断开展对

---

①　Ward. Contribution of socialization Theory to Consumer Behaviour Research[J]. American Behavioral Scientist，1978，21(4)：501-514.

②　Moschis & Gilbert. A. Chruchill，Jr. Consumer Socialization：A Theoretical and Empirical Analysis[J]. Journal of Marketing Research，1978，15(4)：599-609.

该领域的研究。

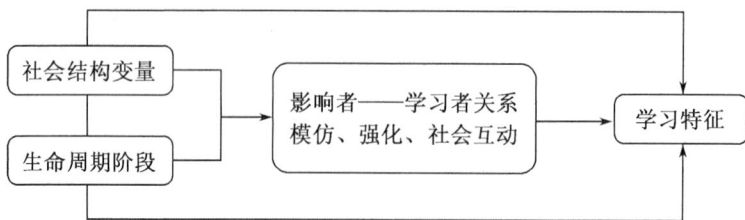

图 1.1　消费社会化概念模型

消费社会化理论中的个体内在因素主要指消费者自身情况及其心智水平。John(1999)[①]在前人研究成果的基础上,引入消费者生命周期理论,指出消费社会化可被视为幼小的孩子成长为成熟消费者的发展过程。随着消费者的成长,心智不断成熟,他们在进行消费的过程中,能够更为全面、理性地处理信息、制定自己的消费对策。

消费社会化理论中的社会外在变量,则和其他领域的社会化类似,主要来自家庭、同伴、学校和社会多方面的影响。其中,又以家庭的影响最为显著。因为父母对子女在知识、观念等多方面都有一个持续时间较长的影响过程,子女在最初接触消费的时候一般会选择模仿自己父母的行为,直到其完全掌握如何消费,才逐渐产生出自己的意识。所以,消费者在最初形成消费方式、消费偏好的过程中,决定性力量来自父母。国内外很多学者都对消费社会化过程中家庭的地位和作用进行了研究。例如,郭朝阳(2007)[②]发现了家庭成员间的沟通频率、家庭的民主程度等都对子女的消费行为施加了不同程度的父母的影响。国外学者 Viswanathan 和 Chiklers & Moore(2000)[③]设立指标对父母与子女的沟通频率及子女受父母的影响情况进行研究,以此衡量家庭因素对消费社会化影响的重要性。

同伴因素对消费社会化同样有着较大的影响。人在社会交往过程中,接触最多的最深的是自己的同伴。在与同伴的接触过程中,人不自觉地接受了来自同伴的大量信息,伴随着人的模仿天性和同伴的规范效应,在消费中出现了比较

---

① John. Consumer Soeialization of Children: A RetrosPective Look at Twenty-Five years of Researeh[J]. Jounal of Consumer Research, 1999, VOL. 26, No. 3: 183 - 213.

② 郭朝阳,陈畅. 代际影响在消费者社会化中的作用——以我国城市母女消费者为例[J]. 经济管理,2007(8):40 - 48.

③ Madhubalan. Viswanathan Terry. L. Childers & Elizabeth. S. Moore. The Measurement of Intergenerational Communication and Influence on Consumption: Development, Validation, and Cross-cultural Comparison of the IGEN scale[J]. Journal of the Academy of Marketing Science, 2000, 28 (3): 406 - 424.

模仿行为,有时还会发生从众行为或是攀比行为。对于江苏青年群体来说,因为他们大多是独生子女,日常接触到的同伴以学校的同学和朋友为主,这样单一的同伴结构使得他们更为关注同伴的看法和态度,来自同伴的信息效应和规范效应则更为显著。

此外,随着社会信息化的不断发展,媒体发布的广告在起到信息传播作用的同时,潜移默化地规范着广告受众的行为。尤其是网络社交媒体的出现,对青年的消费行为影响更为巨大。青年对于使用这些媒介进行网上冲浪、网络购物、网络社交等活动已经习以为常,同伴规范效应也通过互联网在不知不觉中渗透到他们的生活中去。

二、其他涉及文化消费的研究成果

由于文化消费是一个涉及教育学、心理学、管理学、社会学等多个学科的交叉研究课题,因此,近年来关于它的研究一直呈现逐年增多的态势。但相较于成熟的消费社会化理论,目前关于文化消费的研究更多是针对文化消费内涵、功能等方面的定性研究,缺乏系统的理论体系,更没有将研究对象具体到江苏青年的身上。

关于文化消费的主要定量研究成果如下:

朱伟(2012)[1]区别于大多研究者,选择定量方式进行探索,采用有序的Probit模型,发现个人特征、青年家庭的经济状况和户主受教育程度、文化消费环境及青年消费观念对青年文化消费意愿有重要影响。在此次调查中,这些因素均可作为重要变量进行研究分析。

刘洁、陈海波、肖明珍(2012)[2]运用面板分析等实证方法对江苏省的城市居民文化消费进行定量分析,发现前期文化消费对城市居民文化消费的正向影响更大,而且不同地区的文化偏好与前期消费具有不一样的影响程度。

林梅(2011)[3]运用扩展线性支出系统模型对上海市的高校学生文化消费结构进行分析,发现当代学生消费结构中的不足与缺陷。这种定量的消费结构分析方法在此次衡量江苏高校青年文化消费现状中值得借鉴。

查婧(2007)[4]以布迪厄的资本、场域、习惯分析框架为主要研究视角,分析

---

① 朱伟.大学生文化消费现状及影响因素分析[J].统计与决策,2012(17):115-118.

② 刘洁、陈海波,肖明珍.基于Panel-Data模型的江苏城市居民文化消费的实证研究[J].江苏商论,2012(4):36-39.

③ 林梅.社会转型期大学生群体的消费行为研究[D].上海:华东理工大学,2011.

④ 查婧.家庭对文化资本的影响[J].太原师范学院学报(社会科学版),2007(3):44-46.

亚文化对青年文化消费的实际意义与影响。

三、文化消费与消费文化

文化消费与消费文化这两个词具有不同涵义，却在某种程度上有着密切联系。因此为了不出现概念的混淆，本研究就二者的含义及实质进行分析与区别。

文化消费的定义对精神文化类产品及精神文化性劳务的购买、享受和使用等。一方面指对产品本身的消费，即书籍报刊、影视作品等；另一方面还包括对产品深层次文化内涵的消费，包括该产品所包含的文化内涵、历史意义等，这种内涵和意义的消费是后现代时期消费主义的典型特征。

消费文化是物质消费文化和精神消费文化的总和，受消费者消费心理、价值取向、行为准则和习惯偏好等影响和约束，是消费者在消费中追求的一种情调和氛围。"所谓消费文化，就是伴随消费活动而来的，表达某种意义或传承某种价值系统的符号系统。这种消费符号不同于一般意义上的满足需求的自然性、功能性消费行为，它是一种符号体系，表达、体现或隐含了某种意义、价值或规范。这种在消费活动中呈现出来的行为和物品符号体系，就是我们讲的消费文化。"消费文化的观点之所以受到重视，因为其与现代的西方文化联系密切，而且与西方现代的核心价值观密不可分。

国内学术界对文化消费与消费文化两者的关系分持各家直言，但以下三种观点为主：其一是"包容说"，即消费文化包括文化消费，文化消费只是消费文化的一个重要组成部分；其二是"区别说"，即消费文化与文化消费相对独立，消费文化是消费文化学的研究对象，文化消费是文化经济学的研究对象之一，两者互不干涉；其三是"交叉说"，即消费文化与文化消费既有相对独立的部分，但又在某些领域存在相互交叉的学科内容。

本研究更倾向于第三种观点。从概念来看，消费文化的形式是文化，目的是消费，是文化在人类消费活动中存在的特定方式，不同的文化都在消费之中集合而形成消费文化。而文化消费是指以满足人们的精神需求为主要目的进行的消费，与以满足人们的物质需求为目的的消费有一定的差别。通常情况下，随着社会的发展，消费的物质性和精神性的统一程度会不断变高，当社会发展程度达到一定高度，文化消费与消费文化将具有极高的同一性。尤其在消费社会，"文化消费"与"消费文化"的内涵并非互不相干，而是在很多领域产生了交叉。原因是消费社会从本质上讲是文化的，消费必然具有文化的意义。文化的商品化与商品的文化化殊途同归，在消费社会中找到了结合点。

(一) 文化商品化

不同的文化都在消费之中集合而形成消费文化,因而文化整体而言是一种消费文化。所有文化如今都是以商品的形式被生产、交换与消费。文化产品已和一般商品具有极大的相似性,它服从于市场经济的运行规律,它的生产已经成为工业化大生产这个系统中的一分子。以文化消费为首的众多消费类型,已经成为一种精神补偿手段。如果说过去的消费是源于人们真实的生理需要,那么今天的消费文化,则是在满足人们一种精神上的愉悦与满足。人们的消费欲望很大程度上来自于大众传媒的刺激诱导,消费逻辑受传媒的影响从"我需要什么"转变为"如果不消费,我将失去什么"。于是问题的症结在于,究竟是谁需要这一切的需求。批判这种"消费文化"的理论家,认为这种消费现状是一种新形式的"异化",现代化生产体系需要庞大的需求来满足其运转,这也间接导致我们的需求愈发难以满足,但总是试图通过消费来满足个人精神的愉悦感。

而今天的文化消费的发展,在很大程度上受到了这种"消费主义文化"的影响。物质欲望的满足没能获得心灵上足够的愉悦感,使人反而乐此不疲地进行新一轮消费来刺激自己,更多的空虚又将人包围,整个生活都陷入了一个跳不出的怪圈。于是人们对文化消费的需求日益迫切起来。尽管文化消费更多地被视为娱乐、放松、消遣的有效途径,好让人们能在马不停蹄的奔波中得以休息,但文化消费的发展仍然不失为一种消费领域的进步。

(二) 消费的文化性

当你进食时,一方面是通过进食的过程来达到自身的物质需要,获得足够的养分来支撑身体进行一定程度的生命活动,延续本身肉体的机能;另一方面,其实这也是满足自身精神需要的一部分,作为社会交际仪式的一部分,进食所牵涉的不仅仅是物质的摄入,同时也包括文化的复制。一旦人们基本需求的满足逐渐获得物质上的保证后,消费行为的意义或文化观点就成为先决条件,而且人们变得更加关注商品背后所蕴涵的深层意义,而不只是商品在功能的使用方面是否能够满足基本或"真实"的需求。

于是消费越来越具有文化的内涵,文化越来越多地带有了商品的属性,商品的价值越来越依赖其文化价值而订立,而非它们的本身功能或经济价值;文化的生产也越来越依赖于现代的生产体系。这种消费与文化的紧密结合,正是当前"文化消费"与"消费文化"共同的特点。

第二章 文化与文化消费思想考据

第一节 西方文化消费思想的发展沿革

一、李维斯学派的精英主义立场

根据记载,西方大众文化最早出现在 20 世纪 30 年代的李维斯主义时代。1930 年,英国文学批评家李维斯出版了他的文化研究著作《大众文明与少数人文化》。在李维斯生活的时代,随着工业文明(李维斯称为"大众文明")的推进,电影、流行小说、广告等等,都充斥着社会和文化领域,开始被大众广泛认可,而真正的文化(李维斯称为"少数人文化",即精英文化)却日益式微。在他的书中,李维斯表达了他对这种情况的关注,在对流行文化的批判中被称为李维斯精英主义。

李维斯认为,文化衰退的原因是工业化。工业化和规模化生产技术伴随着工业化产生了"技术边沁主义"文明。这种文明的显著特点是文化的标准化和低俗化。因此,他在《英国诗歌的新方向》中,以极端冷漠的口吻总结道:"除了少数人之外,没有人对高雅的价值表现出普遍的关注……因此,在英国诗歌的新方向上,俯瞰其他地方,标准化、量产、低俗化的过程是不可抗拒的。因此,未来世界里的诗歌,如果未来有诗歌的话,可能会更不重要。"

李维斯对现实世界充满悲观。从文学的角度来看,我们可以看到语言的退化和文化的衰落,然后以英语教学作为文化复兴的基本途径。根据他的愿景,英语专业的使命和目标是逆转工业化的文化逻辑,把英语文学变成一种强有力的斗争武器,让年轻人从通俗小说和商业广告的意识形态滥用中解放出来。

通俗小说被批评为人们提供上瘾的"心理补偿"和"精神松弛"。这种阅读是"一种新型的毒瘾"。那些不幸与浪漫小说读者接触的人会养成"幻想的习惯,以至于无法适应现实生活"。即使我们不痴迷于流行小说的文化消费,看电影也会上瘾。电影的流行创造了一个非常危险的快乐源泉:"观众被催眠,屈服于最廉价的情感诉求,电影的生动幻象,使这种诉求更有吸引力。"流行的书籍和杂志是"公众思想中最强大、最普遍的反教育"。广播结束了批判性思维,但他最谴责的是广告就像"疲劳的手淫轰炸"。广告的文本和实践是文化衰落的最好缩影。"贬低这种语言不仅是写作的问题,也是情感和生活质量的贬低。"因此,广告受到批评不仅因为它贬低了语言,而且因为它贬低了整个语言社区的情感,使"生活标准"相形见绌。

李维斯学派的理论家们,最重要的是,从高贵文化的灿烂顶峰往下看,其他人的文化消费实践只是一堆商业荒地。他们只是想证明文化的衰落,文化差异的存在,以及尊重、规范和控制文化的需要。这种话语描绘了"其他人"如何以非流入式文化消费的形式得到满足,他们不仅鄙视商品,而且鄙视消费者。

二、文化消费是一种社会控制的手段——法兰克福学派对文化工业的批判

在西方思想史上,法兰克福学派的文化批评理论被认为是西方大众文化批评的真正开端,也奠定了文化研究理论的基本模式。它已经成为文化研究理论的一个不可逾越的前提,其影响一直延续到今天。它的主要代表是霍克海默、阿多诺、马尔库塞、本雅明等。

1947 年,阿多诺和霍克海默开创了"文化产业"的先河。这意味着在资本主义社会后期,资本主义像生产普通商品一样生产文化商品,建立了一整套以现代科技手段大规模复制和传播文化商品的娱乐产业体系。霍克海默和阿多诺用这个词将马克思对商品生产的批判应用于文化商品,并从文化批评的角度对资本主义进行了全面的经济意识形态分析,指出资本主义通过文化产业生产是一个单一的、包罗万象的概念,具有"大众化"和"认同"的特征。大众文化,从而达到对工人阶级的麻醉和异化,使工人阶级看不到自己的"客观利益",瓦解他们的反抗意识。选择"文化产业"的表述而放弃"大众文化"的原因是为了从公众的角度理解"大众文化"是一种服务大众的文化,以避免人们对文化素养的期望。相反,阿多诺认为这种"大众文化"实际上是一种控制文化,以文化产业的生产为标志,以大众为消费对象,以现代媒介文化为手段。

他们声称的产品文化产业有两个主要特点:第一,文化同质性,"电影、广播和杂志在一起构成一个系统,正式在所有地区和所有部分——所有的流行文化

是相同的"。第二，可预测性。因为重复的大规模生产，所有的情节似乎可以预料，在一开始我们就知道结局。资本主义通过文化产业倡导一种"消费主义意识形态"，这种意识形态制造了虚假的需求，并成为一种社会控制机制。因此，文化不再是创造性人类生活的物化，而是另一种异化劳动形式的延伸。它以同样的机械节奏和标准化的情节操纵着大众的口味，强制地扼杀着个体的生命力。因此，他们得出了"现代大众文化"是"社会黏合剂"的著名结论，用他们的大众文化理论无情地批判了文化剩余价值。

在他们看来，文化产品和其他消费品的生产方式是一样的。这与以往的文化生产形式不同，以往的文化生产形式中，艺术家、表演者、工匠仍然对他们的产品有一定的控制，可以说其中包含了一些原始的形式；而大规模的工业生产确保了艺术和创造性的投入只有在资本主义生产过程中才有价值。以片段和常规任务为基础的标准化生产系统被描述为被动消费的原因，以便生产同质、公式化和容易令人满意的小说、电影、歌曲等文化产品。

阿多诺以流行音乐为例分析大众文化的产生过程。流行音乐有一个简单的结构，重复的旋律，机械的节拍，就像 Coban 的公式，作品提供了第一次的反射，让观众忍不住产生机械的反应。结果，听者的独立思考和丰富的想象力瓦解，听力下降。因此，认知熟悉成为听力受损的听者的一种爱好，就像一个孩子想要吃他过去喜欢吃的东西，希望重复他以前听到的东西一样，从而增加了对标准消费品的需求。艺术本身更多的是一种商品，存在大量的廉价产品和广泛的欺诈。毫不奇怪，如今的艺术明确承认它是一种商品的整体，但它发誓要否认自己的独立性，并以成为消费品为荣。阿多诺指出，文化在社会过程中的作用已经成为商品的作用，其价值降低到市场价值，文化不再服务于精神需求，而像其他商品一样，完全屈服于交换的压力，退化为纯粹的消费品。当文化作品为了追求交换价值而大量生产时，他们可能获得的快乐就会大大减少。简而言之，文化产业让"大众"目光短浅、有利可图，除了眼前的满足，看不到真正的未来。"文化已经被擅长驾驶的乐趣所取代，所以它呈现出逃避现实者的特征。"人们已经沉溺于个人的思想世界，内心的精神生活和理想已经成为保守的因素。人类已经失去了构建另一个与他所生活的世界不同的世界的能力。那个世界就是艺术世界。

阿多诺的文化消费观是一个完全被动的消费过程，文化消费的后果长期由生产决定。他认为，文化产业计划生产专门针对大众消费的文化产品。一方面，它为公众提供了自由选择文化娱乐的幻觉；另一方面，它为市场本身的扩张提供了最实用的服务，控制和规范了文化消费者的需求，成为以人为主体的休闲时间和幸福的力量。

马尔库塞认为"资本主义艺术作品是商品；它们可能只是作为商品被创造出来上市。如果文化被市场规则所支配，它将不可避免地导致对物质欲望的强烈追求"。"文化产业"视群众消费为上帝，只要符合群众的需要，什么都可以批量生产。这种"文化产业"消除了文化产品的独特文化价值。文化完全商业化的结果是消费者个性的片面性。以娱乐为主要价值的实现导致了精神快餐的消费模式，它不仅将文化推向了单调和平庸，也将大众推向了单调和平庸。现在人们常常感叹文化价值危机的出现，主要原因是文化产品的商业化，试图按照商品生产和商品管理的方式来管理文化事业。这种商业文化因其技术性而侵蚀了自然中的艺术和美，也是对人的丰富性的阉割，使人成为"一维的人"。大众文化迎合了从事机械劳动的疲惫人群的需要。大众文化通过提供越来越多的承诺和无限的娱乐，可以清理人们内在的超越维度和反抗维度，使人们失去思想和深度，从而逃离现实，在平面文化模式中不沉溺于思考。享受和存在的身份。文化主要表现在人们的基本生活方式或生存方式上，因此，文化异化无疑是人类根深蒂固的异化，因为它是人性的异化。要扬弃大众文化的异化，必须扬弃人性的异化，恢复艺术和美学的个性和创造性本质，即恢复人的自由和自觉的生存方式。

法兰克福学派对"文化产业"进行了深刻的批判，但不可否认的是，他们在处理大众文化的文化消费问题上仍然是一种优越的文化精英态度。从这个分析来看，面对文化消费，我们几乎看不到任何批判参与的空间，只有这种答案是清晰而傲慢的。他们过分强调文化生产的运作，却对文化消费的实践采取草率的态度。在考察复杂多样的受众反应和商品使用的实际消费过程时，存在明显的无能为力。毫无疑问，文化产业的确试图控制消费者，但如果说文化消费的实践完全是一种控制，那就错了。对于相同的文化产品，不同的消费者有不同的获取方式。消费者不是一张白纸。他们必须忍受过去的消费经验。通过分析，我们应该认识到消费总是发生在文化语境中，存在于特定的社会空间中。人们认为文化消费只是一种社会控制的手段。

三、文化消费研究的快乐主义视角——伯明翰学派的文化消费理论

1964 年，伯明翰大学成立了当代文化研究中心，即著名的伯明翰学院。在20 世纪 80 年代，电视、流行音乐、时尚杂志和其他大众媒体成为其研究的焦点。这一时期的出版物包括文化、媒体、语言、电视文化、通俗理解等重要作品。他们的影响逐渐扩展到美国、加拿大、澳大利亚、法国和印度，文化研究已经被广泛接

受,学科的趋势已经出现。它们成为当代文化研究中最突出的流派之一,在一定程度上形成了文化产业研究的基本格局。

英国伯明翰当代文化研究中心与法兰克福文化学派的精英主义批判立场形成鲜明对比,从大众主义的角度对流行文化进行了价值中立的分析。文化消费被认为是一种创造性的、新奇的、富于想象力的、快乐的活动和浪漫的伦理。发展了"文化主义"理论,拓展了文化的内涵。他们反对将高雅文化与低俗文化区分开来,废除了审美标准在文化产品中的主导地位。它认为文化既是实践又是经验,文化研究的主体不仅是文化产品,而且是塑造社会文化共同体的实践、生产、分配和接受的过程。

在20世纪70年代,一个新的代表伯明翰学派的学者重建了这两个范例——culturalism和结构主义的大众文化的批判,并结合阿尔都塞的意识形态理论与葛兰西的文化霸权理论,从而为文化研究开辟一个新的方向并对北美和亚洲的文化研究产生了重要的影响。20世纪80年代,菲斯克、默多克等人批评了大众的日常生活和消费主义。他们通过对西方资本主义社会日常文化消费现象的解读,在符号消费中突出了大众的积极的"创造力"、"艺术性"和"美感",以期为大众的消费行为、商品象征乃至生活和现实寻找意义。这种强调公众主动性的文化研究,有意无意地以法兰克福学派对美国商业大众文化的批判为对象,对其文化研究进行批判。菲斯克的大众文化理论著作《理解大众文化》、《解读大众文化》、《电视文化》、《解读电视》、《澳大利亚神话》等对英语世界和世界知识分子产生了深远影响。他的通俗文化理论以突出群众的主动性和创造性而闻名。他驳斥了以霍克海默和阿多诺为代表的对"文化产业"的批评,他的民粹主义立场的大众文化和他的奉献大众文化。他清楚地指出,工业社会的大众文化是矛盾的:一方面,它是工业化的,通过利益驱动的产业生产和销售商品,这只符合他们自己的经济利益;另一方面,大众文化也是为大众服务的,大众的利益不是行业的利益。他的结论是:商品要成为流行文化的一部分,就必须包括公众的利益。西方新一代马克思主义学者不认为群众只是被动控制的对象,不再使用意识形态分析方法,而是认为大众文化中隐藏着一种积极的、动态的自主性力量。进而对大众文化提出了新的认识,对大众传媒提出了新的看法。它认为大众文化是人民群众颠覆和抵抗资本的强大武器,是文化游击战的战术胜利者。因此,它对大众文化持积极乐观的态度。

英国文化研究学派系统地摒弃了高雅与粗俗的界限,专注于媒体文化产品,打破了法兰克福学派的一些局限。同样,它也打破了法兰克福学派被动受众的内涵,赋予积极参与者以创造性的意义和普适性。虽然这个假设显然是主观的,但它本身是极其重要的。他们始终认为,更重要的是要认识到大众接受媒体文化产品的独特意义,因为在某种意义上,正是它们的使用决定了这些文化产品的命运。

四、凡伯伦的"有闲阶级论"

1899 年凡伯伦出书讨论"都市中产阶级文化消费的新模式",他的主要概念是"炫耀性休闲"(conspicuous leisure)和"炫耀性消费"(conspicuous consumption)。他首先描述了一种休闲阶级的兴起,这是一些在某方面拥有特权和能力的人,他们最初掠夺私有财产据为己有,随着所掠夺的财产越来越多,权力也就越来越大,因此拥有财产便成为荣耀的象征。但是,单单拥有财富并不足以获得别人的尊敬和景仰,还必须透过某种方式展现其财力,于是"炫耀性休闲"成为公开展示财富和地位的首要方式,通过炫耀自己悠闲、无须从事有用的劳动,来传达自己的荣耀。这种休闲并不是懒散,也不是无所事事,事实上当时的都市中产阶级相当忙碌,他们的大量时间用来从事那些普通的劳动阶层无法从事的休闲活动,只是用来填满休闲时光的活动是非生产性的。因此,也存在能够彰显优越地位的精英文化,这些所有的品位和文化形式都提供"非生产性消耗时光的写照"。在新的都市文化中,由于彼此都不认识,炫耀性休闲已经不足以展示权力与地位,炫耀性消费取代了炫耀性休闲。因此这一时期的文化消费,成为都市中产阶级日常生活中的重要内容,也是他们展示自己财富和地位的重要途径。

凡伯伦指出,新休闲阶层巩固和展示其新的社会地位的方法和策略之一是将文化转化为自然,即将其商业成功的成果呈现出来,就好像他们生来就是这样做的。炫耀性消费绝对不是一种简单无害的表现。这种社交展示是权力和威望的展示。就威望而言,休闲阶层处于社会结构的顶端,其生活方式和价值标准为整个社会提供了威望标准。休闲阶层的形象使整个社会的能量不再从事生产性劳动,而是投资于文化消费的展示。凡伯伦的文化消费模式显然是以社会模仿理论为基础的。根据他的模型,下层或中产阶级的人总是想模仿社会金字塔的顶端。

五、齐美尔:流行是阶级区分的产物

1903 年齐美尔发表了《都会与心智生活》("The Metropolis and Mental Life"),论述了都市中产阶级文化消费的行为模式。齐美尔认为,"现代生活最深层的问题来自,个人在面对压倒性的社会力量时,要求保有自身存在的自主性与个体性"。而新的都市布尔乔亚阶级正是运用特殊的消费模式来维持展现其个性的。他们行为的意义不在于其内容,而在于与众不同的形式:惊世骇俗,引人注目。流行产生的结果是,下层团体纷纷模仿上层的服装符码与行为方式,以此来提升自己的社会地位,满足自己融入社会的需要;上层团体因此不得不去创新流行,以维持自己的社会独特性,将自己与大众区分开来。就像齐美尔所解释的,"流行……是阶级区分的产物"。流行当然不只是产物而已,它同时也扮演了阶级区分的生产者,标示并维持了社会差异与区分。就像齐美尔所指出的,流行表示同一个圈子的人是相同的,同时也排除了其他的团体。流行的内容本身不重要,重要的是它所彰显与维系的社会差异。文化就是在消费这个竞技场上,千锤百炼,修炼成形的。

在凡伯伦和齐美尔这里,消费并非主要为了生存所需(经济理论)和展示财力,而是具有双重的角色,一方面提供了生存所需,另一方面界定了社会关系。作为一个沟通的模式,文化消费的基本功能在于能够创造意义,从而制造与维系了社会关系。此外,传统的对物品的区分——分成满足生理需要的物品(食物或饮料等),以及满足美学倾向的物品(读诗、看电视等)——已经不合时宜,因为所有的物品都有意义,任何对物品的选择本身,都是文化的结果,也都造就了文化。文化是一种仪式活动,人们透过消费与其他消费者沟通,而这些文化消费的行为累积起来,就构成了文化的创制。

六、布迪厄:文化消费——一种社会区分的独特模式

布迪厄区分了三种资本:经济资本、社会资本和文化资本。在资本主义社会中,以金钱和财富的形式存在的经济资本可以购买文化资本和社会资本之间的联系渠道。单纯以经济资本为基础的等级制度很容易受到挑战,只要把经济支配转化为文化和社会的等级制度,经济支配就可以被掩盖和辩护。虽然权力最终是由经济决定的,但它是通过文化体现出来的,体现了我们与权力在文化中的关系,其中包括最基层的文化消费实践。

布迪厄的目标不是要证明不同的阶层有不同的文化消费模式。不言而喻,文化消费(从高贵的艺术到餐桌上的食物)构成了一种独特的社会区分模式。"艺术和文化消费天生倾向于有意或无意地,实现使社会差别合法化的社会功能。"他想指出并质疑这些区别是如何形成和维持的,如何确保并证明基于经济不平等的权力和控制形式是合理的。他不是特别关心实际的差异,而是主要阶

级如何利用它们作为社会再生产的工具。他认为人们消费的商品不仅反映了社会的区别和差异，而且产生、维持和再现了社会的区别和差异。品味绝不是美学范畴。我们被自己的分类分类。因此，他认为，当我"推销"一个度假胜地或一种特定风格的服装时，都是基于相同的机制。这些评价不仅涉及个人品位，而且涉及文化消费的运作，不仅识别社会差异，而且维持社会差异。虽然这种分类策略本身不能造成社会不平等，但它使这些不平等变得公平。因此，品位是一种深刻的意识形态话语，是"阶级"的标志。虽然阶级规则最终是一种经济手段，但它的形式是文化的；要清晰地理解阶级规则，就必须理解文化消费如何标记社会差异，即社会差异的产生、标志和维持。因此，社会差异和社会权力的源泉象征性地从经济领域向文化消费领域转移。

　　布迪厄对文化消费的论述是以他的教育观为基础的。教育不仅是缩小不平等的一种方式，而且是为不平等辩护的一种武器。在他看来，教育系统具有非常特殊的社会和政治功能：即证明现有的社会不平等是合理的。教育的实践是将社会差异转化为学术成就的差异，并使这些差异看起来"根植于天才之中"。占统治地位的阶级的文化品位以制度的形式出现，他们对这种制度化的文化（"即他们自己的文化"）的偏爱被视为他们的文化优势的证据，最后，他们的社会优势通过微妙的意识形态计划显现出来。由此，习得的文化消费模式被内化为一种"自然"的文化爱好，并被用来解释和证明"自然"的文化能力，最终证明阶级支配的形式是正当的，从而导致社会分化。

第二节　马克思文化与文化消费思想

一、人是实践中的人与文化中的人的内在统一

　　在马克思主义文化哲学看来，人是实践者和文化者的双重本质。马克思认为实践是人的本质形成的最终根源，而人的实践的本质力量，即文化的存在的客体和人性化，则体现了人的本质存在过程、结果和具体特征的丰富多样性。马克思深刻地指出了人类文化本质的存在，人类通过实践的本质力量获得了文化的存在方式，人类是实践的人与文化的人的内在统一。实践客体化的结果是实践突破了人的自然存在，使人获得了文化的存在。通过客观化的实践，人类为人类创造了一个客体世界，即文化世界。人的本质体现在这个文化世界中，通过这个对象即文化，他得到了现实的表达和直观的确认。只有在"人性化"或"第二天

性"的文化世界中,人们才能真正拥有和享受自己的创造和果实,才能真正地生活和发展,成为真正的人,所以人必须是文化人。

人作为文化的存在与人的社会存在是一样的,即人的文化本质是对人的社会本质的全面而深刻的肯定。由于文化的本质是人的本质力量的客观表现实践和它的果实,在这个过程中人们之间的各种关系形成实际上是各种文化关系的反映,每个文化都包含一个特定的社会形态,代表社会必不可少的力量和本质精神。可以说,文化作为实践的主体,包含着人们社会关系的一切整合。只有当人们拥有自己的文化,他们才能形成一个社会,超越生物世界。也就是说,文化的介入使人真正定位于社会存在,使人的本质上升到社会的本质。因此,文化作为一个人的本质力量,直接反映了一个国家、一个民族、一个社会的本质力量,以及所获得的物质和精神财富的程度。与此同时,在社会文化、文化社会和文化的人的帮助下,文化遗传机制不断传承,使各种文化交流超越了人们之间的时间和空间,生动描绘人类文明和历史的发展。实践与文化行为的双重性显示了人与实践、文化的内在关联性。人们用各种各样的活动来展示他们的力量和它的存在,实践的结果是创建一个本质属于人类文化的世界。因此在某种意义上,一方面,实践的过程是文化创造的过程,实践成为真实的可能。另一方面,它体现了人类文化的实用性。文化的本质内涵是人性内在力量的具体外化,因此会产生人的实践模式的文化结构和层次,形成不同层次、不同个性的文化人,实践模式的变革必然导致原有文化模式的变革。因此,文化人的最终形成和变化是实践的本质力量的结果。

二、物质生产与精神生产的关系

在马克思的时代,文化是用钱也买不到的东西:出生、成长、合法性。这可以从许多艺术感受所诠释的"文化"的普遍意义中找到。文化本身意味着远离商业和大规模生产。文化不是消费,而是被有教养的观众所称赞。艺术不能大量生产,它必须被创造出来。

真正的文化是无法用钱买来的,也无法用金钱来操纵,因为它被赋予了意义。相应地,精神文化创造,被定义为"自由的精神在一定社会生产形式",是在一定的历史发展和特殊形式按照精神文化生产的特殊规则,不仅仅是由经济基础决定的,更有一定经济基础的政治、法律、哲学、宗教等所有因素相互作用和交互。通过马克思关于物质生产与精神生产关系的经典论述,我们可以了解精神生产的本质。

三、物质生产是精神生产的前提和基础

从需求的角度看,人与动物的区别不在于物质需求,而在于理性、思维和精神需求。物质需求和精神需求及其生产在人们社会生活中的不同时期占据着不同的位置。作为一般规则,满足人们的物质需求主要是由物质生产,满足人民精神需求的完全依赖于精神生产,到目前为止所有的社会形式,物质需求和物质生产总是精神需求和精神生产的前提和基础。只有在物质需要被充分满足的情况下,精神需求和精神生产才会产生。

四、精神生产有其特殊的"文明生产元素规则"

第一,虽然精神生产往往依赖于某种物质手段和某种物化形式,但它本质上是思想、概念和意识的生产。它的直接目的是通过生产和消费精神产品来满足人们的精神文化需求,从而区别于物质生产。同时,精神生产的终极目标的精神不是直接生产产品和消费本身,而是通过精神产品的生产和销售,生产和产生对应于一定的经济基础的思考或意识形态的关系,马克思指出:"适应自身物质生产水平而产生社会关系,也产生各种概念、范畴,即抽象概念、表现社会关系。"第二,精神生产的主体是个体主体和人类主体的对立统一。精神生产的各种身体内的合作分工,实际上属于精神生产和精神生产结束向上或向下的创建个人活动,从而显示出其强大的个人主观性的特点,而不是像物质生产,尽管有时表现为一个人的活动,但主要采用集体活动的方法。第三,精神生产与物质生产的本质区别在于其创新性和不可重复性。精神生产的工具,除了各种物质材料,主要是精神元素,如语言和空间能力。精神生产的客体是来自自然、社会、人自身等客体的信息,而不是客体本身。精神生产的内容以概念的形式反映人与社会、人与自然的关系。不同的历史和现实的主题、不同的工具——如语言和思维能力和不同的精神产品的处理和转换生成相同的对象等等,所有这些方面确定精神生产过程不能重复物质生产过程,只有富有创新精神的产品才可以被社会接受,成为社会的共同财富,从而保持精神生产的持久而旺盛的生产力。

五、马克思对物质生产与精神生产关系的理论分析,是在对二者关系的历史考察的基础上进行的

马克思强调:"要研究精神生产和物质生产的关系,首先要考察物质生产本身,而不是一般范畴,而是从一定的历史形式。"我们可以概述话语,在精神生产的历史演进的基础上,物质生产模式和发展,大致经历了三个主要阶段。第一阶段是原始社会精神工作和物质工作的未分化阶段。原始社会的生产力水平极低,没有出现劳动分工。人有限的精神活动和有限的体力活动是一样的。正如马克思所说:"思想、思想和意识的产生最初直接与人们的物质活动、物质互动和现实生活的语言交织在一起。"观念、思维、人的精神接触在这里也是人的物质关系的直接产物。政治、法律、道德、宗教、形而上学等语言中的精神生产也是如此。第二阶段是在社会分工的基础上区分物质劳动和精神劳动、体力劳动和脑力劳动,但尚未发展成为社会独立的生产方式的阶段。社会分工的发展是精神劳动与物质劳动分离、独立发展的基础。社会意识的产生不再是每个个体的精神活动的直接产物,而是少数人的一种特殊的活动领域和一种特殊的劳动形式。这样,精神劳动产生于社会劳动的一般分工的形成和发展,产生于社会个体意识的基础。

第三阶段是精神劳动发展为社会生产的独立形式的阶段,精神生产日益与物质生产相结合,精神生产日益成为经济发展和社会进步的内在因素和主要动力。马克思认为,只有在资本主义社会中,由于生产力的发展,特别是商品生产关系的建立,精神劳动才首先从少数人的特权变成"劳动",形成了"以现代分工为基础的劳动组织"。只有这样,精神生产才以其独特的结构和物化手段发展成为社会活动领域和专业活动形式。资本主义生产方式的特点就是它把不同的劳动分离开来,分配给不同的人,因此是精神劳动和物质劳动,或者是各种劳动,主要是精神劳动和物质劳动随着社会生产的不断发展,精神生产在一定条件下日益表现出对物质生产的相对独立性和对物质生产的巨大反应。有些精神生产甚至直接参与到物质生产的过程中,与物质生产形成内在联系。物质生产力水平越高,越依赖于精神生产力的发展,越容易转化为物质生产力。

马克思在《资本论》中指出,资本主义的生产具有很强的功利性,追求利润的原则是资本家从事商品生产的根本动机,这必然将商品的交换价值放在首位。以功利为目的追求利润的资本主义生产方式,抑制了创作的个性,消解了自由的合理性,破坏了艺术的价值,阻碍了作家和艺术家的审美追求,违背了艺术的特

殊规律和审美属性。从这个意义上说,资本主义生产作为精神生产的一部分,与文艺是对立的。

六、现代文化和商品拜物教

然而,随着资本主义生产规模的逐步扩大和技术的不断进步,在资本主义商品经济条件下,艺术产品已成为商品,成为消费对象。这种形式的生产和消费,一方面,打破前资本主义艺术生产的奴隶和封建贵族依恋,让艺术生产和消费本身自由从王公贵族沙龙的狭窄范围扩展到一般市场;另一方面艺术生产作为商品经济生产,从一般个人生产发展为社会生产。马克思把这种变化称为"艺术生产的异化"。

马克思的这一观点与他在1844年的经济哲学手稿中关于异化劳动的观点是一致的。私有制的猖獗扩张使得唯利是图的资本家越来越腐败。劳动产品的异化、劳动主体的异化和劳动本质的异化使精神生产作为一种特殊的物质生产形式也必然发生异化。因此,生产主体不可能自由地、自觉地从事能够确认其性质的劳动,无论是物质生产还是精神生产都是不可能的。一方面,无产者越来越为了维持自己的生存而改变审美,他们依赖于提高自己的质量文化教育权力的剥夺,使他们可以被迫接受不断衰落的美感,作为资产阶级的剥削者,但也因为商业价值和只看到事情的货币价值,让自己的审美意识和审美的热情大大减弱。正如马克思在1844年的《经济学和哲学手稿》中所写:"忧心忡忡的穷人对最美的风景没有感觉;矿产贸易商……你看不到这种矿物的美丽和独特。"马克思还指出,只有当客体成为人的客体,人才不会迷失在客体中。审美需要激情和热情,这是人的本质力量之一。当激情和热情被物质欲望所取代时,审美能力的瓦解是不可避免的。另一方面,由于市场规律的普遍存在,审美创作者,也就是艺术创作者,大多只能把这种审美创造作为一种生存的手段,而不是一种目的,所以在必要的时候,作家可以为了作品的生存而牺牲自己的个人生存。艺术生产的异化表现为产品审美属性的丧失和审美品位的下降。它盲目迎合市场,追求时尚,为了钱不谈美学。有时甚至连良心、道德和责任都可能被抛弃。

但如果"真正的文化"不得不在商业浪潮淹没其河床时退回到更高更安全的地方,文化消费将仍在其剩余的泥沼中翻滚,一种厌恶感将从深处升起。任何有钱的人都可以购买文化,文化是用来销售的。从定义上看,文化消费不是一种理性的存在。此外,文化消费更多地被定义为"奢侈品"的一种象征,可以说是经济凌驾于社会价值之上,赢得胜利后,对日常生活的一种表达和发泄。

因此,文化逐渐商业化,越来越多的社会物品在市场上被买卖以换取金钱。因此,随着这些社会客体成为自身外在的客体,商品获得了以前只赋予宗教客体的意义,人们都敬畏他们。马克思认为,现代文化因此为商品拜物教所束缚。两个相关的过程导致了商品拜物教的发展:创造新的商品和殖民的文化产品之前没有商品化。在之前的过程中,广告和大众传媒通过操纵物质喜好创造了需求。在殖民化中,商品形式扩大到以前被认为是"定性"与商业化隔绝的文化领域和个人生活领域。家庭生活成为一个大众消费的过程。美丽可以像妓女一样在艺术市场上出售;科学转化为技术;正义可以用一个好律师来换取。如果在过去,一个正直的作家能够以一种坚强的意志抵制金钱,捍卫思想自由,那么在今天的世界上,这种抵抗似乎太微弱了。

严格地说,在马克思时代,文化还没有成为一种产业,文化产品只是少数特权阶层的奢侈品。在谈到一些艺术作品时,他把一些独立于艺术家之外的书法作品视为商品,认为这些艺术作品只存在于生产和消费之间的一段时间,在此期间可以作为可销售的商品流通。例如,书籍、绘画和所有与艺术家的艺术活动分开存在的艺术作品,资本主义生产只在非常有限的规模上得到应用。这些商品在很大程度上仅限于向资本主义生产的过渡。

马克思这个论点是文化产业的一个出生提示,当艺术可以成为与艺术家的活动分开存在的一个特定的行业产品,借助新科技的出现,帮助人们消费欲望的扩张,有可能产生大规模生产的艺术,通过大规模生产的艺术和大众消费扩展到文化的各个领域,扩展到文学,延伸到历史,并延伸到广大人民群众可以充分关注和接受文化领域的各个方面,形成文化产业体系。从这个意义上讲,马克思在深刻理解资本主义生产本质的基础上预见了艺术从个体生产向资本主义生产过渡的可能性,这实际上是文化作为一种产业运作的可能性。

第三节　后现代主义视角下的文化消费进程

一、文化消费是塑造女性从属地位的新领域——女性主义的文化批判理论

文化消费的相关理论中,女性主义的文化批判理论占有极其重要的一席,它对男权中心的社会和思想进行了无情地揭露和辩驳,尝试重建妇女的社会地位和话语权,填补批评史的一个重大空白。妇女解放在以前被人们看作是被压迫

的群体寻求社会地位的一部分。现在人们的目光则是投向了文化角度,在社会现代化、经济全球化的大背景下,在生活中大众文化地位受到普遍认可的背景下提出问题。"它从西方马克思主义那里获得了'否定意识'和'批判'性话语;从解构主义那里获得了'消解'男性/女性二元对立和颠覆既定等级秩序的解放策略;从新解释学那里获得了'重写文学史'的视界和对历史重新阐释的最佳角度。"上世纪六七十年代,米莉特、格瑞尔等人代表全球受到不平等待遇的女性,重掀女性主义的文化批判的巨浪。她们认为,重要的是主张,现有的文化形式大多以某种方式,表现出男性对女性而言处于支配地位的现实,并助纣为虐地协助无理现实的传播和在人们思想中扎根。

女性主义的文化批判理论是以社会性别理论为基础评判大众文化的。她们提出疑问,为何女人的身体、形象在现今的商业秩序中,总是处在被动的、附属的、以男性思想为中心的受压迫地位上,为何女性总是容易成为资本家推销产品的方式,为何在现代的信息媒介中,女人的性别总是被拿来大做文章。当代女性主义的崛起,实际上是代表了女性渴望建立一种新的文化批判理论的体系,即把男女在社会地位上的矛盾归结至对现代性中的某些矛盾分析当中去。同时,根据新建立的批判理论体系,女性想要证明几千年来妇女在以男权为中心的社会中一直遭到边缘化,反映出这种地位不平等的社会关系实际上是文化的潜在安排。现在,商业化的高度发展使其与高科技成果相融合,使某些科技成果的商业化水平越来越高,但科技成果看似风头正盛,实则也无法摆脱这种文化的潜在安排带来的影响。以目前在城市中处主导地位的现代化女性商品为例,无论是各类化妆品、整容塑形,还是箱包首饰,都在直接或间接地反映现代"女性美"标准已完全掌握在商业审美秩序手中。在当今中国,这种商业审美秩序轻易地掌握了主动权,主导了整个市场的发展。它与"现代性"完美融合,并在与世界接轨的过程中对发达国家的商业审美价值取向进行了全面的模仿和学习。

面对这种带有否定色彩的质问时,女性主义给出了她们的回应。其中一种是通过研究"女性形象"的方式,目的是发现现有文化成分中对于女性具有某种直接或间接的贬低色彩的内容,对各种文化形式呈现女性的方式进行质询。另一种回应是对全面否定女性在文化及历史上对人类社会做出的贡献,女性试图在文化的多领域,包括文学、艺术等生产领域中,进行贡献的再挖掘和再宣传,对无理的否定还以坚定的反抗。而在重建女性文化经验的过程中,女性希望可以借助某些形式,来表明女性拥有自主或可自主的专属传统和美学。肖瓦尔特颇具影响的文章《荒原中的女性主义批评》即为例证。还有的女性主义文化批判则在回击将妇女与大众文化相等同的做法时,如克里斯蒂娃和西苏则试图提出一种女性专属的先锋派风格;或是试图通过证明妇女与大众文化中以言情小说、肥皂剧等为代表的"女性形式"的关系的非直接性,来证明该文化产品本身的价值所在,由此透露出女性在参与大众文化的过程中并非被动接受,而是有着保持自我态度的先锋派能量。同时,像夏赫等人则恰恰相反,他们从目前对文化知识之宗旨的抛弃态度中感到了不安,并否认女性主义与消费愉悦之间存在认同,一种兴高采烈的认同。她们的野心不只局限于找到各种文化形式里对女性包含贬低色彩内容的例证,她们更想通过文化形式来打破女性受压制的处境,为女性在文化形式中正名。

女性主义文化批判的矛头主要指向"性政治"和"性阅读"两个现象。女性批评家从各种文化形式中找到男权意识形态的证据,她们认为,在许多文学作品中,女性往往被贴上阴暗、无理和污秽的标签,"她们"或是屈服于男性的社会权力,或是撒泼任性,无理地打破事情的自然发展规律。即使是到了现代社会,大众信息媒介宣传的内容同样或多或少地包含着类似的女性特质,广告在宣传推销产品的时候,对女性使用的通常是"美丽""性感"这样的字眼,激起女性的某种消费欲望,同时无形中促进女性接受主流男性意识形态对其进行的角色界定。

"所谓女性阅读,就是父权制把妇女仅仅作为阅读文学作品的对象,作为文学作品的倾销市场。"很多时候女性阅读的目的本身并非让女性进行阅读,而是让女性不得不面对和接受男性建立的美学标准和意识形态,让女性不知不觉中按照男性安排好的模式进行思考和自我定位。

"服从于一种明确的企图,即要赢得对主导秩序的赞同——在女性、闲暇和消费方面,即在文化层面上。"针对女性产生的文化产品让女性在生活中安心于扮演好男性所期望的女性角色,在消费上也在主流意识形态的影响下塑造她们的"自我主流意识",只是她们心目中的"美"的衡量标准可能仍是来自男性。以电影、肥皂剧、言情小说为例,女性看电影、肥皂剧主要基于三种目的:逃避现实、识别和消费。她们通过电影和肥皂剧,可以将自己暂时地塑造成以好莱坞女明星为代表的一类以自强、自尊、自爱特点的新时代理想女性形象,从而遗忘自己在生活中受压制的角色。

在这个时代,女性人格需要得到多层次的发展和满足,任何正当的需求都应得到尊重。尽管大众文化已经为女性准备好了新的发展条件:从生活方式、心理品格、思维方式上,扩展了女性对现代性的理解;并通过现代电子产品、现代信息媒介的普及直接提高了女性的生活质量。然而一切并非想象得那么容易,文化在现代发展过程中已经和商业审美联系在一起,成为商业包装、消费、流行的一部分,甚至"品位""档次"也不再是文化本身。在这种文化背景下,女人被要求、被引导像广告和杂志封面中的女人那样更精致、更舒适、更漂亮地活着。女人梦和商业推销的目的结合起来了,谁不羡慕广告中可人的小姐和夫人呢?重要的是挣更多的钱、更会打扮,至于女人如何活得更有价值、更有追求则并不重要了。正像布热津斯基在《大失控与大混乱》一书中所说:"消费主义的精神特征改头换面地取代了伦理标准","电视作为大众文化的主要提供者,越来越把幸福的定义说成是更普遍地获得商品的立即的自我满足。乌托邦的狂热就这样被欲壑难填的消费挥霍所取代"。

二、文化领域内的商品化逻辑渗入——詹姆逊的文化理论

弗雷德里克·詹姆逊(Fredric Jameson)是美国新马克思主义批评的领军人物,也是一位重要的后现代理论家和文化批评家。近20年来他密切关注当代资本主义文化的新趋势,不断扩大研究对象,在后现代文化领域取得了显著的成就。他提出只有对现代社会的矛盾、文化状况深入了解,才能得出对将来具有一定启示意义的理论。有学者总结归纳其关于后现代特征的理论,即"平面感:深度模式削平""断裂感:历史意识消失""零散化:主体的消失""复制:距离感消失"。应该说,这些是詹姆逊著述中具有一定的普遍意义,也最能代表其思想的观点。

詹姆逊对后现代的研究侧重于资本主义系统本身,他主要是从资本主义的发展历史,或者说,是从生产方式变革的层面来阐述后现代的,将文化上的现实主义、现代主义和后现代主义分别对应于资本主义发展的三个阶段:市场资本主义、垄断资本主义和跨国资本主义。与我们通常理解的作为文学流派的现实主义、现代主义不同,詹姆逊将这些名称看成是"某一阶段的文化风格,代表某一阶段的文化逻辑",由此开辟了一条将文学发展与生产方式相联系的新途径。

詹姆逊提出,在后现代主义阶段,大众文化已经成为主流文化,高雅文化和大众文化的差异日益缩小。艺术作品成为商品和消费品。文化突破了狭义的文化的界限,无所不包。而无所不包的文化领域充满了商品化的形式和资本逻辑。在后现代背景下,商品化的逻辑已经渗透到文化领域,文化生产的目的转向获取经济利益,文化日趋商品化已不可逆转。依据这一目的,生产机制已经发生改变并开始调整,从以往的生产为本转向消费为本,遵守市场,遵守消费需要成为铁律。后现代主义将艺术包含在商品(如后现代怀旧电影)中,并将其作为纯粹的审美消费品提供给观众。与此同时,不断推出新产品的市场紧迫性已成为审美创新和实验过程中日益重要的结构性和定位,商品化已进入建筑、艺术、文学甚

至哲学领域,这种商品化趋势对现代主义产生了严重的分裂影响。在前一个时代,精神文化创造的目的是创造本身,文化艺术是没有束缚的;在晚期现代主义中,在阿多诺和霍克海默的文化产业的论文中,仍然存在一种艺术性的领域。而现在,文化产品成为叫卖的对象,现代主义寻找价值、探索意义和重建精神家园的冲动很难重拾了。

詹姆逊在《文化转向》一书中重申了他在《后现代主义,或晚期资本主义文化逻辑》①一文中的看法。他认为现代主义艺术应该与现实社会、大众文化保持一定的距离,以保证自身拥有一个能够良好发展的艺术空间,并依赖高雅文化和大众文化的区别以重拾其独特性和乌托邦功能,表现出对商业文化的抵制和对权威及经典的维护。后现代主义文化,尤其是大众文化,与市场制度的商品形态有着密不可分的关系。他们把艺术品包装成商品,并把它作为纯粹的审美消费品提供给观众。此外,后现代主义试图来通过合成的方式界定高雅艺术与商业大众文化之间的界限,却遭遇了极大的困难,这一"区别的消弭"让极力维护精英文化的学院派痛心疾首。

毫无疑问,詹姆逊和法兰克福学派在现代主义立场上持相同观点。他特别喜欢与现代主义相同性质的精英文化,却对流行文化及后现代主义文化持怀疑和贬低态度。虽然詹姆逊观察到社会生产关系向后现代社会文化的演变是大势所趋,大众文化的历史合法性,几乎是不可动摇的。但他在叙述中仍表现出对现代主义精英文化的挽留,这也是置身在美国学术界这部庞大的文化生产机器中的他所注定要经历的精神痛苦。艺术的创造性、批评性和想象力因大批量制造的文化商品而出现萎缩,这让詹姆逊对后现代的态度发生了微妙的变化。在1998年出版的《文化转向》中,詹姆逊以清醒的辩证眼光关注后现代主义。他希望人们像马克思对待资本主义一样,采用辩证思维的方法,不仅可以把握资本主义的劣势,又可以深刻理解其非凡而独特的解放力量的优势。同时,资本主义是人类历史上最后也是最坏的东西,是"灾难"和"进步"的统一。马克思和列宁都看到了资本在当时社会发展进程中的地位,认为这是一个新的、更全面的社会发展的必要阶段,是建设社会主义制度的必经之路,将新的文化形态与新型社会生活和新经济秩序的产生联系起来,揭示了历史发展的轨迹和方向。

---

① 詹姆逊.后现代主义与文化理论[M].唐小兵,译.西安:陕西师范大学出版社,1986:143.

三、消费社会的到来——波德里亚的后现代文化消费理论

法国的波德里亚(Jean Baudrillard)是 20 世纪 70 年代之后的一位杰出的思想家,他的理论几乎推翻了法兰克福学派在二战前批判资本主义大众文化的理论方法,发现了一个分析消费社会实质的全新视角。

(一) 消费社会

消费社会被定义为一切都可以出售的地方,所有"商品,服务,身体,性,文化和知识"都可以作为产品用于交换。消费主义已经成为时代的新精神,并通过大众媒体传播到每个角落。正如波德里亚所说,在现代西方,生产主人公的传奇现在已到处让位于消费主人公。"'自我奋斗者'、创始人、先驱者、探险家和垦荒者伟大的典范一生,竟然与圣人和历史人物的一生相提并论,成了电影、体育和游戏、明星、浪荡王子或外国封建主的生活,简言之,成了大浪费者的生活(即使是命令反过来常强迫要求表现他们'简单的'日常生活、买东西等等)。所有这些伟大的恐龙类之所以成为杂志和电视专栏的中心人物,是因为他们身上值得夸耀的总是花天酒地、纸醉金迷的生活。他们的超人价值就在于印第安人交换礼物的宗教节日。他们就是这样履行着一个极为确切的社会功能:奢侈的、无益的、无度的消费功能。"[1]

后现代时期商品的价值不再取决于商品本身是否能够满足人们的需要或具有交换价值,而是取决于交换系统中文化系统的规范。符号的消费已经取代了商品的消费。任何商业消费(包括文化和艺术)都已成为消费者实现社会心理、标志其社会地位、文化品位和高生活水平的文化符号。这就像"奔驰"牌汽车比"大众"牌汽车更受青睐,不是因为它更有用,而是因为在汽车的行列中,"奔驰"的地位高于"大众"。极端的生产和资源消耗、巨大的消费主义对大众消费欲望的反复刺激,日益成为人们生命周期的毒瘤,它使简单精神生活的丧失状态成为当代物质过剩的背景下一种常见的精神贫困状态。

(二) 文化消费与"媚俗"的审美时尚

在这个后现代或者后物质时代,文化已经商品化,而商品又已经消费化。只有进入市场,成为商品的文化才具备被炒作和关注的价值。文化消费中的最严

---

① [法]让·皮德里亚.消费社会[M].刘成富,全志钢,译.南京:南京大学出版社,2001:5.

重问题在于对大众精神的"文化危害"。过度的文化消费是对历史的消解,或者对被消费对象进行滑稽追忆,在这个过程中,所有发生的事情都被嘲笑,模仿和以游戏的态度进行理解。这样,艺术作品不再成为特殊时间和空间中的被欣赏对象而孤芳自赏。相反,消费者认为艺术品的真正乐趣在于它们可以在文化产业被再生产,从而"备份"廉价而美丽的艺术品。

于是,在波德里亚看来,媚俗成为时代审美的风尚,那些粉饰过度的蹩脚物品、"纪念品",成为人们精神世界中的装饰品。"媚俗有一种独特的价值贫乏,而这种价值贫乏是与一种最大的统计效益联系在一起的:某些阶级整个地占有着它。与此相对的是那些稀缺物品的最大独特品质,这是与它们的有限主体联系在一起的。这里与'美'并不相干:相干的是独特性,而这是一种社会学功能。"①在这种媚俗而贫乏的文化氛围中,人们将自己划分成不同的阶层,并在接触这种文化现象的过程中一天天地弱化着自身的审美趣味。

媚俗不仅存在于媒体系统中,而且在多重传播和接受的过程中,将不同的人的思想和价值认同融入相同的概念模式和价值认同中。这种传媒介入所造成的私人空间公众化和世界"类象化"的家庭化,导致了传媒的全球化倾向。从那以后,"媚俗美学"成为后传播时代的审美时尚,即美学渗透到经济、政治、文化中,因而丧失了其自主性和特殊性。"可以把流行定义为心理认知不同层次的一种游戏或操作:一种心理的立体主义,它不根据空间分析,而根据整个文化,以其知识和技术装备,如客观现实、反映写照、绘画表现、技术表现(摄影)、抽象概括、推论叙述等等为出发点在几个世纪的过程中制定的种种认知模态来寻求对物品进行衍射。另一方面,音标的使用和工业技术造成了分割模式、双重模式、抽象模式、重复模式。"②这导致艺术判断的丧失和艺术市场标准的丧失:一方面是媚俗艺术品的价格虚高,导致价格对文化商品不再具备一定的指示性意义,只是表现了现代社会的文化盲从和价格疯狂。另一方面,消费逻辑降低了传统艺术表达的崇高地位,媚俗艺术成为身份和地位的象征。更严重的是,强调日常气质是艺术作品的精神气质,在重复中表现出艺术作品的思想贫瘠,或关注作品中对象的日常性、偶然性和粗糙性,使艺术成为生命的附庸,从而失去艺术本身的原创性和独特性。

(三) 白色社会中的大众传媒镜像

人类生态问题已成为当代问题的交汇点,并有其自身的发展逻辑。在全球

---

① [法]让·皮德里亚. 消费社会[M]. 刘成富,全志钢,译. 南京:南京大学出版社,2001:5.
② [法]让·皮德里亚. 消费社会[M]. 刘成富,全志钢,译. 南京:南京大学出版社,2001:5.

消费主义发展的过程中,自然生态和精神生态已成为一个问题的两个方面。因为自然生态与精神生态有内在的和谐关系,所以需要平衡发展。然而,在这个被波德里亚称之为日常消费的"白色社会"中,这种和谐一再受到破坏。波德里亚长期关注全球文化生态的不平衡对社会心理和个性的健全性造成的影响,并对媒体在"文化产业"生产中起到的侵蚀精神的负面影响持批判态度。

在这个物质生产过剩的社会中,当代人的精神生活却是"白色"的。长期接触媚俗的文化产品让当代人缺少感情,没有形而上的自然冲动,也缺少思想的火花和精神深度。在波德里亚看来,后现代时期的商品价值已不再取决于商品本身是否能满足人的需要或交换价值,而是取决于交换体系中作为文化功能的符码。在这个缺乏感情和思想,没有历史深度的社会中,除了自我神话或者不断被神话之外,没有其他神话的立足点。

波德里亚《完美的罪行》《消费社会》《生产之镜》等的社会文化分析,在当代思想界有相当的影响力。在意识形态的价值取向方面,他对电视传媒带来的一系列负面影响持严肃批判态度,因此他的态度也被外界认为对现状并不乐观。他发现后现代传媒不仅在加剧人们精神的麻木、在破坏社会心理和个体心性的健全性,而且在文化生产中同样发挥了相当大部分的负面影响。应该说,在消费社会中,波德里亚试图警醒人们关注生命的真谛,在媒体热衷于制造追星群体和消费热点之时,展示了一种健康的价值尺度,并为精神贫瘠的人类走出消费社会消费主义的阴影,重建精神生态的平衡系统作出了前沿性的学术思考。

第三章　文化消费的历时态实践

第一节　近代时期的文化消费

近代时期的时空界定是 16—19 世纪的欧洲。这一时空界定主要是因为当时欧洲尤其是英国的经济发展最具代表性。这一时期持续的经济增长带来了深刻的社会变革,文化消费的萌芽在此产生。

一、近代时期的经济状况

西欧在 16—18 世纪开始由封建主义向资本主义过渡,各国先后开始通过对农民土地的剥夺,大规模进行原始积累。随着生产力的发展,扩大的社会分工,促进了商品生产和商品流通,手工业开始分成许多专业部门,这使得商品化程度大大提高。随着商业的繁荣和发展,封建主义开始瓦解,西欧逐步向资本主义过渡。

这一时期人们的消费方式也发生了很大改变。如 18 世纪的法国,已经成为最讲究烹调的国家,发明新的菜式,并且收集来自欧洲各地的宝贵食谱;美食家的盛宴同时注重食物精美和格调高雅,菜肴的外观和上菜的方式趋于尽善尽美。同时,进餐时餐桌的布置、餐具的摆放、上菜的规定、用餐时的礼仪等等,也形成了一种不同于简单食用的饮食文化,人们在享用食品时的消费方式开始发生改变。随着外观和色泽的日益重要,菜肴的味道也不再是人们唯一注重的方面。日常的消费行为开始有了文化的内涵和价值。此外,随着经济日趋工业化,人均收入和家庭收入不断提高,人数不断上升的上层社会和中产阶级的消费群体也开始对家具换件和设施提出了各式新的要求。服务业尤其是私人服务业和休闲娱乐业有了初步的发展。

18 世纪后期,工业革命席卷了整个欧洲大地。产业革命对农业产生了深刻影响,以先进生产技术和机器装备农业,使农业生产力得到了巨大提高,也使得农业人口在总人口中的比例不断下降,由于只要较少的农业人口就能养活其他的非农业人口,于是越来越多的人开始进入工业以及服务业领域。书籍在17世纪还是富人享用的奢侈品,到1750年,随着印刷业的发展,已成为大众商品了。

这一时期随着生产力的提高,人们的生活水平也渐渐提高,从前自给自足的生活方式被瓦解,取而代之的是更为广泛意义上的商品交换。这一时期的消费品已经开始呈现出一种标准化的趋势,消费品大多由早期家庭生产制作转向越来越多的由机器生产制造出来的千篇一律、有着标准模式的消费物品。不可忽视的是,消费在此时已走上了舞台,成为资本主义发展环节中不可或缺的一环。

二、近代时期的文化特征

告别了被教会思想严厉统治禁锢的黑暗的中世纪,欧洲社会渐渐摆脱经济停滞、人口激增、政治腐败、民不聊生的状况而走向现代,宗教改革和文艺复兴在世界范围内的扩展,使一度在中世纪落后的西欧各国开始了经济起飞,逐步由落后变为先进。在文学、哲学、艺术、科学等诸多方面也都取得了巨大的成就。

文艺复兴时期的人们以人道反对神道,以人性反对神性,以人的世俗生活反对天国的神圣生活,其目的就是使自己像一个人一样地生活。在西方,这是人的第一次真正的自我发现,也是第一次意识到自己存在的价值。

18、19世纪是西方科学、技术迅速发展的时代,新的发现一个比一个新奇而伟大,它们不仅亵渎了神学的灵光,扫掉了教会的威信,而且极大地启发了人们的头脑,从而使人们以新的观点和方法观察世界、认识世界,特别是当它们转化为物质力量时,则以前所未有的能量改变了整个西方社会文化的结构,改变了人们的生活方式和思维方式。18世纪的启蒙运动思想家曾以非常革命的态度对宗教、自然观、社会、国家制度等展开过无情的批判,再一次显示了人的发现和自我价值意识的觉醒。到19世纪初期,新兴工业社会不仅在政治经济方面,而且在文化艺术方面,已经创造了一个空前未有的英雄时期,浪漫主义精神弥漫了整个欧洲,显示了当时自我解放达到了顶峰。西方18至19世纪的人们,鄙视迷信、偏私、特权和压迫,崇尚真理、正义、自由、平等和不可剥夺的人权,所有这些都表现了工业社会文化上升阶段人性的自由竞争和发展,表现了人的发现和觉醒,表现了人的主体性及自我价值意识的凸显。

三、近代时期媒体及文化消费的发展

早在公元 11 世纪,中国就发明了活字印刷并对欧洲印刷术的发展产生了深刻的影响。1450 年,古登堡发明了金属活字印刷机。这种变化的意义是十分深远的,书面媒介和印刷媒介的出现使语言文化脱离了口语传统,使文化的传播成为一种破解和使用文字符号的技术,克服了人类文化交流中时空的限制,发展了人类抽象思维的能力和想象的能力。在欧洲,印刷术取代羊皮纸手工抄写本,独一无二的"文本"成为泡影。这就在一定程度上打破了知识的权力垄断。《圣经》被世俗化,教廷无法再垄断诠释权,霸权也被颠覆了。结果人与上帝的关系被私人化了。但是,书面印刷媒介仍然是有局限的。只有掌握了文字符号才能参与到这种媒介的传播之中,大部分劳动者则由于识读的障碍而被排除到传播领域之外。传播因之而成为一种权力的标志,成为少数掌握了破解和使用文字符号技术的人的文化特权。

近代的媒体是随着资本主义经济的发展,工商业在超越本国市场限制,资产阶级在社会中势力形成和扩大并提出其自身要求的基础上,随着文化教育的扩大普及而不断增长的。现代前期的媒体继承了欧洲手抄小报的商业传统,在资产阶级的影响和利用下,逐渐登上了历史舞台。这一时期的大众媒体是资产阶级宣传新教理念的阵地。大众媒体使资产阶级的自由思想可以直接推向普通民众,形成非主动撷取的媒体信息方式。民众由于自身条件的限制和经济生活水平的低下,没有将媒体文化作为学习的内容,媒体更多的是被新兴的资产阶级利用。西方教育的大众化,使报纸和通讯社发挥了日益重要的作用。

自威尼斯 15 世纪手抄小报兴起之后,文化产品增加的速度明显加快,也使文化的宣传和传播更为顺畅。近代化的报纸是德国的古登堡改进了中国发明的印刷术之后出现的,它使文化的传播范围迅速扩大,媒体的功能得以显现,并促进了革命力量的成长。文艺复兴使商业和贸易市场化,地域扩大化,中产阶级的消费欲望不断膨胀,它们首先将书籍、报刊推向了宣传革命和社会文化的舞台。报纸成为意见和观念自由论战的场所,并最终导致清教的主要胜利。

19 世纪 30 年代之后,大众报纸开始出现在人们的生活中,这些报纸中广告内容占据了很多版面,虽然广告的失实内容很多,但它却激发了人们物质欲望的膨胀,提高了经济生产的发展。19 世纪末期,美国报纸纷纷脱离政党而独立,报纸不断掀起各种社会改革运动,以争取人民的信任和支持。"新教育法案"增加了识字人数,新机构(大众报纸和广告)是劳动人民生产出来的,而且往往是为了

牟取有意识的政治和商业利益——最明显的是大规模地使用廉价报纸和商品广告,虽然有时为自己生产激进的报纸、政治小册子和广告,但不入流,只能享受小说、戏剧、电影等其他通俗产品。

第二节 现代时期——19 世纪后半期至 20 世纪 60 年代的文化消费

19 世纪下半叶现代主义开始出现,在表现为一种独特的艺术、文化等形式的同时,现代消费主义文化也正式形成,文化消费成为消费结构中增长最快、发展最迅速的部分,文化消费真正登上了历史舞台。

随着工业资本主义的兴起和不断发展,进入现代时期之后,迅速崛起的美国成为资本主义的代表。

一、现代时期经济发展的总体特征

现代时期的时间界定一般是 19 世纪中后期到 20 世纪 50 年代。这一时期历史上被称作"第二次工业革命"。第二次工业革命是以电力的广泛应用为标志,其突出特点就是将科学知识大量运用到生产当中,将科学与技术结合起来,使科学真正成为推动生产力发展的重要因素。在第二次工业革命的推动之下,资本主义进入了一个高速发展的新时期,1870—1900 年的世界工业生产比1850—1870 年间增加了近两倍,但是这种发展却产生了不平衡性。发展速度快的是新兴的资本主义国家,而英国、法国等老牌资本主义国家与之相比则较为缓慢,其中,美国尤为引人注目。到 19 世纪 80 年代,美国的工业生产总值已占世界工业生产总值的 30%,超过英国而跃居世界第一。在这期间,美国经济的中心特征就是大型公司规模的不断扩大,形成了由大型的统一公司从事的大规模、标准化生产的一种工业体系。《幸福》杂志于 20 世纪 90 年代中期公布的世界500 强公司中有 247 家成立于这 50 年间。

随着大批量工业生产的实现,标准化商品增多,规模生产逐步导致了大众消费时代的来临,一个休闲社会开始逐步出现,工人们可以花费不断增长的工资和劳动外的时间,去充分享受属于个人的娱乐,购买私家轿车去度假,去收听各种新媒体的文化节目,看电影和电视,或者干脆在家里休息等。闲暇娱乐产品开始大量产生。这一时期美国 95% 以上的家庭有一台或几台无线电收音机,平均每家两台。变革的又一件大事是电影闯入了封闭的小镇社会,电影既是窥探世界的窗口,又是一组白日梦、幻想、逃避现实和无所不能的示范。青年人不仅喜欢电影,还把电影当作一种学校,他们模仿电影明星的举止、生活方式,从而使一种注重物质享受的新的消费模式得以迅速传播。

二、现代时期主要的文化特征——大众文化的兴起

正像丹尼尔·贝尔在《资本主义文化矛盾》中分析的那样,现代社会的文化改造主要是由于大众文化的兴起,或者说由于中低阶级从前视为奢侈品的东西在社会上的扩散。

汽车、电影和无线电是技术上的发明,而广告的兴起才真正带来了新的生活方式和新的价值观。广告不仅仅是单纯的刺激消费,它还更为微妙地改变了人们的消费习惯,教会人们适应新的生活方式。广告所带来的变革最初是在举止、衣着、时尚和饮食方面,但最终的影响却更为广泛,如家庭权威的结构,儿童和青年怎样作为社会上的独立消费者,道德观的形成以及在社会上有关成就的含义等。

这一时期的闲暇娱乐发生了巨大的变化:一方面,人们开始越来越注重精神上的各种享受,而不仅仅满足于物质产品的丰富了;另一方面则是社会生产方式的变革带来了观念的变革,使休闲娱乐变得合法化,对其追求就成为人们社会生活的重要内容。

生活中享乐主义盛行,精神领域中则表现为要求自由和放松,要求人自己的价值,展现自己的个性。这样的精神以各种文化艺术性作为表现的形式,其影响渗透到社会生活的方方面面。文化并非严肃的艺术作品的讨论,而是要通过包装宣扬一种供人们"消费"的生活方式。在推销各种大众文化标榜的艺术或者生活方式的同时,资本主义也完成了它自始至终一直追求的目标—经济利益的最大化,而这种消费热潮的到来恰恰迎合了资本主义生产阶段消费地位日益提高的现实,从而得到了整个资本主义的认同。

三、大众传媒的推波助澜

现代媒体出现于 19 世纪后期到 20 世纪 20 年代前后,既包括那些从近代媒体演变而来的主要媒体,如人们所熟知的报纸、杂志,还包括在这一时期产生的新兴媒体,如广播、电视、电影、录音、电话等。大众传媒的出现,恰到好处地顺应

了资本主义经济发展的需要,为消费热潮的到来提供了充分的舆论宣传和引导,也为经济进一步发展带来了新的契机。与传统媒介相比,大众传媒因其覆盖更广泛、制作更精良、反映更迅速而很快在日常生活中扮演了至关重要的角色。在此情形下,如一些社会学家所说,西方社会将日益由媒介屏幕与大众文化形象构成——电视机、视频显示器、录像、电脑、电脑游戏、个人立体声系统、广告、主题公园、购物中心、"虚构资本"或信用——它们都是组成现代世界的必不可少的部分。机械和电子的合作终于使西方的文化生产具有了产业社会的节奏。大众传媒既是推动文化消费发展的助力器,又是文化消费内容的重要组成部分。它们不可避免地成为加速文化消费、联系现代与后现代的桥梁。

商品化和以营利为目的是现代传媒的显著特征。所谓媒介的商品化,是指把媒介的使用价值转化为交换价值的过程,即决定媒介产品价值的标准由媒介产品满足个人与社会需求的能力,转变为产品能通过市场带来些什么的过程。在西方,商品化和传播的关系集中表现在以下两方面:一方面,传播过程以及传播科学和技术对商品化过程起了推动作用。比如电脑和电信传播技术的广泛采用,为西方社会的生产、流通和销售提供了必要的信息,使生产者和销售商越来越有可能只储存顾客需要的货品,从而节省了库存空间。另一方面,整个社会的商品化过程渗透到传播过程与传播制度中,商品原则不只是在经济领域里存在,而且也成为西方传播媒介赖以运作的一项基本原则。也就是说,在社会的商品化过程中,西方的传播系统也已经逐渐地成为一种交换的社会过程,也被置入于市场经济的生产与再生产的框架之中,成为市场经济体制的不可分割的一部分。文森特·莫斯可认为,传播的商品化过程,涉及了信息(或者是一份资料,或者是有体系的思想)如何被转化为可在市场买卖的产品。因此,在现代西方社会,传播媒介不仅制造了符号和形象,塑造了人们的意识,而且也生产了利润(在这一点上它与其他商品相同)。传媒的商业化、市场化的运作方式,无疑使它能够成为以营利为目的的西方现代文化产业运作的最适宜的载体。

尤其是电视以其强大的吸引力风靡了当时西方绝大部分资本主义国家,成为人们特别是下层人民的一种重要的消遣方式。在美国,电视与公众正式见面是在 1939 年。1941 年 7 月 1 日,NBC 在纽约电视台播出了有史以来的第一个电视广告:布洛伐时钟,时长一分钟,广告费也只有 4 美元。而在电视处于黄金岁月的 50 年代,1953 年 1 月记录下了最蔚为壮观的观众群,当时全国拥有电视机的 2 100 万个家庭中有 72% 的家庭收看《我爱露西》节目,而在同一年,当艾森豪威尔总统就职时,大约有 6 000 万人同时在电视屏幕前看到了他。①

电视的普及给报纸、杂志、广播、电影带来了极大的挑战,因为电视是一种家庭化的媒介,在共同的收视活动中,家庭成员可以共享同一视听兼备的信息,并且可以同时交流感受,而人们仅需付出很少的收视费用。在电视风靡的 50 年代,其他媒体都有一种如履薄冰的感觉。为了与电视竞争,报纸、杂志更加重视深度新闻报道和图片的使用,广播则采用了分众传播的策略,许多更加细化的娱乐音乐类专业电台相继开办,这一切都使得即将进入后现代社会的媒体世界更加丰富多彩,使人类的信息交流活动更加频繁多样。

20 世纪 30—50 年代,虽然经历了大萧条和"第二次世界大战",但电影依然保持了旺盛的生命力。1927 年,有声电影的出现结束了电影的"默片"时代,此后有声电影席卷欧美。在大萧条的年代,到电影院看电影是一种开销不大的精神享受,对于收入拮据的人和失业者来说,电影院是个温暖的休息场所。三四十年代,侦探片、悬念片、恐怖片、战争片、怪诞喜剧片、浪漫片、动画片占据了整个电影市场,50 年代西部片到达了顶峰。50 年代初,电视的普及使曾经繁荣的电影业变得步履蹒跚,带来家庭娱乐的电视机大量销售,数百万前往家庭附近电影院看电影的人减少了。以美国为例,1930 年,平均每周有电影观众 9 000 万人次,这个数字到了 1950 年下降了 1/3。

人类进入现代社会,温饱问题的解决使人们把消费的重点放在了满足精神需要的层面上,而媒体正是他们获得愉悦与快乐、缓释内心压力的最佳选择。20 世纪以来,广播和电视分别在 20 年代和 50 年代迅速走进了普通家庭,在它们未普及之前,一个拥有广播或电视的家庭是令人羡慕的家庭。那时,收音机与电视机不仅是传递信息的工具,而且是财富、身份的象征。媒体技术有完全还原真实世界、色彩艳丽的彩色电视机,像小匣子一样的 9 英寸电视机之后还有更诱人的 20 英寸电视机。市场上新媒体不断涌现,已存在的传统媒体不断被改造,人们也不断地给自己树立起得到这些能使自己获得快乐的神奇载体的梦想,旧货市场上不断有过时的媒体出售,超市里又不断有新型的媒体被摆上货架,媒介就是这样在传播着文化的同时自己也身体力行地刺激着文化消费的发展。

四、现代时期的文化及文化消费

现代消费主义的真正出现是 20 世纪 20 年代。当时,大规模生产和高消费

---

① 文森特·莫斯可. 传播政治经济学[M]. 北京:华夏出版社,2000:141 - 142.

开始改造中产阶级的生活,讲究实际的享乐主义代替了作为社会现实和中产阶级生活方式的新教伦理,心理学的幸福说代替了清教精神。"文化(在严肃的领域)已被颠覆资产阶级生活的现代主义原则所支配,而中产阶级的生活方式已被享乐主义所支配,享乐主义由此摧毁了作为喉舌道德基础的新教伦理。严肃艺术家所培养的一种模式——现代主义,'文化大众'所表现的种种乏味形式的制度化,以及市场体系所促成的生活方式——享乐主义,这三者的相互影响构成了资本主义的文化矛盾。"

现代消费本身就是一种文化消费方式,它决定了经济活动必须依靠文化并创设文化特色才能使经济活动具有活力。有一个特点是明显的,那就是现代消费的产品在具有使用价值的同时,必须具有审美价值,因此,人们评估一个产品的价值时,往往更强调商品所具有的文化观念。而"如今,休闲、娱乐与文化已交织在一起,文化活动与娱乐活动已不再被完全分开,同时,商品消费与文化消费也融合在一起。业余时间被视为文化、消费与娱乐合而为一的时间。对文化含量高、精美的产品的需求不断增加。曾经限于富裕阶层的文化——审美的消费行为,如今已普遍化,成为广泛的消费需求"。

第三节　后现代时期的文化消费

一、何为后现代

后现代主要用来描述继现代之后而来的那个时代,后现代是信息时代的产物,知识膨胀,电脑、数据的应用,导致了合法化的危机(利奥塔),这一状况反过来规范着人类的行为模式,导致了一种反现代文化的极端倾向的形成。生命的意义和文本的深度同时消失,消费意识的渗透使自然与人类意识两个领域日益商品化。此后,后现代文化浸透了无所不在的商品意识,高雅文化与通俗文化的对立消失,商品具有了一种"新型"的审美特征,文化则贴上了商品的标签。文化消费化,消费文化化就成为后现代主义与后现代文化消费的总体模式。

后现代主义作为 20 世纪 60 年代左右出现于西方发达国家的泛文化思潮,是一个含义复杂和涵盖领域广泛的术语,涉及艺术、文学、语言、政治、伦理、哲学等观念形态的诸多领域。同时它又是一种文化,一种理论,一种普遍敏感期和历史分期。从文化上说,可以把后现代主义定义为对现代主义本身的精英文化的一种反映,它远比现代主义更加愿意接受流行的、商业的、民主的和大众消费的市场。它的典型风格是游戏的、自我戏仿的，混合的，兼收并蓄的和反讽的。它代表了在一个发达的和变形的资本主义社会条件下，一般文化生产和商品生产的最终结合。至于在文化方面，所谓"后现代主义"则是一个多层次多面向的反省，集中在怀疑、批判和摧毁现代文明那专断性的科学和理性标准，否认科学的权威性，强调所有文化和思想平等而自由地并存发展，因而开出灿烂的新文化领域。

西方后现代主义的基本特征：① 全面的商品化。文化创造者、文化的消费者、文化产品统统变成了可以在市场上自由流通的商品。② 多元化。过去的中心丧失了，形成了不同种类、不同风格、不同情调的文化现象多元并存。③ 通俗化，大众化。形形色色的通俗文化形式，如通俗文学、流行音乐、影视越来越强劲地占领文化消费市场，越来越有力地冲击精英文化的主流地位。

在当代资本主义社会，商业活动已经全面扩张到社会文化领域，现代文化工业的兴起使得文化生产、精神生产全面商业化了，不仅现在可以大批量地生产各种文化产品，更可以大量生产各种思想、艺术和文化精英。但同时，现代社会艺术家和思想家的艺术创作和精神创造活动又比以往更多地受到各种外来因素的制约，艺术、学术及相关的一切活动正日益被生活化、平庸化，所有文化行为都变成了一种商业行为。科学家、艺术家和思想家不再是传统意义上的精神财富的创造者，而是那些为填补人们空虚灵魂进行批量生产的生意人和工匠。这就使当代知识分子的角色、职业定位、社会地位和存在价值受到了挑战，如何解决这些问题就成了后现代主义的任务。

随着资本主义的经济发展从工业化进程转化为信息化进程，文化被广泛地纳入商品生产范畴。文化消费的出现，消解了精英文化与大众文化的界限，精英文化的生产已从高尚的地位、高雅的格调降为普通的商品生产，而商品的供求关系又促使文化生产不断变换形式，这就导致了在文学、艺术、影视等领域出现了五花八门的有别于现代主义的表现形式。无主体性、无权威性、无历史性、无深度感的文化成为时代文化的主导形式，并使其他一切形式从属于它。当代西方社会，文化商品化的发展以及消费文化的产生、发展，也孕育了不同于现代主义的，以宣扬不确定性、易逝性、碎片性、零散化为特征的后现代主义思潮。

二、后现代媒体

20 世纪 60 年代初，西方资本主义社会进入了一个崭新的发展阶段——后工业社会。著名的未来主义学者丹尼尔·贝尔将后工业社会的基本属性定义为

"服务",他认为前工业社会的主要矛盾是人与自然的直接关系,而后工业社会的主要矛盾是人际关系,即一个物质财富匮乏问题基本解决的富裕社会如何通过各种信息媒介达成人际交往、沟通和共识的问题。

20世纪60年代以后的资本主义社会中,信息交流已达到无所不包的程度,社会的物化倾向加剧,商品数量代替了质量,花样代替了品位,文化消费空前发达。90年代后,冷战的结束使世界政治、文化呈现多极化、多元化发展趋势,而交通通讯业的发展和全球贸易的繁荣使政治、经济、文化观念呈现出一体化趋势,这些都与媒体的快速发展关系密切。

20世纪60年代以后,人类的信息传播技术经历了一次质的飞跃,即从以无线电广播、电视、录像技术为代表的模拟式电子传播过渡到以互联网为核心的数字式电子传播时代。

卫星通信技术、跨国广播电视、计算机通信网络等新媒介的发达和普及,形成了全球化的信息传播系统,文化消费实现了全球化的发展。异质文化的交流与融合成为文化发展不可回避的话题,跨国界、跨文化的交流和信息传播日益频繁。发展中国家的民族文化在不同程度上受到侵害和挑战。文化消费成为发达国家文化输出的重要组成部分。通过电影、电视节目、书籍、新闻报道等随处可见的文化产品,文化以MTV、影视剧、广告、营销宣传等形式在全球得到了广泛传播,在潜移默化中取得合法而正当的地位。

这一时期大众传媒的传播内容发生了很大变化。传媒除了关注政治、经济、文化等领域的事关全局的重要信息以外,也格外关注普通人的生活,关注他们的内容的重点移到了两个方面:一是大量的、包括广告在内的"生活方式报道",有关人们的喜怒哀乐、衣食住行。媒体传播过报道休闲娱乐、购物旅游、居室装修、卫生保健、服饰化妆、烹饪美食等内容和大量生活消费的行情、趋势、热点、时尚与流行的分析来对受众实施物质生活消费的诱导。二是以大量的娱乐新闻和娱乐节目,服务于受众的感官享受。一些媒介的专特刊及文化体育艺术类媒介,争相对各类文艺活动、文体赛事和各类明星做报道,各种社会、自然中的奇闻轶事,乃至一些男女纠葛、凶杀、灾害事故等,空前地占据着媒体的空间和时间。这些信息并没有多少实用价值,主要作用于人的兴趣、感官和本能,给受众以消遣享受。

网络是一个信息与娱乐的"超级市场",人们遨游其中不但可以通过超级链接获得任何自己感兴趣的内容,还可以在聊天室里与千千万万素不相识的人言说自己的心情,在BBS上发表自己独到的见解。

后现代媒体中的个人媒介更是把媒体的互动性发挥得淋漓尽致。以电子游戏为例,设计者通过游戏程序向娱乐者提供了一种多途径的参与方式,并让娱乐者通过不同的行为方式达到不同的游戏效果,使他们在游戏中暂时忘却现实,完全沉浸在游戏程序所提供的虚幻空间里。电子游戏能满足游戏者的英雄欲与支配欲,不管他们从事何种工作,一旦进入游戏,就成为当之无愧的主角,丰富的游戏带来了丰富的主角,这就是电子游戏的魅力所在。

大众媒介无疑成为文化帝国主义推行的最得力工具,传媒如电视、电影、广播、网络等,可以在不知不觉中,深入人们的无意识,从而影响和控制人们的价值观、行为方式等。随着世界的开放、经济全球化,西方媒介内容尤其是美国的廉价电视节目和好莱坞电影,几乎横扫全球,向世界输出美国的政治、文化和意识形态等。结果使其他国家,尤其是"东方国家"逐渐放弃本民族的文化和传统,接受美国的文化模式和价值观,成为西方文化的追随者和依附者。

现代人越来越依赖媒介信息来认识现实,重要的不是发生了什么,而是媒体报道了什么。因此媒介正在建构"现实",正在建构人们对现实的认知方式,使人们满足于去享受媒介提供的符号信息,自愿接受媒介符号的牵引,实现了大众媒介的社会控制作用。这样导致的结果必然是现实与文化分离,大众媒介和通俗文化得以对原有的社会关系进行破坏,并塑造新的社会关系。

后现代媒体也"生产"着文化消费。以美国为例,媒体行业的收入在整个行业中排名前列,媒体节目的消费在居民消费结构中占的比重越来越大,人们用于消费媒介节目的时间也在不断增加。大众媒介为大众带来大同小异的节目的同时,也提供大同小异的文化观念,共同促进流行文化。

三、后现代时期的文化消费

经济学家发现,在人均收入超过 3 000 美元之后,消费就会出现"脱物化"倾向,即人们开始在教育、健康、信息、娱乐方面投入。文化工业就在这个经济文化环境中得以迅猛发展。在当代世界,文化产业不仅已成为一些国家举足轻重的国民经济支柱产业和新的经济利润的增长点,而且也日益深刻地介入了人们的日常生活之中。

现代工业生产文化向服务型经济的后现代生产文化的转换。"消费的比重从物品转移到服务。其实也可以认为,人们不是以物品本身,而是以物品所具有的感性要素,按照自己的感性,来作出选择、行动。""消费者行动不是仅限于'物的消费'这一经济的行为,而是更转化为有关于物品的感性和意象的消费这一文化行为。"

商品消费与文化消费融合为一体。这一时期的文化消费由传统的对文化产品的消费向产品的文化内涵的消费过渡。由于产品的文化化特征,后现代消费文化不再奉行一元论的产品政策,而是以多样化、非集中化的方式制造产品。消费观念、消费品几乎都通过大众媒介来传播,在媒介的助攻作用下,消费品日益成为生产"意义"的符号能指,商品的形式与内容逐渐分离。在消费文化中,真实的消费需求与实际的购买动机是不一致的,消费品的物品属性与意义属性,或者说使用价值与交换价值是分离的。后工业时代的工业以它自身的文化更新为基础来更新自己。如今,大市场上的那些标准化产品,即那些满足大众需求的产品,已不再走俏,因为大市场本身遭到不同的专业市场冲击,这些专业市场组成不同的文化团体,保持着不同的传统和行为方式。人们需要的已不是满足一般需求的产品,而是符合特殊文化层次需要的产品,因此,产品已表现出明显的文化层面价值,产品的功能被重新定义,即"设计=交往=符号"。同时,休闲、娱乐与文化已交织在一起,文化活动与娱乐活动不再被完全分离开,业余时间被视为文化、消费与娱乐合而为一的时间。商品消费与文化消费也融合在一起。人们对文化含量高、制作精美的产品的需求在不断增加,曾经限于富裕阶层的文化——审美消费行为,如今已普遍化,成为广泛的消费需求。

消费象征化、符号化、快感化,文化观念获得突破。后现代消费是建立在人与客体之间、人与人之间的新的行为关系。在当代城市的购物中心、商业广场、博物馆、主题乐园与旅游体验之中,都表现出一个共同特征,即文化符号与体验。"大批量的生产指向消费、闲暇和服务,同时符号商品、影像、信息等的生产也得到急剧的增长。"

这一时期的文化消费得到了空前的发展。各种文化产品琳琅满目,商品的文化内涵也得到越来越多的重视。产品的文化质量在某种程度上甚至超过了它承载的物质的质量。人们消费的目的更多的是获得一种情感与需要上的满足,是对产品文化附加值的体验。通过消费来体现自己独特的生活方式,来表达对一种生活的理解与向往。于是商品消费与文化消费融合为一体。

文化消费另一个显著的变化是文化大众化、多元化的趋势越来越明显。文化消费使不同形态的文化产品在同一个市场中运作、流通,文化由原来高高在上的贵族逐渐走入寻常百姓家。很多在过去由精英、贵族独享和垄断的文化消费,如交响乐、芭蕾舞等,在市场运作的模式下得到了广泛的传播与发展,使普通大众也有能力进行消费。文化消费促进了多元价值观念的形成,消解了文化的贵族气、精英气,把文化真正还原为大众的文化,使文化在多元价值的融合与碰撞中获得了新的生机与创造力,这不失为一种进步。

但与此同时,文化消费的发展也越来越呈现出良莠不齐的局面。文化的娱乐、消遣功能被过分重视,文化消费表现出低俗化的倾向。质量参差不齐的文化产品充斥着文化市场,享乐主义、虚无主义盛行。日益发达的文化消费却带给人们越来越多的困惑与无奈,人们追求的内心的平静与幸福却遥遥无期。

第四节 中国文化消费的兴起与现状

一、中国现代、后现代的复杂性分析

就西方来看,1960 年左右就开始了由现代向后现代的转变。而中国的现代性从 20 世纪初期开始萌芽,起初是一种知识性的理论附加于其影响之下产生的对于民族国家的想象,然后变成都市文化和对于现代生活的想象。事实上这种现代性的建构无论从理论上还是从实践上都还远未完成。

詹姆逊曾经说过:"后现代主义的特征是文化工业的出现,在欧洲和北美洲这种情况是具有重要意义的,但在第三世界……便是三种不同文化时代并存或者交叉的时代,在那里文化具有不同的发展层次。"

就中国目前的现实来说,虽然从生产力水平和生产方式上看我们还处于现代化进程的初级阶段,但后现代主义却已经有一定的市场和地位。可以说,无论从生产、生活方式和社会、文化、心理结构来看,现代和后现代的时代特征在今天的中国是同时并存的。这也正是中国经济和文化的不均衡发展在全球化时代的显现。"多重的社会跨越造成了文化的多重结构与过渡性的发展趋势。社会上多重转型同时并存,社会发展的梯级差距拉大,社会的一端已经进入由电脑、核能、航天三大革命开拓的信息时代,而另一端还未结束一家一户的家庭手工农业,这就造成了农业文化、工业文化、信息文化交叉并存的局面。这种'现代'与'后现代'并存的时代特征,也决定了中国文化消费发展的复杂性和独特性。"

可以说,新中国建立后的半个多世纪以来,中国社会经历了西方国家几百年间发生的巨变。改革开放之前,中国经济发展水平较低,在计划经济体制下,不仅消费品的短缺是一种普遍的、体制性的现象,而且由于生产、分配、流通、积累、消费等经济过程中的基本决策权集中在计划者手中,普通消费者也缺乏消费的自主权,绝大多数的中国家庭在为获得温饱而不断努力。贫困中的奋力挣扎,使人们根本无心去追求除了生存以外的其他东西。

20 世纪 70 年代改革开放以后,国家从计划经济体制向市场经济体制转变,短短几十年的时间里,发生了翻天覆地的变化。经济的巨大增长,带来了人民生活水平的极大提高、商品的极大丰富,也给人们带来了更多的选择。改革开放的过程无疑给中国社会带来了一场消费革命,满足消费需要的形式发生了由自给性消费到市场化消费的转变;产品种类范围的增多,人们的选择范围扩大,因而使得人们的消费需要也开始异质化和复杂化了,同时,对外开放使中国越来越融入了全球化浪潮之中,借助于优质形象产品和巧妙的营销手段以及传媒的力量,发达国家的消费观念和生活方式不可避免地对中国产生了"示范效应"。在此情形下,像现代西方社会一样,至少在中国城市已初现"消费社会"的雏形。从某种意义上说,作为新的部落神话,消费已在相当程度上成为当今中国社会(尤其是城市社会)的风尚。人们越来越看重商品所包含的文化内涵或风格属性,而不是商品的含金量或华贵属性。在这一背景下各种长期被压抑的欲望和主张得到空前的释放和表达,文化消费无论是作为一种实践还是研究都表现出不同以往的丰富性和复杂性。

二、中国文化消费发展概述

有学者曾指出,迄今为止,人类社会中依次存在着三种主导性的文化模式,即原始社会的文化模式、传统农业文明的文化模式和现代工业文明的文化模式。人类正在进入信息化时代,后工业文明的文化模式正在生成中。任何一种文化模式的形成和发展,都是与社会的经济形态相适应的。中国几千年的农业文明,发展出了一套十分发达、丰富、稳定的农业文明的文化模式,尽管历史上也曾经历外来文明的入侵,但中国的传统文化的根基却始终未曾动摇。究其根本,是因为这种文化模式是与中国传统社会的生产方式、自然经济的经济形态相适应的。面朝黄土背朝天,因为靠土地吃饭,所以对土地有一种超乎寻常的依赖,所以有"天人和一"的思想,强调人与自然的和谐;因为自然经济条件下的生产是分散的小农经济,都是以家庭为生产单位的,所以人与人的关系就是家庭关系的延伸,是以血缘关系为基础的宗法关系和伦理关系,强调伦理纲常,"家国同构"。几千年农业社会孕育了稳定的农业文明,传统文化的精髓一直延续至今。

从"洋务运动"开始,中国开始了现代化进程。在西方列强的武力逼迫下,被动地打开了中国的大门。最初的现代化只局限于器物层面,"中学为体,西学为用"是这一时期社会的主导性文化心态,现代化的进程并没有触及文化根本。直到"五四"时期新文化运动,才真正接触到西方的理性主义新文化精神,几千年来一直稳固地支撑着中华民族生存的传统农业文明模式发生了根本性的动摇。一时之间关于中西文化的争论不绝于耳,第一次我们开始对传统文化不再顶礼膜拜。

新中国成立后,在计划经济的体制下,国家集中力量进行大规模的基础建设和工业生产,改革开放以前是以革命文化为主体的一元文化,无产阶级革命是所有文化形式的基本基调。这一时期的文化强调了思想道德教育手段和国家意识形态的属性。同时由于生产力水平的低下,人们的需要集中在温饱问题的解决上,精神文化的需求空间无疑受到了很大的限制。

改革开放把党的工作重心转移到经济建设上来,极大地解放了生产力,全社会开始统一认识、统一思想,开始承认商品生产和市场交换的合理性。在经济体制改革、政治体制改革的触动下,文化领域发生了更为复杂的变化。经过长期的计划经济对人的"利"欲和长期的思想专制对于人的"情"欲的禁锢与压抑之后,人的正常需求的恢复与走入正轨,进而表现出一种物极必反的对于"利"与"情"欲感性的过度释放与追求。大众文化的迅速发展与膨胀正是这种社会变革在文化领域的最直接反应。

20世纪80年代初期,港台地区的大众文化开始进入境内,以邓丽君为代表的抒情歌曲,《上海滩》《霍元甲》等电视剧,金庸的武侠小说,给长期被剥夺个人情感的中国民众以切实的安慰,与当时倡导的人性、个性和思想解放不谋而合。这些娱乐性和消遣性的作品尽管十分平庸,却对当时中国人的心理产生了强烈的震动。与此同时,土生土长的大众文化也在多种责难声中迅速地发展起来。崔健的摇滚乐成为这一时期大众文化产品的优秀代表。人们在大众文化中表达对世俗生活的向往,表达对物质贫困和精神匮乏的不满,更表达了都市中国人经历长期阶级斗争扩大化所导致的人际关系冷漠、正义感丧失之后,试图重新寻找温情、正义以及真善美的需要。改革开放、经济体制转换、深刻而全面的社会转型,尤其是从乡村到城市的转变,已经为中国城市大众文化的孕育和生长提供了充分的土壤。20世纪90年代,大众文化进入了全面发展的时期。文化领域逐步改变了传统的个体化、手工化、小生产化的生产特点和在狭小的圈子中传播的品性,呈现出了集约化、高科技化和大批量生产以及大众传媒广泛扩散的态势。文化产品被作为一种批量生产的工业产品而投入文化市场。如果说上个世纪80年代的文化还是以启蒙为核心的精英文化,还带有唤醒公众的社会使命感和文化批判热情。那么到了90年代,则出现了文化向消费模式的转换,人们往往会以一种直截了当的方式去寻求现实生活的感性满足。远离神圣,远离崇高,追求平庸、追求琐碎成为一种倾向,文化从深层结构上发生了一次裂变。文化的格调确实是平民化、生活化了,甚至平庸化。同时,随着经济、文化全球化的发展,中国文化的多元化日益丰富:传统文化与现代文化、大众文化与精英文化、外来文化与民族文化,各种文化元素汇集在一起,在不断的冲突、碰撞、交流、融合中共同发展着。

三、中国媒体文化的发展

一方面,改革开放以来,中国传播媒介的规模迅速扩大,发展速度惊人。目前已形成了以报纸、通讯社、广播、电视、互联网为主体,技术比较先进,多层次、多渠道、多手段,基本覆盖全国城乡并面向世界的传播网络。这意味着中国终于也跨入了"大众传播时代"。另一方面,在传播媒介规模迅猛扩大的同时,中国的传媒结构和体制也发生了根本性的变革。这一变革的一个直接结果,是引入了市场化的、产业化的运作机制,收视率、收听率、上座率、发行量等已成为中国大众传媒必须考虑的重要因素。即使是以传播国家主流意识形态为主要宗旨的中央电视台,在其生活栏目中,也十分明确地以服务大众、引导消费为宗旨,"想老百姓所想,播老百姓所需"。

改革开放以来,整个中国社会逐渐由高度集中的政治模式,不断地走向宽松和自由;随着社会经济的迅猛发展,居民收入的大幅度提高,人们在基本解决了温饱问题的前提下,有越来越多的钱用于文化娱乐等活动。同时,双休日和"五一""十一"长假制度的实行,使人们有了更多的闲暇时间,因此,社会公众对于娱乐性、消费性、休闲性、消遣性和益智性的文化需求也日益高涨。大众传媒已经成为文化消费的主要途径。

斯诺曾经说过:"在当代社会,公众往往接受媒体所呈现的社会现实,因此,当代文化实际上就成了'媒体文化'。"现代大众传播媒介对现代人的发展产生了重要的导向影响,在现代文化的发展中起到了十分积极的作用。

(一)电视媒体

这里我们以电视媒体为例,来透视媒体文化的发展历程。20世纪中期电视业的兴起,迅速成为中国城乡传播的主要载体,不仅拓宽了全体国民的认知空间,并使都市大众文化迅速浮升,推动了文化与新生活方式的普及。截至2018年底,全国开展广播电视业务的机构4万余家。其中,广播电台、电视台、广播电视台等播出机构2 647家,从事广播电视节目制作经营机构近2.7万家。全国广播综合人口覆盖率98.94%,电视综合人口覆盖率99.25%。

2018年,全国制作发行电视剧323部、1.37万集,制作发行电视动画片241

部、8.62万分钟,制作纪录片7.59万小时。60多年来,电视节目的类型和数量都实现了大幅增长,其中不乏精品力作,极大丰富中国电视屏幕,较好地满足了人们的精神文化需求。

人们生活中接触的各主要媒体中,电视媒体仍然占有绝对的优势。尤其随着数字电视的推广、卫星电视传播技术、广电5G网络的应用,电视媒体因其覆盖率广、入户率高、图文并茂等优势,成为人们日常生活中最常接触的大众媒体。

而从电视媒体传播的内容看,中国的电视传媒已经由原来正襟危坐地播新闻,变得越来越贴近生活,越来越日常化、生活化了,通过电视媒体节目风格的转变,我们可以看出当前普通民众文化消费的主要倾向,也可以从侧面感受到当代中国文化的发展变化。

1.《实话实说》——平民时代的到来

就现代传媒的理念来看,电视的生命在于对人的关注:关注各种各样的人的命运,关注人的内心的不同感受以及他们的深层心理状态,关注他们生活联系的社会大背景的变迁,等等。人们在不断地寻求表达对人的关注的最好方式时,"脱口秀"就应运而生了,普通大众终于在媒体上听到了自己的声音。中央电视台的《实话实说》在电视媒体发展的历史上无意开创了平民化的先河。他们从与人们密切相关的事出发,通过小事,来达到对人生存状态的深切关怀。正如《实话实说》制片人时间所说,社会变化给人带来的困惑需要交流,需要与人分享自己的经验;长期的封闭使人少有所思或思有偏颇,需要沟通,需要得到他人的理解;而面对未来,人们似乎永远处于选择之中,渴望答案。虽然对于很多观众来说,《实话实说》并不都能给他们"生活的答案",然而它却唤起了消失已久的平民的自尊。可以说,这种谈话类节目正与其他后现代文化形式一起,使得当今中国平民化意识日渐凸显。应当说,这也是以《实话实说》为代表的一批谈话节目对社会的巨大贡献。谈话类节目的兴起迎合了人们表达自己真实想法的强烈愿望。大众媒体终于可以为大众提供一个说话的场所,这本身就具有革命性的意义。

2.《幸运52》——娱乐时代的开启

另一个具有标志性意义的节目是中央电视台的《幸运52》,这是一个完全综合了游戏、娱乐和竞赛的纯粹的娱乐节目,也一度创下了罕见的收视奇迹。与以往的娱乐节目不同,这是一个不再标榜"寓教于乐"的节目,而是大大方方地打出了"游戏、娱乐"的口号。人们对狂欢和游戏的需要如此强烈,一方面是由于在这个世纪中,人们的物质生活随着生产力的快速发展产生了巨大的变化,物质生活的提高必然会导致对精神娱乐的追求;另一方面,现代工业社会使人们生活节奏加快,竞争日趋激烈,在这种沉重的心理负担和"世纪末情结"的影响下,人们的寻求消遣、寻求娱乐的欲望便愈发强烈。正如美国学者丹尼尔·贝尔在《后工业社会的来临》一书中所说:"在这个时代里,人们的工作方式走向更多的脑力化即精神化,而人们的生活方式却走向了更多的物质消费与享乐。"而电视节目的家庭化的、自由的、随意的收视方式,更促使人们产生对电视文化形态大众、通俗化、情趣化的需求。

3.《海外剧场》——让人欲罢不能的肥皂剧

肥皂剧源于西方,现在一般指的是家庭妇女一边做家务,一边心不在焉地收看的啰哩啰唆讲述家长里短的长篇连续剧。就是这样看起来毫无意义、情节拖沓的肥皂剧,却拥有着让人欲罢不能的神奇魅力。央视《海外剧场》是非黄金时段播出的节目,但正是动辄上百集的电视剧很好地拉动了电视剧频道晚间的收视曲线。其中最受欢迎的是韩国的家庭伦理生活剧。看韩剧,很多中国人有一种亲切感,往往如睹邻家情景、身边之事,里面的故事、人物关系连同他们口中吐出的言语,都和我们难分彼此,很多人在其中看到了自己生活的影子,在别人的故事中抒发自己的喜怒哀乐。这是因为观众能够找到自己的生活和剧集中的家庭生活的共同点,使剧集产生一种情绪写实主义。我们可能并不富有,但我们都拥有其他基本的东西:关系和破裂的关系,欢乐和悲伤,疾病和健康。"有时候我很喜欢随剧中人大哭一场,有何不可呢? 让我压抑已久的情绪得以抒发。"连续剧的欢乐有一部分显然来自一种界线的流动,来自观众能够或愿意去松动这个虚构世界与其日常生活世界之间的界限,在时间与空间上摆脱了家事与其他家庭责任,这虽是一种替代性的经验,所带来的欢愉却是真实的。

无论是家庭生活剧,还是青春偶像剧,韩剧都体现出偏于儒家传统的东方伦理观念,注重围绕血缘、亲情设置故事、展开情节。这对于现代中国人来说,这些情景既熟悉又遥远,既亲切又匮乏。所感不同的,无非是他们的居室衣着或某些举止表情略有差别而已。虽然中国观众在自身文化现实中已很难体验到相同的东西,但它们都是中国人记忆深处的记忆,是植入了传统基因的文化因子。在韩剧面前,观众普遍有一种被唤醒的感觉,观众在重温,同时也经历着思考——尽管未必是很理性很深入的思考,但无疑人人都有所触动,隐然地怀旧地产生对传统文化、传统道德、传统生活方式的怀念和向往。

4.《超级女声》——市场化运作的奇迹

很多人不理解超级女声的火爆,只能对着一连串的数字瞠目结舌:全国报名人数达 15 万;收视率突破 10%,稳居全国同时段所有节目第一名;报道媒体超百家,Google 相关网页 976 000……毫无疑问,《超级女声》是市场运作的一次奇迹。

而这个奇迹来自聪明的创意与设计:"海选"渲染了一种"草根性"的亲和力;现场淘汰和 PK 对决营造了悬念气氛;短信投票(并多次阶段性清零)反复建构了观众的"参与想象",同时也从参与中收获了丰厚的利润分成;缓慢的决赛进程既强化了品牌认同又延长了广告投放时间;而且,当"庸俗化"的指控有所风闻,节目中及时插入了选手们深入基层做公益慰问的场面……

能从上海卫视的《莱卡我型我秀》,央视的《梦想中国》等众多同类平民选秀节目中杀出重围,"超女"品牌靠的是"平民化""民主化""个性化"。所谓"平民化"是指所有的选手都是普通人,观众眼看着她们从青涩、稚嫩到有了明星相;"民主化"是因为评委和观众投票结合的赛制代表了"人民的意愿",赢来了更多的参与与互动。被唤醒了"自我"的电视观众不仅要通过投票"自由"表明心声,更要通过短信和网络发出独一无二的声音。总决赛李宇春 300 多万的短信证明观众已经从"热情"变为了"狂热",随后的半年时间里,各大网站上只要有艺人的票选活动,"超级女声"就当仁不让地包揽了冠军,让刘德华、周杰伦等艺人都难以望其项背;"个性化",每一个"超级女声"都是那么个性十足、特点突出,帅气、直接、可爱、美丽、执着、聪颖,无论你喜欢什么类型的明星、什么类型的人,众多"超女"中总有一个会是你的挚爱,于是"选择你喜欢的,坚持你的选择",支持她们就是在支持你自己。观众对"超级女声"的狂热已经远非当年的追星族可以相比,他们更愿意把"超级女声"当作自己的姐妹,而非单纯的偶像,很多人已经到了人戏不分的程度。

《超级女声》的奇迹是中国电视传媒发展中的一件大事,这不仅体现了媒体市场运作方式的成熟,更凸显了媒体的商业性质。在《超级女声》的舞台上,唱功、演技、天赋,专业与否全然不是重点,观众的喜好才是唯一的决定力量。通过成熟的市场运作,把观众的热情一点一点吸引到节目中来,不同年龄、不同身份的"超级女声"带着爱唱歌的梦想来这里寻找自己的舞台,这份真诚本身就是市场中稀缺的资源。而由此引发的观众的热情更是达到了一般媒体所无法渲染的高度。在"民主化""大众化""自由化""个性化"的旗帜下,《超级女声》的意义已经远远超越了节目本身。但正是在观众的狂热中我们看到了媒体文化的危机:苍白、空泛的内容被掩盖在华丽的包装之下,文化的教化功能被轻易地抛弃了,媒体文化越来越失去了文化固有的原则与使命,完全被消费牵着走,其结果自然是文化的低俗化。

电视媒体是当前文化传播的主要阵地,也是文化消费的主要途径。目前包括中央电视台在内的几乎全部的电视台都在走市场化、商业化的道路,收视率成为决定节目生死的唯一标准,在这种情况下,电视节目"寓教于乐"的主旨被完全的娱乐性所代替,媒体文化的低俗化在所难免。这也是文化消费发展中值得我们忧虑与深思的问题。

(二) 网络媒体

互联网被称为 20 世纪最伟大的发明。尼葛洛庞帝在《数字化生存》中指出,数字化生存必将出现四个改变人类生活结构的特征:分散权力、全球化、追求和谐化和赋予权力。而分散权力的后果必然是个人享有更多的自由。伴随着新兴数字媒体的出现,网络文化应运而生。中国互联网络信息中心(CNNIC)发布的《第 44 次中国互联网络发展状况统计报告》指出,截至 2019 年 6 月,我国网民规模达 8.54 亿,互联网普及率达 61.2%,手机网民规模达 8.47 亿,网民手机上网比例达 99.1%。与此同时,新闻客户端和各类社交媒体已成为很多民众特别是年轻人的第一信息源。信息无处不在、无所不及、无人不用。作为信息传播主体的媒体,行业格局发生了巨大变化,网络已经成为现代人生活中的一个重要部分。

开放性、平等性、个人化、虚拟性是网络文化的根本特征,人们在这里可以自由地表达自己的观点甚至是牢骚,人人都拥有平等的话语权和写作权,"你可以不必是明星、不必是作家,只要你愿意发"。1998 年 3 月 5 日,蔡智恒花了两个月零 8 天的时间在网络完成了《第一次亲密接触》的连载,这样一篇几乎是在 BBS 上信手涂来的文字,一夜之间被中文网络的大大小小 BBS 转帖,文章流畅、生活化、近乎直白的语言,充分反映了网络文字的特点,一时间成为网络文学最早的成功之作。最新的网络日志更是开启了一种全新的写作方式。任何人很容易就可以申请到个人的 BLOG,流水账地记载自己的生活也好,揭露别人的隐私也好,创作也好,网络给了人们最大的自由。演员徐静蕾的个人博客在短短几个月的时间里点击率上千万,让人不能不慨叹网络的巨大力量。在网上听歌、游戏、交友、写作,无边无际的电脑网络连起了成千上万可能互不相识的人,在虚拟的世界中塑造一个全新的自我。"它提供了文化的个人空间和个性表达方式,提供了个人在公共空间特别是媒体空间拓展想象、选择趣味、虚拟地实现个人情感生活的某种可能。"网络已经彻底改变了人们的思维方式和生活方式。而随着网络媒体发展的不断完善,传统的文化消费内容将逐渐转移到网络媒体中来实现,尤其是网络游戏的发展,将成为文化消费的新热点。

四、文化消费分析

(一) 文化消费兴起的原因

文化消费在我国兴起既有经济发展的原因，又是体制变革的结果；既受到科学技术革命的内在推动，又为全球化的发展趋势所裹胁。文化消费是一个集中代表了现代经济、社会和文化发展的全球性趋势的新兴领域，它的兴起有其必然性。

1. 收入需求结构的变化刺激了我国文化消费的发展

文化消费的兴起是我国经济发展和社会进步重要标志和产业结构开始出现重大调整的突出特征。它同时也是由改革开放以来，我国居民收入水平的提高和消费结构的变化所推动的。

改革开放 40 多年来，我国经济持续健康发展，城乡居民的收入水平持续提高，由此导致居民消费结构发生根本性变化。1978 年，我国居民的消费水平是184 元，到 2019 年上升到 21 559 元，增长了约 116 倍。而且，进入 20 世纪 90 年代以后，反映居民消费结构的恩格尔系数降到了 50% 以下，说明我国居民从总体上告别了温饱，进入了小康。其中城镇居民的恩格尔系数到 20 世纪 90 年代末降至 40% 以下，开始走进了富裕时代。像上海这样的城市，居民的人均收入甚至超过了 4 000 美元，开始进入中等发达国家的水平。

"人类的物质条件达到相当水平时，更需要精神、道德和审美价值来维系一种平衡，因而对于文化的苛求便成为人类的必然需要。"在这个过程中，居民消费结构中用于文化教育消费的部分越来越大，增长速度越来越快。据专家研究，1981—1997 年，我国城镇居民消费结构演变经过了以生存资料数量扩张为主的"粗放型消费"阶段，到生活消费需求稳定、家庭新兴耐用消费品普及率迅速提高的"集约型消费"阶段，最后进入发展、享受资料快速增长、更加注重消费质量的"舒展型消费"阶段。第一阶段以吃穿类消费为主，占到总消费的 3/4；第二阶段中吃穿类支出开始下降；第三阶段生活必需品指出持续稳步下降，而服务性消费支出比重全面上升和递增，娱乐文教支出首次超过用品类支出，我国居民消费次序从"吃、穿、用"改变为"吃、穿、娱乐文教"，相当一部分居民群体的消费重心开始向教育、科技、旅游及精神产品消费等领域移动。

因此，国民经济"十五"计划的完成，使我国的经济、社会发展出现了重大的转折，开始越过专家们所说的人均收入的门槛，显示出消费的"脱物"倾向。发达国家的某些消费趋势在我国也已出现,文化类消费需求在整个居民消费结构中所占比例的决定性上升,以及文化消费品市场需求总量规模的急剧扩大,成为我国文化产业兴起的重要内在动因。

2. 科学技术革命推动了文化消费的发展

自 20 世纪 90 年代以来,在信息技术全球化浪潮的推动下,我国的数字化信息技术产业成为国民经济发展中最为耀眼的增长点。我国信息产业和电信业迅速从传统的基础设施领域脱颖而出,进入一个有线通信和无线通信、传统电讯和计算机网络、电信产业和新闻媒体、金融服务的大规模"产业弥合"时期,成长为我国国民经济最大的综合性支柱产业。以信息产业为主体的产业结构提升运动为大批与文化产业相关的新兴产业群的生长提供了新的技术基础,并反过来对一些传统文化产业领域产生了延伸影响。近年来,信息技术产业和电信业在我国的超前发展,在我国的文化产业中造成了最为引人注目的产业关联效应。如果对近年来我国产业界热点问题进行一番检视,我们可以发现,国内对与文化产业相关的产业发展和投资热点的关注,无不与"国民经济和社会发展信息化"这个大主题相关。2000 年,信息化突入传媒领域,引发"传媒热",新闻出版、广播电影电视等传统大众传媒部门迅速"触网",出现了信息产业与文化产业的"大汇流"的壮观景象。

可以说,新技术革命与文化需求成为推动我国文化产业发展的双轮。新兴产业向需求强劲且技术进步的领域,尤其是负载着高密度文化内容的高新技术产业集聚,已经直接导致了新兴文化产业群的急剧膨胀,并迅速改变着我国传统第三产业的格局。中国经济结构的持续、健康发展的现代图景已经显现。

3. 新一轮全球化浪潮拉动了中国文化产业的发展

无论是需求结构变化还是产业结构变化,都已经被证明是经济和社会发展的一种国际性的普遍趋势,但是这种普遍趋势对于处在不同发展阶段的国家却具有全然不同的意义。由于发达国家已经完成了现代化的进程,从整体上进入了"后工业化"发展阶段,在全球经济和社会发展日益一体化的当代,就在总的发展趋势上为后发国家"设定"了发展道路。在信息技术产业与文化产业相关的领域,这一点表现得特别明显。正是在这个意义上,我们认为,是新一轮全球化浪潮拉动了我国文化消费的发展。

近十九年来,美国因率先完成了向"知识经济"的重大转型,一直引领着西方发达国家的产业结构加速调整的进程。到了 20 世纪 90 年代末,这个发展进程达到了一个历史性的转折点,有两件事值得载入历史。第一件事是"北美行业分类系统"的发布。该系统将信息产业重新定义为"将信息转变为商品"的行业,不但包括软件、数据库、各种无线通信服务和在线信息服务,还包括了传统的报纸、书刊、电影和音像产品的出版,而计算机和通信设备等的生产将不再包括在内,被划为制造业下的一个分支。这一重新定义的目的就是为了将信息与文化产品从一般的货物生产和服务行业中区分出来。第二件事是美国的消费类视听技术文化产品出口达到600亿美元,取代航空航天工业的位置,成为第一大出口产品。这两件事情标志着,美国已经完成了新一轮产业结构调整,再一次抢占了国际性产业升级运动的制高点,国际经济关系的不对称格局再一次形成。

在这个正在形成的国际格局中,信息与文化产业是发达国家最具优势的产业,而大量未开发的文化遗产与巨大而增长迅速的居民文化消费能力是不发达国家最具吸引力的资源。不发达国家在经历了廉价出口物质资源,高价进口制造成品的不平等国际经济关系历史后,又可能经历廉价出口文化资源,高价进口文化产品的新的不平等国际经济关系。

(二) 文化消费需求的促进作用

党的十八大报告指出,要牢牢把握扩大内需这一战略基点,加快建立扩大消费需求长效机制,扩大国内市场规模。扩大文化消费是扩大内需的重要组成部分,增加文化消费总量,提高文化消费水平,是文化产业发展的内生动力。扩大文化消费是推动文化产业发展、繁荣文化事业的关键环节。笔者认为,要发挥文化消费对经济社会发展的拉动作用,需坚持以下原则:

坚持以人为本的文化消费原则。扩大文化消费要以人民群众的根本利益为出发点和归宿点,注重文化消费的质量和数量,以人民群众的满意度作为衡量文化消费发展的尺度,坚持文化发展为了人民、文化发展依靠人民,最终提升人的本质和实现人的全面发展,培育有理想、有道德、有文化、有纪律的社会主义公民。扩大文化消费要强调消费需求的多样化和人性的丰富性,不断提高全民族的思想道德素质和科学文化素质,使大家在物质生活需求得到不断满足的同时,在道德、心理、创造力等方面也得到充分发展。目前,我国城乡居民之间存在着较大的收入差异。因此,扩大文化消费,必须从尊重人、关心人的角度,切实满足人们的文化需求,特别是低收入群体的文化需求,让最广大的人民群众有条件、有能力进行丰富多彩的文化消费,最大限度地满足人们的精神文化需求,促进人的全面发展。

坚持与时俱进的文化消费原则。人们的消费方式和消费观念是由一定的社会生产力发展水平所决定的。扩大文化消费要求人们以经济社会发展水平为标准,服从于社会主义现代化建设的要求。随着我国生产力水平的提高,鼓励人们扩大文化消费,是经济社会又好又快发展的客观要求。但是,文化消费并不是随心所欲的,特别是在社会主义初级阶段,不顾国情、生产力发展水平的高消费、贪图享受、挥霍浪费将会导致资本、资源的匮乏。同时,奢侈之风的盛行也会销蚀人们的创造精神、进取精神,最终影响到人的全面发展。因此,扩大文化消费一定要做到平衡和协调发展。一方面,文化消费一定要和经济社会发展相适应,既不能"滞后",也不应"超前"。对于消费者个人而言,就是要求根据自身收入状况和需要安排文化消费,不能盲目攀比。另一方面,文化产品和服务提供单位要坚持把社会效益放在首位,找准两个效益的最佳结合点,努力实现社会效益和经济效益的统一。主动面向广大基层群众,努力降低成本,提供价格合理、丰富多样的文化产品和服务。

坚持文化消费与生产协调发展的原则。马克思主义认为,消费在观念上提出生产的对象作为内心的意象,作为需要,作为动力和目的。没有需要,就没有生产。根据消费者的意愿安排生产和销售,已被认为是现代生产经营者在市场上取胜的关键。从供给上看,我国文化产业规模较小,文化精品不多,消费热点较少,不能充分满足人民群众日益增长的精神文化需求。因此,扩大文化消费必须增强文化产品和服务的供给。一是要创新商业模式,拓展大众文化消费市场,扩大文化消费。通过创新商业模式,逐渐形成与市场接轨的商业模式,不断拓展大众消费市场。同时,还要关注群众潜在的文化消费需求,推出更多深受群众喜爱的精品力作,满足群众多层次、多方面、多样化的精神文化需求,进一步释放城乡居民文化消费潜力。二是要开发特色文化消费,提供多样化消费方式。扩大文化消费既要注重拓展大众文化消费市场,也要注重开发特色文化消费。根据各个群体的不同需要提供特色的产品和服务,生产出文化精品,提高文化产品和服务的竞争力,不断形成多样化的消费方式和消费增长点,拉动文化消费。三是要提高文化产品和服务的创新能力。创新是文化产品和服务的灵魂,也是影响文化产业利润的关键因素。要不断为文化产品和服务注入新的内容、创造新的形式,从而扩大文化消费。

坚持人与自然和谐发展的文化消费原则。扩大文化消费要求既能满足人的消费需求,又不对生态环境造成危害,把文化消费和生态环境的保护结合起来。在文化消费过程中,要注重环境的保护、生态的平衡,实现人与自然的和谐共生。扩大文化消费,需要发展文化、教育、科技、信息等知识密集型、劳动密集型、技术密集型产业,这有利于资源节约和环境保护,加快转变经济发展方式。没有先进的科学技术,就没有现代文化产业的发展。一个好的文化资源、一个优秀的文化创意要变成文化产品,必须借助相应的技术手段,文化产品的科技含量对文化产业的效益与兴衰起着决定性作用。因此,扩大文化消费要求人们在处理与自然的关系时,不能无限夸大人类对自然的超越性,而应当约束自己,摆正自己在自然界中的位置,关注自然的存在价值,正确对待自然,将文化消费纳入生态系统之内,形成节约资源和保护生态环境的文化消费模式,保证自然界生态系统稳定平衡。

坚持可持续的文化消费原则。可持续的文化消费原则要求不仅满足当代人的基本文化需求,同时又不能以损害后代人的文化发展能力,要给后代人留下更多的文化财富,以满足后代人的文化发展。一方面,文化消费的延续性要求既满足当代人对文化的需求,又要为后代人满足自身的文化需求及增长能力创造条件,提供丰富的文化遗产。良好的文化消费,不仅是对自身素质的提高,而且对子孙后代的发展有利。扩大积极有益的文化消费,能够将科学、健康的文化内涵渗透于物质文明、精神文明、生态文明建设之中,提高社会文明发展水平,促进社会全面进步。另一方面,扩大文化消费要求处理好文化资源的保护与开发关系。民族文化资源的保护与开发是对立统一的,二者既相互排斥,又相互促进。开发不仅是为了利用,也是为了科学地保护;保护是为了持续的开发和有效的利用。

习近平代表第十八届中央委员会向党的十九大作报告。习近平在报告中提出,要坚定文化自信,推动社会主义文化繁荣兴盛。"文化兴国运兴,文化强民族强。没有高度的文化自信,没有文化的繁荣兴盛,就没有中华民族伟大复兴。要坚持中国特色社会主义文化发展道路,激发全民族文化创新创造活力,建设社会主义文化强国。"

(三) 当前的文化消费现状

从文化的角度看,休闲需要的文化满足形式早于休闲需要的消费满足形式。人类自古以来就创立了色彩缤纷的休闲文化以满足人们的休闲、游戏和娱乐需要,如捉迷藏、跳绳、喝酒猜拳等,以及篝火笙歌、琴棋书画、花灯社戏、舞龙耍狮,等等。可以说,一部文化史在某种意义上就是一部休闲文化史。文化消费是伴随着现代市场经济的出现才出现的,只有进入了现代的工业社会,人们的文化需求的满足才大规模地依赖于文化消费。随着我国居民收入水平的不断提高,恩格尔系数的不断下降,用于文化消费的支出逐渐增加。这一方面说明我国居民文化消费能力的增强,另一方面也反映了文化需求在日常生活中占据了越来越重要的位置。

从需求方面说,我国人均 GDP 从 1978 年的 223.84 美元增至 2018 年的

9 764.95美元,翻了43倍,年均增速达到9.9%。相应地,反映城乡居民生活水准的恩格尔系数从1978年的57.5%降至2018年的27.7%,说明国人基本实现了从温饱到小康的转变。城镇居民人均可支配收入2018年达到39 251元,人均消费性支出是26 112元。其中被列入统计的,与文化相关的旅游、娱乐和耐用消费品、教育、文化服务等项消费计2 948元,占比11.29%。按照我国目前大约有8.3亿城镇人口计算,我国目前城镇居民文化消费需求大约有24 468.4亿元。农村居民人均收入达到14 617元,人均消费性支出是12 124元,与文化相关的旅游、娱乐和耐用消费品、教育、文化服务等项消费总计1 302元,占比10.74%。按照我国目前大约有5.6亿城镇人口计算,我国目前城乡居民文化消费需求大约有7 291亿元。这样算下来,我国与文化相关的消费需求应该在3万亿~3.5万亿(31 759亿元)。

从供给方面看,根据有关统计数据汇总,我们的文化产业各行业2018年实现营业收入89 257亿元。其中分产业类型看,文化制造业营业收入38 074亿元;文化批发和零售业16 728亿元;文化服务业34 454亿元。分行业类别看,文化及相关产业9个行业中,有7个行业的营业收入实现增长。其中,增速超过10%的行业有3个,分别是:新闻信息服务营业收入8 099亿元;创意设计服务11 069亿元;文化传播渠道10 193亿元。文化娱乐休闲服务1 489亿元;文化投资运营412亿元。

根据国际上的研究,在人均GDP跨越1 000美元时,消费支出中吃穿用类比重大大下降,住房类基本不变,而文化精神消费类支出开始大大上升;第三产业应该占到GDP总量的40%左右,其中文化类产品的产值所占比例也大大增加。

2018年国内生产总值为919 281亿元,人均GDP接近1万美元。第三产业增加值为489 701亿元,比重为53.3%。我国经济发展进入了一个新的发展阶段,社会消费结构将向发展型、享受型升级。消费结构的升级,将带动投资结构和生产结构的变化,成为经济持续快速增长的最可靠支撑。另外,服务业也将迎来一个加速发展的转折点。服务业层次的提升、总量的增加将是必然的趋势。中国经济将因此向高一级形态迈进。

2018年中国城镇居民每人全年消费性支出中,教育文化娱乐服务方面的支出平均是2 948元,在总的消费结构中所占比例为11.29%。在这样的背景下,我国的文化消费市场也呈现出一些新的特点。与40年前相比,人们逐渐由文化需求的被动接受者变为文化生产的引导力量。相当一部分居民群体的消费重心开始向教育、科技、旅游及精神产品消费等领域转移,不仅在衣、食、住、行、通信、卫生和生活环境等物质生活的各个方面提出了更多、更高的要求,而且在文化娱乐、广播影视、图书出版、体育康复、旅游休闲等精神生活方面也提出了更多更高的要求。

(四)文化消费的主要趋势

1. 中国文化消费市场的全球化走势将逐渐增强,国内文化消费品供求的结构性矛盾将得到缓解

加入世贸组织后,中国将贯彻国民待遇原则、最惠国待遇原则、透明度原则、公平交易原则、市场准入原则和发展中国家更多的参与原则并逐步实现贸易自由化。中国文化消费市场将因这种转变在整体上和长期上得以丰富和拓展,尽快融入经济全球化进程。而不断增强的经济全球化趋势,将加速世界文化消费品的循环流动,因此,过去由于国内产业保护、垄断经营等原因而被阻止进入国内的文化商品,将不再受到限制,可供城乡居民家庭消费的文化产品会明显增加。有效供给的增加将释放中高收入群体一部分文化消费购买力存量,促进文化消费总量的增长,促进国内文化消费品高价格体系的解体。

2. 文化消费品市场将逐渐国际化,供求结构日趋合理,消费者主权经济特征将更加明显

市场经济是消费者主权经济。尽管市场经济发展初期存在许多假冒伪劣现象和不规范的商业行为,法律意识淡薄的文化消费者遭受侵害时往往自认倒霉,或欲投诉却因势单力薄半途而废,但随着市场经济的发展和法制的健全,假冒伪劣现象将不断减少,高质低价和优质服务将成为中国文化消费市场竞争的焦点。尤其是加入世贸组织后,国外文化产品因质量高、价格适宜成为文化消费者热购的对象,国内文化产品欲占领文化市场,就必须货真质高价实。法律制度的健全和法律意识的增强使更多的文化消费者运用法律武器维护自己的合法权益,因而以文化消费者为中心乃大势所趋。文化企业必须与国际对接,与社会对接,与文化消费者对接,从卖方市场转向完全的买方市场,创新、创意、创造将紧密围绕文化消费者需求和主流消费倾向,成为文化企业的价值取向。

3. 文化旅游、培训教育和数字娱乐消费将成为未来文化消费的热点领域

在加入世贸组织和申奥成功的背景下,中国的文化消费内容将不断丰富,层级将不断提高,方式将不断创新。文化消费的增长主要会在以下几个领域:

(1)文化旅游消费

据联合国教科文组织和世界旅游组织的研究:当一个国家的人均 GDP 产值

达到800～1 000美元或超过时,不仅是小康社会的主要标志,还包含一系列的内涵,如工业化时期的来临、经济结构的大变动、社会的转型等,也是旅游消费和旅游业发展进入大众化和普遍化的黄金时期。目前,我国人均国内生产总值已经超过800美元,很多城市超过1 000美元。随着经济社会的进一步发展,城乡居民收入水平的提高和闲暇时间的增多,对旅游消费的潜在需求将越来越快地转化为现实需求。

旅游是近年来我国新的消费热点,据国家旅游局统计,1989年,我国国内旅游人数只有2.4亿人次,2019年达到60.06亿人次;上世纪90年代初,中国出境人数只有300万人次,到2019年年底已经达到15 463万人次,比上年同期增长3.3%;全年实现旅游总收入6.63万亿元,同比增长11.1%(见表3.1)。

表3.1 2011年—2019年旅游业主要发展指标

年份	国内旅游人次/亿人次	国内旅游收入/亿元	入境旅游人次/万人次	入境旅游收入/亿美元	出境旅游人次/万人次	旅游总收入/万亿元
2011	26.41	19 305	13 542	484.64	7 025	2.25
2012	29.57	22 706	13 241	500.28	8 318	2.59
2013	32.62	26 276	12 908	516.64	9 819	2.95
2014	36.11	30 312	12 850	1 053.80	10 728	3.73
2015	39.90	34.195	13 382	1 136.50	11 689	4.13
2016	44.35	39 390	13 844	1 200.00	12 203	4.69
2017	50.01	45 661	13 948	1 234.17	13 051	5.40
2018	55.39	51 278	14 120	1 271.03	14 972	5.97
2019	60.06	57 251	14 531	1 313.00	15 463	6.63

假日旅游日均消费金额及消费人次均达到平日的2倍以上。随着国家对文化旅游的大力推进,假日期间丰富多彩的各类文化展览吸引大量游客参与。2018年国庆,重点博物馆消费人次同比增长达28.1%(见图3.1)。

文化旅游关键在文化,旅游只是形式。不同地区的山清水秀,有不同的文化历史,文化旅游正是在欣赏自然的鬼斧神工的同时,赋予旅游以更多的文化内涵。文化旅游一方面强调通过了解各地的风土人情、历史典故,更好的欣赏各地的美景,另一方面更注重旅游者的体验和参与,旅游不在乎山水,更多的是一种生活方式的体验,一种旅游心情的分享。2005年,全国上下掀起"体验式"旅游热潮,"太行山区太行情""重走长征路",旅游的同时也为革命历史深深的震撼,更觉幸福生活的来之不易。康辉深圳旅行社在国内率先推出了"体验式旅

假日日均消费与平日消费倍比关系　　　　　重点博物馆旅游消费人次增幅

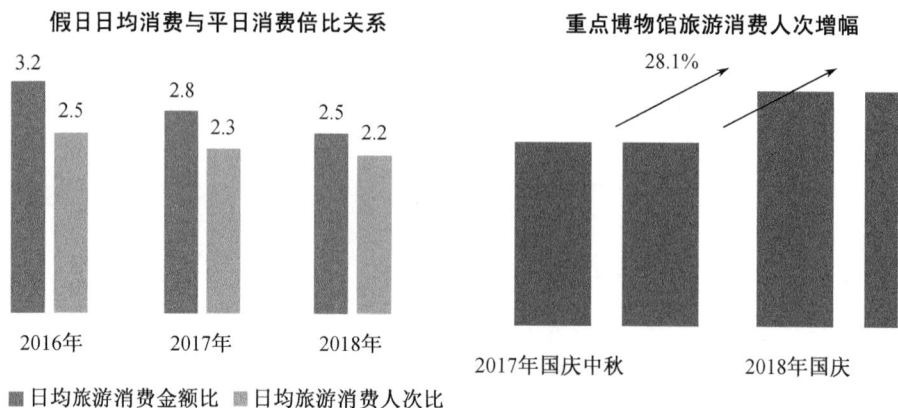

图 3.1　2018 年假日日均消费增长情况及重点博物馆旅游消费人次增幅

游"——西部自驾车之旅,自驾车走丝绸之路,从兰州出发、经青海到拉萨。第一个旅行团的团友说:这是他们所参与的旅游活动中最感人最深刻的一次旅行。相当部分的年轻人认为,现代旅游不完全在于我到过哪里,更多的是一种生活方式的体验、一种旅游心情的分享。以观光为主流的旅游似乎正逐渐让位于新、奇、特的感同身受的参与性体验。但目前国内对"体验式旅游"的开发还停留在"做秀"的阶段,真正意义上有深度的"体验式旅游",更是少之又少。

(2) 文化教育消费

从目前我国居民的文化消费结构看,文化教育消费占有最大的比重,约占文化消费的 44%,远远高于文化娱乐、通信等的消费。从潜在的需求看,居民对教育的支出愿望也明显增强。2018 年第四季度中国人民银行日前发布《城镇居民储户问卷调查报告》显示,倾向于"更多消费"的居民占 28.6%,比上季度上升 2.6 个百分点;倾向于"更多储蓄"的居民占 44.1%。被问及未来 3 个月准备增加支出的项目。28.2% 的居民认为,教育投入是家庭开支的重要内容。学前和中小学教育阶段,中国家庭的教育支出占家庭支出的 20.6%;有 14.6% 的家庭,教育支出占比超过 50%。学前和中小学教育阶段,中国家庭的教育支出占家庭支出的 20.6%;有 14.6% 的家庭,教育支出占比超过 50%。

中国教育与人力资源问题报告课题组提出的报告显示,我国城镇居民、农村居民对文化教育的支出 15 年来分别提高了 4.4、7.3 个百分点,占家庭消费的比重分别达到 12.6%、11.2%,成为城镇居民在食品之后居第二位,农村居民在食品、居住之后居第三位的主要支出。我国城市一居民储蓄中,为孩子教育支出而储蓄的比例已经远远高于了买房、买车甚至退休后的保障金的储蓄。这一方面说明了文化教育消费市场广阔,但从另一个侧面也反映出由于文化教育长期处于垄断地位,文化教育消费已经成为居民消费中很重的负担,也影响了居民对其他类文化消费的投入。

（3）数字娱乐消费

在今天,数字技术的领域已经从工作和技术专业,转到了文化工业(音乐、录像和电子游戏)和因特网上分散性的互动文化。作为工作的技术范式已经被作为玩乐的技术范式所取代。数字娱乐业不只是人们通常所说的电脑游戏,它覆盖了以数字技术向人们"制造快乐"的各个领域,提供视听享受的音乐、DVD、VCD、交互电视,重在体验的电脑电子网络游戏,陆续开发出的新式娱乐产品MP3、数码摄像机、电子显微镜等,甚至可以说网络聊天、网络媒体都可以称为一种数字娱乐业。一切通过数字技术,如计算机、互联网等为人们提供娱乐的东西都可以称为数字娱乐业。

随着"互联网＋"与文化领域融合发展步伐的加快,以数字出版、数字影音、游戏动漫、智慧旅游等业态为代表的数字文化产业正日益成为文化产业发展的重点领域和我国数字经济的重要组成部分。大数据、云计算、人工智能等科技创新成果,使得"数字＋"融入人们生产生活的方方面面。

在娱乐行业,以手机游戏、电子杂志、动漫、音视频和直播等为代表的数字媒体内容,变得日益普遍。从相关定义来看,狭义的数字娱乐消费是指对数字娱乐产品的消费,而广义的数字娱乐消费是指以动漫、卡通、网上游戏等为代表的基于数字技术的文化产业链。在新兴的文化产业链中,数字娱乐产业创新性最强,对高科技的依存度最高,对日常生活渗透最直接,对相关产业带动最广、增长最快。受手机网络渗透率增加的影响,我国网络数字娱乐媒体的市场规模从2013年的2 126亿元增加至2018年的6 156亿元,年复合增长率高达23.7％,预计2022年的市场规模将达到14 464亿元。

如此庞大的市场规模和增量空间,吸引了大量互联网企业进入。但从行业本质属性来看,数字技术飞速发展是数字娱乐消费得以进行的重要前提和主要支撑。以人工智能、大数据、云计算为技术基础推动的数字经济正在全球蓬勃兴起,当前中国社会日益活跃的抖音、手游、直播等基于移动数字技术的娱乐新模式,正是数字经济飞速发展的集中体现。

2019年是中国5G大规模商业化应用元年,5G网络提供给我们超强的带宽、超低的延迟、更高的效率,使得更多的应用触手可及。尤其是基于5G底层技术而诞生的各类虚拟现实等沉浸式体验更强的娱乐方式,将会对数字娱乐消费带来颠覆性影响。

根据中商产业研究院发布的《2018—2023年中国网络游戏行业市场前景及

投资机会研究报告》数据统计,2017 年全国信息服务收入规模达 5 821 亿元,同比增长 27.9%,占互联网业务收入比重达 90.8%。其中,网络游戏(包括客户端游戏、手机游戏、网页游戏等)业务收入 1 341 亿元,同比增长 22.1%。对比 2016 年中国网络游戏收入增长情况,2017 年网络游戏收入增速明显高于 2016 年同期增速,并且增速持续保持在 20% 以上,1—2 月增速更是达到 48.5%,增长十分迅速。网络游戏产业呈现移动化、国际化、竞技化发展趋势,移动网络游戏发展迅速,在行业营收中占比 90% 以上,成为网络游戏产业中的新兴力量。中国网络游戏产业发展目前正逐步进入自觉和整合时期,原创内容将成为业内企业发展重点,技术驱动应用,终端决定消费,手机和电视将成为网络娱乐主要载体,就产业政策而言,鼓励发展与加强监管将长期并存,监管将趋于严格。

第五节　典型国家文化消费比较分析

随着生活水平的不断提高,人们的基本生存需求得到满足之后开始追求更高层次的精神文化享受。与此同时,人们的消费结构逐渐由物质消费为主转向以精神文化消费为主,由生存型消费为主转向以享受型和发展型消费为主,文化消费结构逐渐升级。经过近些年的蓬勃发展,文化产业俨然已经成长为各国国民经济的重要组成部分,而文化消费也成为人们生活的重要内容,扩大文化消费成为保证生产、拉动内需和增加就业的重要手段,对中国经济增长具有积极拉动作用。美国、英国和日本既是经济强国,也是文化消费大国。其文化消费水平和结构有一定代表性,通过对美国、英国和日本的文化消费现状分析,借鉴文化消费增长经验,积极培育文化消费,使潜在的文化需求变为实际需求,对于推进我国文化消费进一步优化和发展具有重要意义。

一、文化消费水平比较

国际货币基金组织 2019 年公布的世界 GDP 排行如下,第一名美国(GDP:21.41 万亿美元),第二名中国(GDP:15.54 万亿美元),第三名日本(GDP:5.36 万亿美元),第七名英国(GDP:3.02 万亿美元)。其中美国经济实力雄厚,GDP 和文化消费总量遥遥领先中国、日本和英国。图 3.2 是 2005—2014 年来,各国文化消费总量对比图。

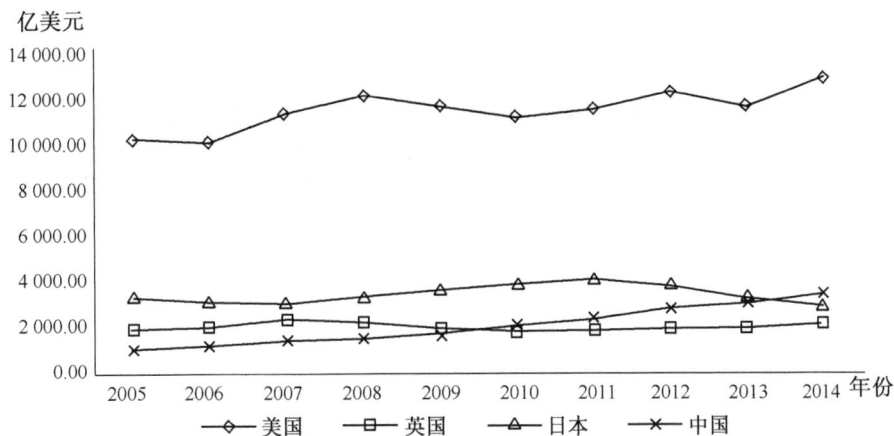

图 3.2　2005—2014 年美国、英国、日本和中国文化消费总量

2005—2014 年,受金融危机影响,美国文化消费总量震荡上行,从 10 133.69 亿美元增加到 12 913.34 亿美元。日本兼受地震海啸及其引发的核泄漏等因素影响,2011 年后出现了一段时间的经济下滑,以本币计算的文化消费总量也随之下降。然而,受日元兑美元汇率波动影响,美元计算的日本文化消费总量始终维持在 3 000 亿美元以上。英国的 GDP 排名世界第五,文化消费变化与 GDP 和家庭总消费变化保持一致。金融危机爆发后,2009 年英国 GDP 和家庭总消费双双下降,家庭文化消费支出随之下降;随后,经济缓慢增长,其 GDP 总量和家庭总消费不断上升,家庭文化消费支出也随之增加,但文化消费的增长速度略低于 GDP 和家庭总消费的增长速度。中国是世界第一人口大国,2014 年,中国人口是日本的 10.7 倍,是英国的 21.1 倍,但中国文化消费总量与日本、英国相差无几;中国人口是美国的 4.3 倍,而中国文化消费总量约为美国的 26.47%。

与美国文化消费总量一枝独秀的情况相反,其人均文化消费中国远远落后。2005—2014 年,美国人均文化消费始终领先;英国和日本受金融危机与汇率波动等因素的影响,人均文化消费波动幅度较大,但始终维持在 2000 美元以上;中国人均文化消费虽然持续增长,但与美国、英国和日本的差距仍然非常明显。因储蓄率长期偏高,居民消费率偏低,2014 年,中国人均文化消费仅为 249.89 美元,美国、英国、日本的人均文化消费分别为 4 067.0,3 337.3 和 2 383.26 美元,分别是中国的 16.28,13.36 和 9.54 倍。(见图 3.3)

美元

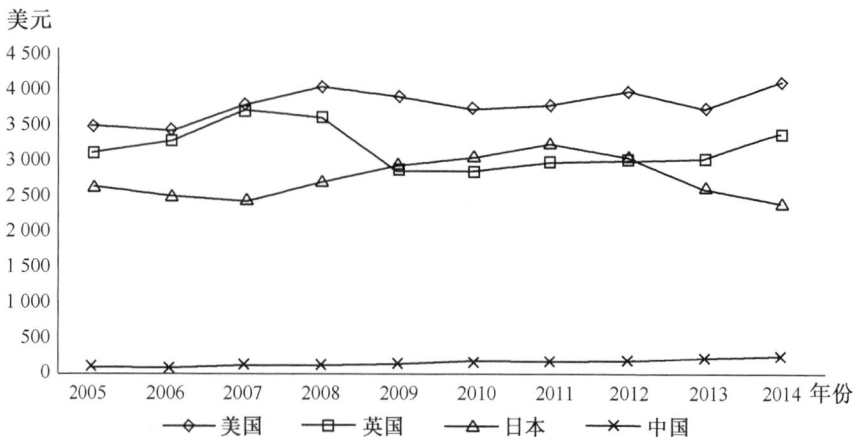

图 3.3　2005—2014 年美国、英国、日本和中国人均文化消费总量

　　居民人均文化消费水平随可支配收入的提高而不断增加,1984—2013 年,美国人均可支配收入从 23 464 美元上升到 63 784 美元,年均增长 3.51%,人均文化消费随之从 1 490 美元增加至 3 722 美元,年均增长 3.21%。2014 年,美国分等级收入人群文化消费情况显示,收入水平越高,其文化消费支出越多:收入最低的 20% 的人群人均税前收入为 10 308 美元,其文化消费为 2 078 美元;收入最高的 20% 的人群人均税前收入是 172 952 美元,其文化消费为 9 057 美元,最高收入人群文化消费是最低收入人群文化消费的 4.36 倍。与美国情况类似,英国收入水平越高的家庭其文化消费支出越多。2013 年,每周收入从低到高五等分家庭对应的每周文化消费分别为 41.2,34.4,44.5,72.1 和 118.1 英镑,平均为 78.8 英镑,最高 20% 收入家庭的文化消费是最低 20% 收入家庭的 2.87 倍。

二、文化消费结构比较

　　从文化消费内部结构来看,美国、英国和日本均是休闲娱乐消费占主导地位,其中英国文化消费用品占比最大,日本文化消费服务占比最大,中国城镇居民是教育支出占主导地位。2007—2012 年,各国的文化消费结构有所调整:英国和美国的教育占比有扩大趋势,日本的教育支出占比基本不变,中国教育占比最大但呈下降趋势。2012 年,中国、英国、日本和美国的教育占比分别为 40.31%、13.24%、24.24% 和 30.78%。与消费结构升级相一致,文化娱乐服务占比基本呈上升趋势,中国、英国和日本的文化娱乐服务占比分别从 26.15%、26.96% 和 41.34% 上升到 37.47%、29.83% 和 44.33%。文化娱乐用品消费占比不断下降,中国、英国和日本的文化娱乐用品消费占比分别从 25.82%、62.18%和 34.28%下降到 22.22%、56.93%和 31.43%。

2005—2013 年,美国的个人文化休闲消费趋于稳定上升,从消费结构的角度来看,视频音频设备、电脑和相关服务的占比最大(30.6%),并且保持了持续的增长(除 2008 年下滑 2.9%),年平均增长率为 3.1%。运动休闲商品及服务次之,占文化休闲消费近 20%,但其发展得较为平稳,年平均增长率为 0.7%。美国人对于俱乐部、体育中心、公园、剧院和博物馆的消费占其文化休闲消费的 16%,年平均增长率 3.9%。可以看出,美国人对于杂志、报纸、书籍和文具的消费处于很低的水平,甚至不到个人消费额的 1%。(见表 3.2)

表 3.2　2005—2013 年美国个人文化休闲消费

产品和服务类型	2005 年	2006 年	2007 年	2008 年	2009 年	2010 年	2011 年	2012 年	2013 年
休闲娱乐消费总额/十亿美元	804.6	854.1	893.8	899.6	861.8	888.3	922.1	966.2	1 006
占个人消费总额的份额/%	9.2	9.2	9.2	9.0	8.8	8.7	8.6	8.7	8.8
视频音频设备、电脑和相关服务	239.0	255.7	269.9	272.7	264.8	276.4	284.0	295.3	305.6
视频音频设备	101.4	106.3	106.0	106.7	99.5	99.5	101.9	104.4	105.9
信息处理设备	67.0	74.9	84.8	83.4	81.2	90.3	92.0	96.1	100.2
相关服务	70.6	74.5	79.1	82.6	84.1	86.6	90.1	94.8	99.5
运动休闲商品及服务	184.1	193.5	197.7	192.0	172.6	174.2	181.5	192.8	201.3
运动休闲器械	49.1	51.4	52.4	47.1	37.0	35.6	37.1	39.3	43.7
其他运动休闲物品	130.0	137.1	140.2	140.0	131.4	134.2	139.8	148.8	152.7
运动休闲器械的维修	4.9	5.0	5.1	4.9	4.2	4.4	4.6	4.7	4.8
会员俱乐部、体台中心、公园、剧院和博物馆	117.9	127.2	137.3	140.5	137.9	141.8	147.6	153.7	160.9
会员俱乐部和体育中心	34.3	37.4	40.7	41.2	39.1	39.5	40.2	42.4	43.9
娱乐公阅、营地和相关休闲娱乐服务	33.6	35.0	36.8	38.3	37.2	38.8	41.5	45.4	46.5
娱乐活动入场费	43.7	48.4	53.6	54.7	55.5	57.3	59.6	59.8	63.8
电影院	9.7	10.4	10.9	11.0	11.5	11.8	11.4	11.7	12.8

(续表)

产品和服务类型	2005年	2006年	2007年	2008年	2009年	2010年	2011年	2012年	2013年
现场娱乐活动不包括体育	18.3	20.7	23.6	24.3	25.2	26.3	28.2	29.4	28.7
观赏体育	15.7	17.3	19.0	19.4	18.8	19.2	20.0	18.7	22.3
博物馆和图书馆	6.4	6.5	6.2	6.2	6.1	6.1	6.3	6.1	6.7
杂志、报纸、书籍和文具	85.0	86.2	84.8	85.5	84.6	89.9	95.1	100.9	106.6
博彩业	96.5	104.7	110.0	110.2	105.0	105.6	108.9	112.5	117.7
宠物、宠物用品及相关服务	57.2	62.6	68.9	73.1	73.3	75.9	79.5	85.1	87.5
摄影商品及服务	17.7	16.7	16.9	16.5	15.3	15.4	15.9	15.6	16.3
旅行费	7.2	7.5	8.5	9.2	8.3	9.1	9.7	10.3	10.1

注:旅行费由旅游经营行和旅行社的利润构成,旅行中的行程和膳宿的支出包含在其他个人消费支出类别中。资料来源:美国经济分析局。

三、文化消费比率比较

2005—2014年,从文化消费占GDP的比重来看,中国为3.56%,美国、英国和日本分别为7.58%、7.46%和7.02%,均为中国的两倍多。文化消费占居民或家庭总消费的比重方面,英国最高,为12.41%,日本、中国和美国分别为12.18%、11.95%和7.55%。文化消费占居民收入的比重方面,英国最高,为11.35%,美国、日本和中国分别为7.48%、8.62%和8.33%。

2005—2013年,美国的个人文化休闲消费趋于稳定上升,年平均增长2.6%(表3.2)。在此期间,个人消费总额的年平均增长率为3.5%,显然美国文化休闲消费的增长弱于整体消费的增长。2009年,美国个人文化休闲消费出现了负增长,较2008年降低4.2%,2010年的增长也没有完全弥补其衰减,其个人文化休闲消费占消费总额的比重约为9%。

四、文化消费增长比较

2005—2014年,欧美发达国家的经济增长波动较大。受世界金融危机和国民经济波动影响,2008 年后,美国和英国的文化消费总量均震荡向下;兼受地震海啸影响,日本以本币计算的家庭文化消费总量持续下降;同期,中国经济保持中高速增长,文化消费总量和人均文化消费呈高速增长态势。2005—2014 年,日本的文化消费总量和人均文化消费年均增速为负,美国和英国的文化消费总量年均增长率分别为 2.73%和 1.63%;美国和英国的人均文化消费年均增长率分别为 1.83%和 0.87%。同期,中国文化消费总量和人均文化消费年均增长率分别为 14.37%和 13.79%,增长速度显著高于美国、英国和日本。

表 3.3　2014 年美国分等级最高学历者的文化消费

	全部	高中以下	高中毕业	高中毕业大学以下	大专毕业	学士	硕士及以上
税前年收入/美元	66 877	28 031	40 260	47 891	60 671	84 628	123 654
文化消费/美元	4 067	1 480	2 162	3 196	3 339	5 183	7 785
娱乐/美元	2 728	1 301	1 873	2 179	2 516	3 287	4 565
阅读/美元	103	32	56	72	83	134	209
教育/美元	1 236	147	233	945	740	1 762	3 011
文化消费占收入比重/%	6.08	5.28	5.37	6.67	5.50	6.12	6.30

受教育程度是影响文化消费增长的重要因素,他主要通过两个途径影响居民的文化消费:一方面,受教育程度影响居民收入,从而影响文化消费,一般而言,受教育程度越高,居民就业能力越强,收入越高,文化消费水平越高。另一方面,受教育程度影响居民对文化产品的理解能力和欣赏能力,进而影响文化消费。当前,美国、日本和英国接受过高等教育的人口所占比例分别为 42%、45% 和 38%。2014 年,美国最高学历在大学以下的居民税前年收入平均为 45 037 美元,文化消费为 2 654 美元,文化消费占收入的比重为 5.89%;最高学历为大学及以上的居民税前年收入平均为 100 770 美元,文化消费为 6 249 美元,文化消费占收入的比重为 6.2%(见表 3.3)。

综上所述,美国的文化消费总量居世界首位,人均文化消费水平比较高;英国家庭文化消费支出超过食品支出,文化消费占总消费的比重居世界前列;日本的文化消费中娱乐服务占比最高,文化消费结构不断优化;中国居民文化消费总量和人均文化消费水平虽不断上升,但与美、日、英相比差距明显。

第四章 江苏文化消费的历时态实践

相对于其他消费群体和进入高校前的学习阶段而言,青年学生的主要任务是学习文化和知识,花费在文化消费上的时间较多,投入的比重也较大。但当前,面对报纸、新闻、电影、广告等媒体提供的一系列消费形象和象征,江苏青年学生越来越贴近衣食住行,以"当下"为中心、以"吃喝玩"的文化消费内容为主。各级各类学校如何引导学生正确地审美、消费、享受文化,是江苏教育面临的一个重要课题,也是校园学生健康成长的一项重要需求。

第一节 江苏文化消费的现实基础

一、历史文化基础

江苏在历史上就是文化人才辈出,文化产品丰富,具有深厚的历史文化底蕴。以苏南为代表的吴文化和以苏北为代表的楚汉文化都是中华文明的重要渊源,具有地域特色的楚汉文化、淮扬文化和金陵文化都曾在不同的历史阶段独领风骚。江苏地域内的历史文化形态也异常丰富,在经济文化、科技文化、教育文化、建筑文化、宗教文化、园林文化、戏曲文化、饮食文化、政治军事文化等多种文化形态上都有典型的代表。目前,江苏省拥有南京市、徐州市、淮安市、镇江市、常熟市、苏州市、扬州市、无锡市、南通市、宜兴市、泰州市11座国家级历史文化名城,在数量上位居全国第一。截至2019年,江苏省共有全国重点文物保护单位200多个,有各类博物馆、纪念馆300多家。

二、经济基础

江苏是一个经济大省,其综合经济实力在全国一直处于前列。江苏位于我国东部沿海地区,目前下辖13个省辖市、22个县级市、19个县、55个市辖区。

2018 年末江苏的 GDP 总量为 92 595.4 亿元,排名全国第二。全国 GDP 总量前 20 的城市,江苏一省独占 4 个(苏州、南京、无锡以及南通);GDP 总量前 50 的,江苏一省独占 9 个,前 20 及 50 的数量均为全国各省第一;GDP 前 100 名的,江苏 13 个地级市全都入榜,排名第二(第一是山东 15 个)。全国百强县市中,江苏省就有 25 个县级城市入榜,占据全国的四分之一,其中前四名均为江苏的县级市,前十名中独占 6 个。

2019 年,江苏居民人均可支配收入超过 4 万元。根据国际经验,在人均地区生产总值突破 1 000 美元的这一时期,社会消费结构将从生存型向发展型、享受型升级。因此,能够满足人们发展享受需要的文化服务业,必然会进入加速发展的新阶段。江苏省的经济发展现状为文化产业的发展奠定了坚实的物质基础。

三、政策基础

继党的十七大发出"推动社会主义文化大发展大繁荣"的号召之后,党的十七届五中全会首次提出"推动文化产业成为国民经济支柱性产业",党的十八大又对文化强国的战略作了具体的阐述,文化产业成为国民经济支柱性产业被列入 2020 年全面建成小康社会的指标体系,我国的文化事业和文化产业进入又好又快发展的黄金时期。再到十九大强调要"坚定文化自信",文化在国民经济与社会发展中的重要性日益提升。从"四位一体"到"五位一体"的总体布局更新,"文化建设是灵魂",已然成为社会主义事业总体布局的重要组成部分。

江苏省也不例外,江苏省委省政府明确提出:到 2020 年,艺术创作全面繁荣,创作出一批精品力作。现代公共文化服务体系、现代文化产业体系、现代文化市场体系、文化遗产保护传承体系基本建成,文化产业在国民经济中的支柱地位进一步强化。"精彩江苏"品牌效应日益突显,江苏文化国际影响力显著增强。

同时,江苏省委、省政府推动文化产业转型升级,推进文化与网络、科技、金融深度融合。充分发挥创意设计先导产业作用,进一步壮大传统文化产业。抓住国家实施"一带一路"倡议契机,大力发展特色文化产业,着力发展创意设计、新兴媒体、动漫游戏、演艺娱乐、文化旅游等行业,带动引领相关产业提升质量水平,加快实现产业结构调整和优化升级,形成与相关产业全方位、深层次、宽领域的融合发展格局。

把培育和引导文化消费作为重要抓手。顺应供给侧改革新形势,从文化产业的供给端发力,引导企业不断提高文化产品的供给水平和供给效率,通过新供给创造新需求。加强全民文化艺术教育,提高人文素养,提升文化消费水平。

2016年起,江苏逐渐推进文化消费试点城市,成效显著。南京演出市场实现供需两旺、蓬勃发展的良好态势。在供给侧,一线城市演出机构、原市属院团和本地演出团队同台竞技,"要看戏到南京"新潮流在长三角一带隐隐形成。重点推进试点工作外,省文化和旅游厅还将文化消费智能服务平台项目,以及丰富和优化文化市场供给的数字文化产业项目等文化消费相关项目给予发展专项资金重点支持。

第二节 江苏青年文化消费的历时变迁

根据我国高等教育培养人、塑造人、教育人的目标,文化消费是培育大学生全面发展的重要方式之一。有益于学生未来发展的文化消费行为将成为大学生本身提高文化品位、提升人文精神的关键。

有很多学者将大学比作小社会,因为社会中什么在流行,那大学校园内就一定会在第一时间反映出来。因此,大学生是重要的知识与信息前沿接受者之一,他们所从事的任何文化消费最能体现当下的时代特征。此外,由于文化自身是具有时代共享意义的符号,它可以为我们定义出社会参与者所期望的方向。所以,作为一种特殊的消费文化,文化消费在现代消费语境下,不仅可以表现出对文化的追求,更可以通过这些表现在同伴间建构起认同与归属。

江苏拥有吴、金陵、淮扬、中原四大多元文化,是中国古代文明的发祥地。改革开放以来,人们的生活水平随之发生了翻天覆地的变化,江苏青年的消费文化也正经历着前所未有的变迁。根据罗爽(2007)[1],张文潮(2012)[2]及韩旭、吴庆(2008)[3]等人的研究,笔者在这里将大学生文化消费的发展划分为以下四个阶段。

---

① 罗爽. 当代大学生文化消费的个体认同基础[D]. 长春:吉林大学,2007.

② 张文潮. 当代大学生文化消费观教育探析[J]. 思想理论教育,2012(21):88-91.

③ 韩旭,吴庆. 大学生消费行为与消费观念教育[J]. 安徽工业大学学报(社会科学版),2008(4):143-145.

一、江苏青年文化消费的第一次变迁(1978 年—20 世纪 80 年代中期)

1978 年高考政策得以恢复,这代大学生成为改革开放初期第一批大学生,他们刚刚经历了"文化大革命"和计划经济体制的束缚,与社会存在脱节的现象,他们的文化消费存在着明显的时代印记,主要包括以下特点:

第一,勤俭节约。尽管改革开放已经进行了一段时间,但依然受到计划经济体制的影响,社会整体性消费水平比较低,青年的收入有限,属于中下等层次,因此青年的文化消费水平也属于较低层次。此外,大学生的文化消费受政治性的引导,提倡节俭消费。大学生在消费活动过程中更多考虑物美价廉,尤其是关注实用性,较少考虑美观性和个性化。在吃的方面,以食堂供给为主。在穿着方面,遵循"新三年、旧三年、缝缝补补又三年"的良好习惯。在出行方面,以步行为主,较少的大学生使用自行车。总的来说,消费半数以上集中在饮食上,较少部分在穿着方面。此外,受到宏观经济的影响,大学生文化消费产品也比较单一,缺乏个性化。

第二,文化高雅。当时大学录取比例较低,大学生都属于天之骄子,他们崇尚科学,追求高雅的文化消费。小说、诗歌创作、电影欣赏和音乐赏析等精神文化消费成为对众多大学生最具吸引力的文化形式。很多人偏好模仿朦胧诗、学院诗,精神上满足以学院文化为主流。

二、江苏青年文化消费的第二次变迁(20 世纪 80 年代后期—20世纪 90 年代中期)

90 年代大学生进入大学后,中国社会改革开放力度进一步加大,经济平稳较快发展,他们既保留了一些计划经济时期的消费传统,同时也发展了自己独特的文化消费方式,具体表现如下:

第一,从众性。这段时期,社会进一步发展和开放,大学生自我意识逐渐加强,淡化了对主流文化的坚守,开始释放自我,追求个性。面对经济社会的快速发展和物质生活的不断丰富,他们一方面容易被外界新鲜刺激的事物所感染,自觉或不自觉地追逐时代的步伐,另一方面,他们对外界时尚潮流不够了解,既想追求个性,又受制于内心的束缚。最终选择盲目、从众的消费。例如,抢购"热销商品"、烫发、着装跟风等。

第二,消费观分化发展。文化消费水平和能力与经济发展是密不可分的,由于大学生自身没有经济收入,因此他们所处地区的经济发展水平和家庭收入情况有直接影响。经济相对较发达地区和家庭收入较高的大学生,向往和追求高质量的文化消费生活。例如,饮食讲究营养健康,穿着需要时尚靓丽,生活用品要高档等,并且开始涉及一些娱乐领域的消费。然而,经济欠发达地区和家庭收入一般的大学生,对前一种消费观念和方式较为抵触和忧虑。随着经济社会的快速发展,家庭收入逐渐加强,区域发展不平衡逐渐减弱,后一类大学生节俭烙印逐渐消除,进而追求和向往高质量消费方式。

第三,消费观陷入世俗化误区。开发逐渐深入,西风渐进,大学生对时尚的追逐缺乏理性,出现了超前、攀比和炫耀等世俗化消费,不考虑个人实际情况,甚至出现举债消费流行商品,把它作为身份的象征。例如在大学校园里,西方的情人节、圣诞节悄然流行起来,快餐饮食成为年轻人生活中不可缺少的一部分。但随之而来,享乐主义成为这一时期大学生文化消费的代名词。大学生对文化消费的重视逐渐被新兴的 KTV、舞厅转移,而传统的书籍和报纸杂志等高雅艺术的文化消费却严重滞后。重物质享受,轻精神升华在一定程度上影响到了这一时期大学生文化素质的提升。

第四,现代文化消费逐渐形成。虽然新兴领域的文化消费快速发展,但是书籍阅读、文化鉴赏以及娱乐活动方面的消费支出相对来说还是占有主导地位的。另一个突出特点是校园民谣的蓬勃兴起,其中脍炙人口的代表作就是《同桌的你》《睡在上铺的兄弟》,这些歌曲是记录着年轻人梦想与激情的音乐篇章,以真诚与纯洁为标志,给人们尤其是年轻人留下青春的证明与印迹,引领了一代大学生的文化消费观。

三、江苏青年文化消费的第三次变迁(20 世纪 90 年代中后期—21世纪 10 年代中后期)

"80 后"大学生是伴随中国改革开放和市场经济化出生成长起来的第一代,是见证了中国成就辉煌记忆的一代,且大多数都是独生子女,他们家庭经济条件较之前有了极大的提高。当他们进入大学校园时,已经进入 21 世纪,经历高校扩招、学费高涨和就业难,因而无论是和"60 后""70 后",还是和同时代其他群体相比,都有着鲜明的特征。

第一,实用与时尚的消费并存。一方面,大学生的消费出发点在注重商品品质的同时,更加注重个人喜好,消费行为比较有主见,不容易受到他人影响。另一方面,他们对商品的实用性也比较看重,在满足自身需要和囿于消费能力情况下,更加倾向于品牌专卖店,不仅有品牌时尚的考虑,还在于路边摊和集贸市场等无法保证品质。这种消费观念在衣食方面表现最为明显,当然住宿、出行、交往和休闲娱乐消费等方面也都呈现出明显的时尚性与实用性并存的特征。

第二,关注自我,突显个性。这一代大学生已不再拘泥于陈旧的藩篱,崇尚个性,解放自我。与前代大学生从众的观念相比,这一代更加追赶时代潮流,以个性化的产品体现自己的品位。尤其是在广告宣传、明星示范、社会氛围影响下,既迎合潮流,又时尚前卫,以标新立异来展现自我,消费趋于流行化。

第三,消费结构多元化。这一时期,家庭收入相对来说有了较大提高,大学生从家庭得到的生活费也水涨船高,同时,家教、兼职、打零工等也会带来一定收入。基本的衣食住一般来说在整体消费支出所占比重下降,在其他方面有着较大比例的消费支出,例如,提升自我能力的学习消费,英语、计算机等级考试,会计等从业资格考试,雅思等高层次考试等投入不断加大。在娱乐方面开始追逐如手机、电脑、MP3 等电子产品以及网络消费;在社交方面如同学聚会、生日宴请、休闲旅游等支出逐渐加大。男同学崇尚体育器具和衣着,女学生则打扮自己,美容美发渐成趋势。大学生的消费领域逐步拓宽,并且在自己喜好的方面加大投入,不但丰富了产品类别,而且丰富了大学生的精神生活。

第四,消费观发展不均衡。由于时代大环境的变化和家庭收入条件的改善,这一代大学生的消费观已经发生明显分化。尽管部分大学生已经不满于单纯家庭的资助,开始寻求兼职、家教、散发传单等收入,但总体来说父母供给还是主体,消费状态还是受到家庭经济状况的影响。另外,家庭收入还受到区域发展水平、行业条件和城乡差别的影响。因此,分属于东西部、城乡之间的大学生表现出不同的消费观念差异较大,两极分化的现象也经常出现。

四、江苏青年文化消费的第四次变迁(21 世纪 10 年代中后期至今)

随着网络这一新兴领域的高速发展,江苏青年文化消费愈来愈受其影响,网络文化消费的发展势头逐渐赶超其他文化消费形式。同时,微信、微博等社交网络的出现和广泛使用,亦使大学生在进行文化消费时,更加关注社会因素的影响,个性和价值观极易发生转变。这一阶段的大学生文化消费呈现出不同于以往的个性化特征,具体表现在以下四个方面:

第一,理性消费与非理性消费并存。随着经济的快速发展,江苏青年家庭经济条件优越,而且一般是家中独子,备受呵护,可得到的生活费用较多,因此,支配的自由度增大。加之这一代大学生较先接触网络文化,虽有理性思维,但囿于经验和年龄限制,认知、调节和控制能力不足,随意性和非理性消费时有发生。从整体来看,超前、炫耀、举债和冲动消费等非理性消费呈增长之势,但还不足以占据主导地位,基本生活需要和学习消费支出仍然是大学生的首要考虑对象。

第二,追求个性,推崇时尚。这一代大学生得益于优厚的社会环境,他们思想活跃、敏捷、灵活,敢于尝试,加之家庭提供的优良条件,在消费中常常彰显个性、追逐时尚来展现自我。这种个性化、时尚化的倾向往往体现在对品牌的崇拜、对新颖的追逐和对权威的迷信等方面。"我的消费我做主"的观念已经成为这一消费群体个性化和时尚化的标志语。关注流行和追逐时尚也是标榜个性的方式,在消费中着重刻画自己的个性以及时尚,体现与众不同的自我。例如,他们追求 iPhone、iPad 等电子产品以及奢华的服饰和最高档的用品,用"高端大气上档次"来显示个性,追逐和引领时尚,从而个性化就成为大众化的基本色彩和基调。

第三,消费结构不均衡。相对于前几代大学生来说,这一代大学生的衣食住行等基本生活费用占总体消费支出的比例最低。除了基本的生活费用以外,与大学生关系最密切的驾驶学习、形体音乐、外语培训和资格考试等自身提升和技能提高等消费增加。在此基础上,休闲旅游、购买数码产品、观影唱歌、奢侈品消费等也日益增多。大学生的消费内容更加丰富多彩,更具多元化和开放性。从目前来看,大学生的前两项生存和学习消费依然占据主导地位,消费结构比较合理,但近年来,交友、旅游、电子产品等方面的消费大幅增长,大有赶超前两类消费项目之势,结构失衡在所难免,不可避免地影响了大学生的人生观和价值观的走向。

第四,消费来源渠道多元化。一般来说,大学生没有收入,主要来源于家庭资助,在校外兼职实习也是早已有之的方式,但随着互联网的发展,金融借贷应运而生,尤其是近年来支付宝、微信等支付、理财和借款平台日益大众化,催生了大学生网络贷、校园贷和女大学生"裸贷"等社会现象。互联网借贷和信用市场鱼龙混杂,一部分借贷机构利用法律漏洞给大学生和社会造成严重伤害。虽然短暂的借款可以满足大学生的超前消费和攀比消费,但归根结底大学生没有经济来源,况且这些借款利息高得离谱,最终还是要由家庭和父母买单,无疑给学生和家庭带来巨大隐忧,值得警惕。在消费的购物方式上,逐渐由实体店当面了解消费形式向实体与网络购物相结合的形式转变,尤其是电子商务的移动化,借助于各类购物 APP 可更加随时随地进行消费,并有各类互联网支付平台的支持,以"双十一""618"为代表的购物狂欢节,推动消费购物行为现实化。

第三节　江苏青年文化消费的主要趋势

伴随着经济社会水平的发展,人民生活水平的不断提高,以及移动互联网时代的潮流,江苏青年文化消费规模日益增大、文化消费结构逐渐升级,网络文化消费趋向常态化。

一、文化消费规模日益增长

近年来,江苏省连续多年以平均超过 10% 的 GDP 发展速度,稳定、持续、快速发展,人民生活水平和消费水平日益提高,对文化产品与服务的需求日益增长,形成了巨大的文化消费市场。2013 至 2017 年,江苏省青年人均教育文化娱乐消费逐年上升,到 2018 年,江苏青年用于教育文化娱乐等项目的人均支出总计达到 10 000 多元,是 2011 年的 2.59 倍(见表 4.1)。

表 4.1　2013—2018 年江苏省青年人均文化消费支出汇总表　　单位:元

年份	2013 年	2014 年	2015 年	2016 年	2017 年	2018 年
支出总计	4 224.4	5 122.5	7 442.3	8 635.5	9 702.1	10 969

通过对江苏城镇居民人均教育文化娱乐消费情况来反映青年文化消费特征。根据江苏省统计年鉴数据,分别作出苏南、苏中、苏北 2013—2018 年城镇居民教育文化娱乐消费支出趋势图,如下图。

图 4.1　2013—2018 年苏南城镇居民教育文化娱乐消费支出趋势图

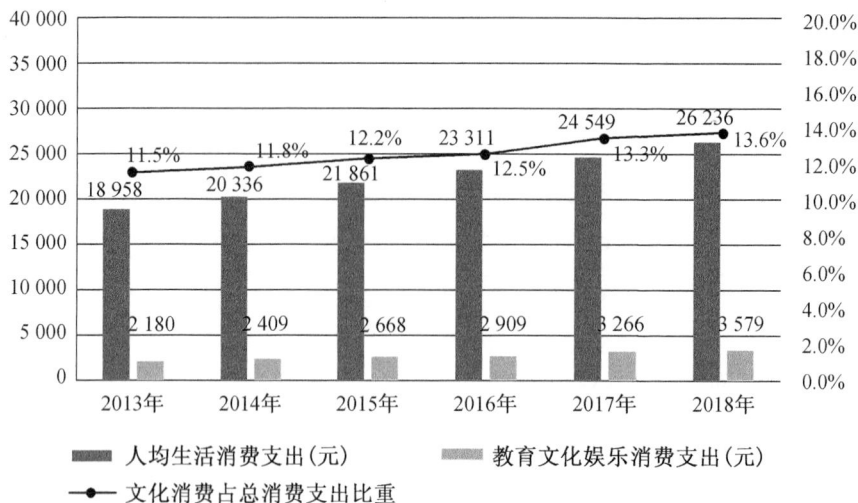

图 4.2　2013—2018 年苏中城镇居民教育文化娱乐消费支出趋势图

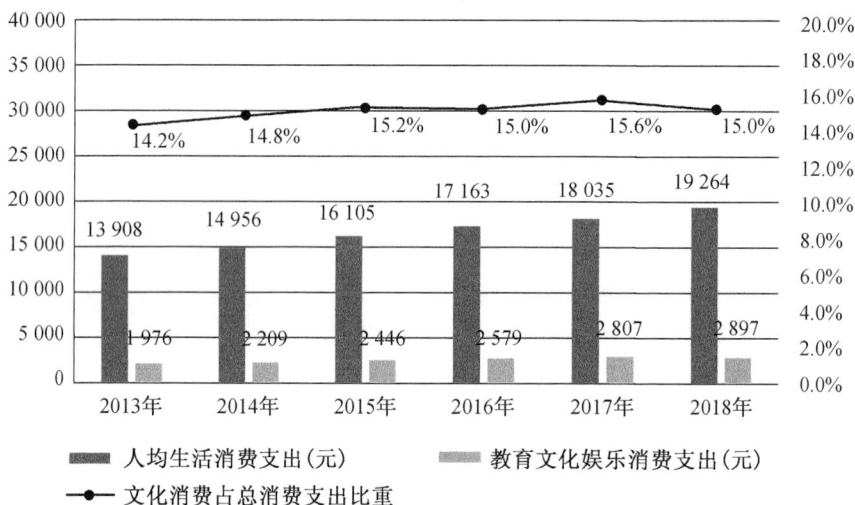

图 4.3　2013—2018 年苏北城镇居民教育文化娱乐消费支出趋势图

　　根据上图可以发现,江苏城镇居民用于文化消费支出稳步上升,其中苏南明显高于苏中、苏北。到 2018 年,苏南城镇居民家庭用于教育文化娱乐项目的人均支出达到 34 078 元,比 2013 年增长了 37.8%。苏中城镇居民家庭用于教育文化娱乐项目的人均支出达到 26 236 元,比 2013 年增长了 38.3%。苏北城镇居民家庭用于教育文化娱乐项目的人均支出达到 19 264 元,比 2013 年增长了 38.6%。6 年间城镇居民人均教育文化娱乐消费呈现出与经济增长同步的发展趋势。虽然全球金融危机的出现曾一度使整体宏观经济效应产生重大变化,但是从图中可以看出,文化消费水平却保持了增长的趋势,这体现了文化消费具有"口红效应"特征。人们在经济环境不好时,会减少奢侈品的消费,但受到以往消费习惯的影响,文化消费欲望不会减弱。江苏城镇居民的文化消费活力正在不断地加强。

通过2013年至2018年文化消费支出占城镇居民总消费支出的比重变化趋势线可以发现,2013—2018年城镇居民文化消费支出稳步上涨,江苏城镇居民文化消费规模的不断扩大,表明城镇居民对文化消费产品和服务的消费能力不断提升,对文化消费产品和服务的需求日益旺盛。

二、文化消费结构逐渐升级

文化消费的定义是"人们为了满足自己的精神文化生活而采取不同方式消费精神文化产品和精神文化服务的行为"。主要是指居民在参与教育学习、享受艺术、休闲娱乐等活动的过程中,为了获得知识与艺术的熏陶、满足精神享受而实施的消费行为,它直接关系到社会成员的生活质量。文化消费的内容比较广泛,在现行的统计口径中,文化消费主要就是指教育娱乐文化用品及服务的消费,主要包括教育、文化娱乐用品、文化娱乐服务三大类。其中,文化娱乐消费支出具有休闲倾向,主要包含"文化娱乐用品"及"文化娱乐服务"方面的支出;教育消费支出具有学习倾向,主要包括用于子女及个人的学杂费、教材费等项目。列出2011—2017年江苏省文化消费支出统计表,如表4.2,作出2011—2017年江苏省文化消费趋势,如图4.4。

表4.2　2011—2017年江苏省文化消费支出统计表　　　单位:元

年份		2011	2012	2013	2014	2015	2016	2017
支出总计		2 713.3	3 143.5	4 224.4	5 122.5	7 442.3	8 635.5	9 702.1
其中	文化娱乐用品	704.5	795.7	803.1	1 002.7	1 197.3	2331.4	2 825.6
	文化娱乐服务	1 009.2	1 110.8	1 823.7	2 132.9	3 164.2	3 109.1	3 289.5
	教育	999.6	1 237	1 597.6	1 986.9	3 080.8	3 195	3 587

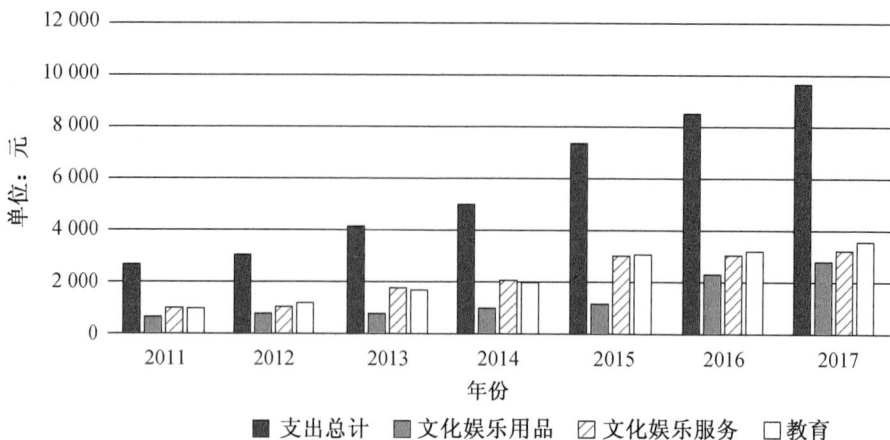

图 4.4　2011—2017 年江苏省文化消费趋势

江苏省青年文化消费结构分析。在现行的统计调查中,文化消费支出分为"文化娱乐用品""文化娱乐服务"和"教育"三项。其中,文化娱乐消费支出具有休闲倾向,主要包含"文化娱乐用品"及"文化娱乐服务"方面的支出;教育消费支出具有学习倾向,主要包括用于青年的学杂费、教材和托幼费等项目。在文化消费整体快速增长的趋势下,这两部分文化消费也呈现出的不同趋势与特点,这主要表现在:首先,教育消费在整体文化消费中仍占主体地位,2011 至 2017 年的 7 年间,教育在文化消费中的比例平均达到 40％以上,教育支出的变化直接影响文化消费的绝对数值发生变化,教育消费的波动较为明显地体现在文化消费总支出上,但是随着经济的发展和人们收入水平显著提高,教育消费在文化消费中所占的比例逐年减少。其次,在文化娱乐消费中,"文化娱乐用品"和"文化娱乐服务"表现为不同的发展趋势,其中,"文化娱乐服务"消费稳步上升。具体表现为:青年的"文化娱乐服务"消费在绝对值上呈现出逐年增长的趋势,同时,"文化娱乐服务"消费在整体文化消费中所占的比重也呈现出同向的逐年上升的趋势,这主要是因为:随着文化基础设施建设的加大,文化产业投入的增多,拓展了青年文化娱乐消费的渠道和途径,使服务型文化娱乐消费呈现出稳步增长的趋势;同时,"文化娱乐用品"消费在文化消费总体中所占的比例有缓慢的下降,这表明随着市场的发展,青年消费人群在到达一定的消费阶段后,与其他类型产品消费一样,对实体产品的消费会放缓,服务型消费会呈现出增长的趋势,这也表现出文娱服务类项目的巨大潜力。

江苏省青年文化消费水平不断提升。2017 年,江苏省人均 GDP 已破 10 万元,文化消费呈现结构不断变化、规模持续扩大、种类不断增多的发展态势。具体而言,一方面是教育文化娱乐类需求不断扩大,另一方面是青年文化消费结构不断变化,从消费结构数据来看,表现为文娱用品消费、教育消费、文娱服务消费等方面。其中,教育消费在 2011 年前一直占据主导位置,绝对值高于文娱用品消费和文娱服务消费。2012 年开始,青年在文娱服务消费上的比重首次超过教育支出,在 2012 年达到 42% 以上。文娱用品消费支出占比不断下降,且从增速看青年人均教育消费和文娱用品消费增幅小,文娱服务消费增速较大,可见江苏青年消费观念已从开始向享受型转变,文化消费偏好已开始向个性化、多样化、时尚化等的文娱服务消费倾斜。

三、文化消费方式呈现多元化

物质资料匮乏的年代,人们基本生存需求都得不到满足,无力追求精神文化产品的消费,没有消费便没有生产的动力,当时的文化消费内容是贫乏的;随着生产力的提高,社会经济水平的发展,科学技术的进步,人们生活水平的提升,在基本生存需求得到保障后,人们开始追求发展型和享受型消费,对精神文化类消费产品需求越来越大,这一定程度上促进了社会生产力的发展以及文化消费内容的多元化。

文化产业从过往传统的基本生产方式向多元化方向发展,表现为福特制(强调大规模、标准化生产)向自媒体生产方式转变,它强调生产方式从"以生产者为中心"向"以消费者为中心"的转变,强调文化消费者参与文化产品的生产服务,尤其是青年文化消费者参与的主动性、参与度更高。

同时,另一类弹性制生产方式是为了克服从生产到消费过程中的不确定性而通过短期合约与业务外包的方式而自行组织的文化生产方式,有临时性、多技能人员参与和目标明确性,它以市场为导向,是项目团队组织的生产方式,这类方式越来越被青年所接受和推崇,这类文化消费生产方式已经逐步与福特制、自媒体等生产方式向鼎足而立的趋势发展。

"90 后""00 后"青年的消费观念和消费行为受到社会经济发展水平、科学技术进步和自身素质提升的影响而逐渐改变,主要在以下几个方面:实用性文化消费观念逐渐代替节约型文化消费观念,在文化消费方面,传统的青年更偏向于保守型消费,而随着新时期人们对文化消费的重视程度的不断增加,其消费需求也与自身的素质直接相关,不同教育程度和家庭收入的居民文化消费观念也存在较大差异,但总体而言,人们对文化消费的重视程度明显提高,趋向于追求个性化、高层次、有内涵的文化产品;科学的文化消费观念逐渐代替盲目的文化消费观念,当代居民在文化消费上已经具有一定的自主意识,能够选择与自身需求相适应的文化产品和服务。

"十三五"期间,江苏文化产业生产方式将继续从福特制向自媒体、弹性制生产方式转变,因此,江苏文化产品和服务消费必须快速适应这种转变,尤其是必须快速适应青年群体的文化消费新需求,重视对"粉丝""新部落""后援团"等青年群体的引导性消费,不断设计和完善方案,通过法律体系的完善保护自媒体、弹性制的生产方式,鼓励青年文化消费者和创意者通过创意、才艺参与到项目生产、服务与消费中,完善整个文化消费体系,保持其多元化。

第五章　江苏青年文化消费的现状及特征

第一节　文化消费的水平、结构和内容

考察江苏青年群体文化消费的现状与特点是我们分析其文化消费影响因素的基石。江苏青年文化消费呈现何种水平和结构？主要文化消费项目是哪些？偏重于教育发展型抑或休闲娱乐型？而该群体对自身文化消费状况的认知是怎样的？满意程度如何？并且，江苏青年文化消费的现状是否具有其群体的特殊性，具有何种特质？这些都对研究其影响因素有着重要的联系。因此，本章的主要任务是考察江苏青年文化消费的水平、结构和内容，并总结分析该群体文化消费的独特性。

一、文化消费的水平

文化消费水平通常指在一定时期内，从量上反映文化消费的程度、状况，它是反映人们文化消费满足程度的高低和文化生活质量的综合性指标。

青年的文化消费水平是对其文化消费状况的直观反映之一，能够从总体上描述该群体文化消费程度的高低。本次研究对调查对象在过去的一年内平均每月的文化消费状况进行了调查了解，发现该群体在过去一年内平均文化消费的中位数为4 975元，均值为8 318.41元。其中，一年文化消费费用2 000元及以下人数最多，有334人，占总体的35.2%；其次为平均每年消费12 001元至24 000元，有243人，占总体的25.6%。文化消费花费在2 001元至4 975元之间的有141人，占总体的14.8%；文化消费水平居于4 976元与8 320之间的人数有94人，占总体的9.8%；文化消费费用在8 321元至12 000元的人数为108人，占总体的11.4%，文化消费费用在24 001元及以上的人数最少，共30人，占

总体的 3.1%。由此可见,江苏青年群体的文化消费水平呈现两极分化的趋势,中位数与均值的差值较大,人数分布最多的两种消费情况基本处于整体消费水平的两端。(见表 5.1)

表 5.1　调查对象过去一年文化消费支出情况

	频次	百分比/%	累计百分比/%
2 000 元及以下	334	35.2	35.2
2 001～4 975 元	141	14.8	50.0
4 976～8 320 元	94	9.9	59.9
8 321～12 000 元	108	11.4	71.3
12 001～24 000 元	243	25.6	96.9
24 001 元及以上	30	3.1	100.0
总计	950	100.0	

青年群体具有一定的特殊性,该群体没有固定的工作,因此缺乏稳定的收入来源,家庭是他们主要的经济支撑,家庭经济水平影响着青年生活的各个方面。从调查对象家庭收入状况来看,年收入在 30 001～60 000 元的家庭所占比例最高,为 42.5%;其次为年收入在 84 001～120 000 元的家庭,比例为 16.3%;家庭年收入在 30 000 元及以下的占总体的 15.3%(见表 5.2)。并且,通过数据分析我们可以得出,青年文化消费的支出水平与其家庭收入存在一定的相关性。经济条件较好的家庭中的青年文化消费的水平相应较高,并且消费水平与去年同期相比呈现上升趋势。究其原因,青年大多数没有独立经济来源,其日常消费支出必须依靠家庭提供,经济条件好的家庭能够在文化消费方面为青年提供更多的物质支持。同时,从世代的角度来看,作为本次研究对象的青年群体正是我国第一代独生子女群体,本次调查中独生子女的比例达到 51.8%。家庭开支基本上是围绕唯一的子女而进行的,父母也会给予其更多经济上的支持。因此,该群体文化消费的水平和家庭的经济状况有着密切的关联性。

表 5.2　调查对象家庭月收入分布

	频次	百分比/%	累计百分比/%
30 000 元及以下	145	15.3	15.3
30 001～60 000 元	404	42.5	57.8
60 001～84 000 元	76	8.0	65.8

（续表）

	频次	百分比/%	累计百分比/%
84 001～120 000 元	155	16.3	82.1
12 001～24 000 元	100	10.5	92.6
240 001 元及以上	70	7.4	100.0
总数	950	100.0	

由于文化消费包括各种类型的消费内容，因此，必须具体到文化消费主要项目的消费水平上（见表 5.3）来分析。本次研究中，在教育学习类消费上，被调查对象中仅有 9.4％的比例在该项上没有支出，有 46.7％的人平均每年的消费水平在 1 200 元以内。同时，有 18.1％的青年在旅游观光类消费上无支出，平均每年消费在 1 200 元以内的占到总体的 46.3％。本次研究对象中在体育健身类文化消费方面没有支出的比例达到 24.6％，平均每年在体育健身类消费上支出 1 200 元以内的比例为 61.1％。青年中在休闲娱乐类文化消费方面比较普遍，占总体 63.2％的被调查者平均支出在 2 400 元以内，而没有支出的比例仅 7.7％。

综上所述，本次研究中的青年在文化消费方面的平均支出在 12 279 元左右。其中，休闲娱乐类消费是该群体最为普遍的消费项目，而体育健身类消费也是青年较为主要的文化消费项目。然而，被调查对象在教育学习类消费和旅游观光消费方面消费水平相对较低，绝大多数都很少在这些项目上进行消费支出。从消费认同理论视角来看，消费内容和消费方式的选择是内外两方面因素作用的结果，即社会化机制（内部因素）和社会控制机制（外部因素）的产物。由于青年群体无独立的经济来源，因此其文化消费行为是基于家庭提供的经济支持的高低。而在此基础上，消费主体在社会化历程中所形成的兴趣、品味以及其目前所处的社会位置都成为影响其文化消费实践的因素。

表 5.3　青年文化消费月支出　　　　　　　　　　　　　　单位：%

文化消费类别	无支出	1～1 200 元	1 201～2 400 元	2 401～3 600 元	3 601～4 800 元	4 801～6 000 元	6 001 元及以上
教育学习	9.4	37.3	12.3	14.5	14.2	3.5	8.8
休闲娱乐	7.7	40.0	15.5	7.0	8.2	10.1	11.5
体育健身	24.6	36.5	4.8	9.5	9.3	9.9	5.4
旅游观光	18.1	28.2	31.2	4.4	2.4	8.1	7.6

二、文化消费的结构和内容

考察文化消费的水平可以从整体上反映青年的文化消费状况,但同时,该群体文化消费的具体结构和内容对个体的塑造也起着很大的作用。青年文化消费中休闲娱乐型消费和教育发展型消费所带来的影响和意义不可同日而语,因此,我们必须进一步深入研究青年文化消费的结构状况。

从本次研究结果来看,青年文化消费中休闲娱乐类消费所占比重最大,达到32.9%。综合来看,青年休闲娱乐消费中"去电影院看电影"所占比重最多,为73.1%,其次为"参观博物馆、科技馆"(48.6%)和"观看艺术展、音乐会"(41.5%)。可见,随着电影行业的快速发展,看电影已经成为青年休闲娱乐的主要方式。而对于处于知识吸纳阶段的青年群体来说,他们也十分倾向通过参观而获得历史、艺术、科技的熏陶。反而在近年来日益受到关注的青年网络游戏成瘾和盲目追星问题上,青年群体的消费投入较少,分别仅为24.7%和24.4%,相比于金钱投入,时间和精力的投入更加显著。青年的闲暇时间非常充裕,对日常生活中的时间分配、内容支配其自身基本掌握着决定权。如此充足的时间是用于休闲娱乐型文化消费抑或教育发展型消费会对青年自身的现状的改善和发展起着极其重要的作用。(见表5.4)

表5.4 休闲娱乐类消费内容

分类标签	应答次数	所有应答该选项者占总人数比例/%
在电影院看电影	694	73.1
参观博物馆、科技馆	462	48.6
观看艺术展、音乐会	394	41.5
参加明星演唱会、见面会	232	24.4
视频网站、网络小说网站充值	328	34.5
网络游戏购买和充值	235	24.7
购买、订阅课外书刊	376	39.6
购买文化创意衍生品(如手办、周边)	250	26.3

在青年文化消费中所占比例居于第二位的是体育健身类,达到31.3%。进一步研究发现,在该群体体育健身类消费中,"购买运动装备"为最主要的消费类型(63.8%),其次为"租借场地"(45.2%)和"办健身卡"(37.9%),而占比最少的

消费类型是"购买体育健身课程"(25.1%)。综合来看,青年群体在体育健身类消费中主要支出是用于购买运动装备,虽然去健身房已经逐渐成为一种潮流,但在健身房购买体育健身课程的依旧是少数。(见表5.5)

表5.5　体育健身类消费内容

分类标签	应答次数	所有应答该选项者占总人数比例/%
租借场地(足球场、篮球场、羽毛球场等)	429	45.2
办健身卡	360	37.9
购买运动装备	606	63.8
购买体育健身课程	238	25.1

教育学习类消费在青年文化消费中占到23.6%,位于第三位。通过对该群体消费内容的进一步调查发现,居于前三位的为"购买实体书籍""购买电子书刊"和"购买网络课程",比例依次为74.1%、40.6%和39.2%,"线下培训班"的占比最少,为35.9%。由此来看,实体书籍依然是青年群体消费的主要内容,而随着网络技术的发展,相比于线下课程,青年群体更加青睐网络线上课程的学习。(见表5.6)

表5.6　教育学习类消费内容

分类标签	应答次数	所有应答该选项者占总人数比例/%
购买实体书籍	704	74.1
购买电子书刊	386	40.6
购买网络课程	372	39.2
线下培训班	341	35.9

在青年文化消费中占比最少的是旅游观光类消费,占到12.2%。在旅游观光中,青年群体更加倾向于"周边省市"(67.5%)和"国内长线"(53.5%)。由于青年群体在经济方面尚未完全独立,可自由支配的收入少且由于课程压力时间不够充裕,因而需要更多时间和金钱投入的"境外旅游"占比较少(26.6%)。(见表5.7)

表 5.7　旅游观光类消费内容

分类标签	应答次数	所有应答该选项者占总人数比例/%
境外旅游	253	26.6
周边省市	641	67.5
国内长线	508	53.5

在深入访谈中,笔者发现,网络类文化消费在青年消费内容上占有极大的比重,甚至全部。

个案 B1(男,24 岁,中专毕业):我平时就是在家上网。我不怎么爱出门,外面也没有什么事可以做,我也不喜欢结交朋友,交朋友就是一大帮子人出去玩什么的,我不喜欢的,还不如自己在家里上上网,弄弄电脑呢。看书、看电视之类的事情现在都能在网络上做了,现在上网能做的事情多了,能想到的东西都可以,包括看书、写字都行的。电视不会去看,广告太多了,电影为了效果好有时候会去影院看。平时不怎么出门,也不旅游。没有朋友,就在家待着。觉得没有必要交那么多朋友。

个案 F2(男,20 岁,初中毕业):我平时在家就是上上网,我喜欢玩网络游戏,有的时候出去打打篮球,和朋友玩玩,但比较少,主要还是在家玩网络游戏。我喜欢打游戏的感觉,比较有意思,其他事情没什么兴趣也就不去做了。

由此可见,青年在网络的虚拟世界里较为沉迷,特别是相当大比例的青年选择在网络游戏的情节和人物故事里幻想自己的角色则进一步让其深陷其中,而这样则导致其与社会相脱节,难以促进自身状况的改善。文化消费既是主体选择的结果,反过来又进一步形塑着主体。青年在社会中所处的游离状态在一定程度上成为其融入社会的阻碍。而网络世界是对现实社会的一种重新建构,在网络中,个体可以抛开现实中的身份给自己一个崭新的定位,这恰恰符合青年对于社会定位、社会认同的需要,并吸引青年不断地置身于其中。

三、文化消费的满意度

从研究结果来看,本次调查中的青年对自己目前的文化消费满意度持中间态度,接近半数的被调查者对目前文化消费满意程度感到"一般",但同时,对满意度持负面态度的相对较少。具体到不同的文化消费项目来看,让青年感到最为满意的是休闲娱乐类消费,比例达到46.2%(其中36.0%感到非常满意,10.2%为满意);此外,对旅游观光(42.0%)和体育健身类(37.9%)的满意度也相对较高。让青年感到满意度最低的是教育学习类消费(35.2%)。因此,对于青年群体来说,被调查对象在教育学习类消费方面相对较低的满意度在一定程度上说明他们在这些方面的消费需求较大,但现实供给不足,由此在满意度上造成一定缺口。并且,还有一定比例的被调查对象在自身文化消费方面现状较为迷茫,对是否满意感到"不清楚"(见表5.8)。

表5.8　青年文化消费满意度　　　　　　　　　　　单位:%

分类标签	非常满意	满意	一般	不满意	非常不满意	不清楚
教育学习类消费	9.2	26.0	44.7	11.9	8.0	0.2
休闲娱乐类消费	36.0	10.2	34.1	12.0	7.7	0.0
体育健身类消费	26.0	11.9	42.9	13.8	5.4	0.0
旅游观光类消费	31.3	10.7	40.1	12.5	5.4	0.0

在访谈中,研究对象大多表示对自己目前文化消费状况尚且满意,但对于娱乐休闲类文化消费的满意度要明显高于教育发展型文化消费。

个案F1(男,23岁,初中毕业):我对自己目前文化消费的状况还是比较满意的。我现在正在参加一个社工老师推荐的培训项目,感觉比较好,是我感兴趣的服务管理方面的。通过培训,我的知识面开阔了,学会了更多的技能。在休闲方面我也很满意,我一般都是在家上网,有时候和朋友运动运动,出去聚聚,自己觉得还蛮开心的。

个案F2(男,20岁,初中毕业):我对自己娱乐休闲型的文化消费更为满意,我平时喜欢玩网络游戏,父母也不反对我,所以我都在家上网玩,觉得挺满足的。教育发展类的文化消费嘛,说不上来是否满意,因为我平时基本没有参加什么学习培训,就是自己在家有空看看书,但也比较少,所以自己觉得还是娱乐休闲类的更好。

进一步分析青年文化消费各个项目和家庭收入的关系发现,仅在"休闲娱乐场所消费"一项上该群体的满意度与家庭经济收入呈现相关性,青年对其他各项文化消费的满意度并未与家庭经济状况存在显著相关。

由于有一部分青年群体没有固定的工作,也尚未继续就学,相对而言往往具有边缘性,容易游离于社会之外。并且,由于该群体闲暇时间较多,经济来源主要依靠家庭,因此其文化消费存在着一定的群体独特性。

第二节　江苏青年群体文化消费的特征

青年是社会中的特殊群体,其文化消费本身就具有一定的独特性。首先,从文化消费水平上看,青年群体文化消费的经济来源主要依靠父母家庭提供。由于青年群体没有固定的工作,因此该群体经济收入较低甚至完全没有经济来源,其生活各方面的花费只能由父母家庭提供,而文化消费的支出很大程度上也是由父母家庭供给。

其次,在文化消费内容上,青年群体文化消费以休闲娱乐类为主,青年已经脱离了系统的教育体系,其文化消费的内容也区别于仍在继续就学的青年群体,教育学习类文化消费并不必然占据主导地位,该群体文化消费的结构和内容受到多种力量的作用。从本次研究结果来看,研究对象的文化消费以休闲娱乐型为主,教育学习类消费相对处于较弱的位置。并且,网络类文化消费在青年群体的文化消费结构中占据相当大的成分,“观看短视频”“听音乐”和“网络游戏”是被调查对象网络类—文化消费中最主要的活动。

再次,青年群体对自己文化消费的满意度持中间态度,接近半数的被调查对象对自己文化消费的状况感到“一般”。从文化消费各具体项目来看,令其满意度相对最高的为“休闲娱乐类消费”,联系到该群体文化消费的结构中“休闲娱乐类消费”也处于最高比例,由此,休闲娱乐在青年群体的文化消费中的重要性可见一斑。而本次研究对象满意度相对较低的则为“教育学习类消费”。“教育学习类消费”对于青年群体现状的改善具有至关重要的意义,该群体对于此项文化消费的满意度较低说明了其培训教育方面较为欠缺,尚未满足其需求。

最后,虽然青年生活状态具有一定的边缘性,但其信息来源,文化消费方式并未脱离社会主流。青年是处于未能继续就学、没有固定工作的状态,其生活状态相对来说处于一种边缘化的境况,但在文化消费方面,这种边缘性并不显著。由于处于信息社会中,现代传媒较为发达,并且青年对于网络接触较多,因此该群体的信息来源和消费方式并未脱离社会,而是联系较为紧密。青年对于社会上的多种消费方式和流行时尚也是在积极实践着。然而,正是这种社会地位的边缘性与消费方式的主流化使得该群体处于一个复杂、矛盾状态之中。

一、文化消费结构不均衡

文化消费水平取决于社会经济发展水平,特别是与家庭收入密切相关。不同家庭条件的青年消费不均衡,表现在经济发达地区收入较高家庭的青年的消费层次和结构明显要比欠发达地区和较低家庭收入的青年要更加丰富和多样化。在 20 世纪 80 年代这种差别还不是很明显,进入 20 世纪 90 年代,市场经济的大潮一浪高过一浪,人们之间贫富差距逐渐增大,青年之间的分化日益明显,开始出现炫耀和攀比等消费。进入 21 世纪,家庭收入差距日益扩大,公平问题突出地摆在社会问题的重要位置,反映在青年在消费上的差异化,形成高低消费者分层结构。

近年来,青年在文化消费娱乐产品(手机及电脑等)、观影唱歌、奢侈品消费等方面的消费日益增多,存在一定的超前消费和攀比消费情况。对于经济收入较好的家庭,其父母可以对子女的文化消费活动进行必要的资金支持,并且给予有效引导。对于家庭经济收入一般的家庭,父母没有足够的资金,青年没有稳定工作和收入,只能通过兼职实习或网络借贷获得,导致影响青年健康成长。

二、文化消费行为个性化

当代青年保持有开放、个性和前卫的基因。他们有着优厚的生活条件和稳定的社会环境。商品经济更加繁荣,社会更加开放与包容,人们普遍拥有了更大的自由与平等,不再像以前一样强调整齐划一与绝对平均。青年注重自我,追求自我的展现和个性的张扬,不但在文化领域内有所表现,希望取得文化领域内的话语权,而且在消费领域内,人们也希望通过自己独具一格的消费方式来树立其消费领域内的话语权,以此表达自己对时尚潮流的理解。具有不同经济实力和文化资本的个人,都能够在当代社会中选择自己习惯和喜欢的、适合自己的消费方式以及拥有突出自我的消费观念。消费已成为个体获得身份认同和自我表达的一种主流手段,人们追求消费的卓尔不群、独具特色,追求高雅、层次、个性、品位、风格以及在此过程中彰显出来的地位和身份。人们通过对这种个性消费的维持和展现来实现消费品对自身的满足,来实现自己所期望的身份和地位,同时人们通过选择符合自己个性的生活和消费方式,来表达自己对生活意义的感知与理解。我们甚至通过观察不同阶层和群体的消费风格就能够对不同的人进行不同的划分。总之,社会一方面形成了一致性、同质性的趋同消费发展趋势,另一方面也包容地允许个性化的消费方式存在。其中,一部分人在文化消费领域中成为引领时尚潮流的先锋,成为人们选择文化消费方式的典范。虽然这种典范作用在商业的灵敏捕捉和大众传媒的竭力营销下,会迅速成为大众争相模仿的对象,一经普及,这种文化消费方式和消费行为又将产生出新的大众消费需求,成为新的文化消费浪潮,这已是我国消费文化领域内一个十分重要的现象。

三、文化消费方式网络化

随着互联网在社会各个领域的应用,普及率和用户规模日益攀升,互联网作为社会生活的重要组成部分,影响着整个社会有机体。"以互联网为媒介的社会结构、社会行为和意义建构的相互影响,体现了社会变革的过程,这种变革是技术、文化和社会相互作用的结果。"这也就意味着互联网文化消费的日常生活化。在这一目标指向及其相关实践的推动下,互联网不仅带来的是人们思想观念的转变,更重要的是它以互联网为基础颠覆了传统的文化消费行为模式,重构了人们整体的文化生活方式。因此,在这种趋势下,互联网文化消费就会成为人们的必需品,进一步常态化。

根据第 42 次《中国互联网络发展状况统计报告》的数据显示,截至 2018 年6 月,互联网用户规模已经达到 8.02 亿,网络消费支付用户规模达 5.69 亿,网民网上支付的使用比例约为 71%。可以说随着移动端支付向线下支付领域的进一步渗透,互联网消费已经逐渐成为一种日常的生活方式。互联网消费已涵括衣、食、住、行等日常生活领域,在新兴文化消费领域更是如火如荼,以移动智能终端为载体的刷微博、玩游戏、看视频、玩抖音等流量消费和付费消费已大有蔓延之势。当互联网文化消费成为一种整体性的生活方式之时,它就不是特定时空领域内的特定活动,而是渗透到日常生活的各个领域,在全社会形成一种新的网络文化消费。

第三节 江苏青年网络文化消费的现状

随着互联网技术的飞速发展,网络已然成为人们生活的重要部分,网络文化消费也因为其便捷性、多元性和经济性等特征成为人们文化消费的重要渠道。青年是网络文化消费中最重要的群体。网络文化消费这一新的消费形式在很大程度上取代了传统的文化消费,对青年的情感、心理、思想认识产生了深刻的影响。青年作为特殊的社会群体,对新鲜事物有着强烈的好奇心,接受新鲜事物的能力强并且网络技术应用能力强,成为运用网络最频繁的群体。网络文化作为一种新生的文化消费形式,其本身更是一把双刃剑,具有良莠互现,优劣并存的特点。

本章节分析的意义在于:

首先,文化消费是了解青年学生的渠道。其中,网络文化消费已成为最为普及的文化消费品之一。在青年学生在网络文化消费中具有主动性和不设防性的特点,无须顾及其他,因此更容易流露真心,说出自己真正的思想观点,这就为学校教师了解他们的需要、兴趣、价值观等提供了渠道,从而提高德育工作的实效性。

其次,本研究在了解江苏青年学生网络文化消费现状的基础上,根据调查的结果分析目前江苏青年学生网络文化消费中所存在的问题,分析其原因,找出其影响因素,并"对症下药",提出建设性的解决策略和相关措施。这也就为学校、家庭、社会等相关部门正确引导青年学生网络文化消费,积极转变其文化消费的价值观,引导其进行合理的文化消费,为青年学生形成正确的消费观念,促进其终身文化消费行为的形成提供了一定的实践参考价值,是进一步深入了解青年学生的思想道德状况和现实需求,有针对性地开展思想道德教育,追求德育工作的实效性的重要途径。

最后,有助于促进青年学生形成积极向上的网络文化消费观。从青年学生的特点来看,他们正处于生理发育的关键时期,思想和情感都尚未定型,消费欲望强烈但鉴别能力低,各种消费的观念、方式等都还尚未定型,十分容易受到外界环境的影响。面对五彩缤纷的网络世界,不健康的网络文化消费内容和消费方式,都有可能给青年学生的思想和心灵带来许多负面影响。从这个意义上说,开展关于青年学生网络文化消费的现状及对策研究,引导青年学生合理的网络文化消费是培育学生全面发展、提高文化品位、提升人文精神的重要途径,也是促进学生树立社会主义荣辱观,培养社会主义现代化建设合格的建设者和接班人的客观要求。

一、当代江苏青年网络文化消费的现状分析

(一)网络文化消费频率高

调查显示,49.9%的江苏青年每天上网的时间在 2～5 小时,而上网时间在

5～10小时的青年占28.6％。在充裕的上网时间中,网络文化消费的发生不可避免。网络文化消费对青年有着巨大的影响,青年在生活和学习中的网络文化消费频次都非常高。与传统类型的文化消费相比,网络文化消费具有获取知识更加方便快捷、信息量大且种类丰富、价格低廉等特点。这些特点使网络文化消费在青年中具有很强的吸引力,极大地刺激了青年的消费欲望。因此,青年对网络文化消费的依赖性逐渐提高,随着社会文化的不断进步和网络技术的进一步发展,青年网络文化消费的水平和参与网络文化消费的积极性都将呈现不断上升的趋势。

(二) 网络文化消费的内容丰富、形式多样

当代青年是我国未来科技发展和文化建设的重要力量。他们将成为国家未来发展的中流砥柱。随着网络信息时代的到来,国家、社会和学校都把网络作为青年学习的重要工具,为青年提供了更加方便快捷的信息来源。随着网络的普及,青年不需要总是去图书馆浏览相关书籍,只需使用网络和个人电脑,大量的电子书籍、文献资料和网络课程就呈现在他们面前,能够满足不同类型青年对知识和信息的需求。因此,青年能够利用网络学习,在网上汲取专业的学术知识,并获取大量的科学文化知识,包括历史文化和自然科学。这些都丰富了青年的知识,开阔了他们的视野,使他们能够学习最新、最全面的知识。

青年利用网络关注时事和热点新闻也是值得肯定的,通过互联网获取新闻和信息成为他们课外生活中最频繁的活动之一,56.7％的青年会通过网络获取新闻。这不仅丰富了他们的课外文化生活,也丰富了他们对世界的认知。青年对各种新闻信息进行吸收和积累,思考和实践,提取相关内容,有利于培养他们灵活运用所学知识和解决实际问题的能力。

对"青年上网内容"问题进行调查,可以发现,青年上网内容主要集中于"看电影、看电视剧"(65.7％),"听音乐"和"学习专业知识"占比较高,分别为62.0％和59.4％。在青年网络文化消费方面,最常见的消费方式是"开通视频、音乐网站会员"(63.8％),其次为"购买电子书刊"(47.9％)和"网络游戏充值"(45.2％)。

随着科技的不断发展和文化市场不断的推陈出新,智能手机、传媒广告等新型文化产品成为提高青年网络文化消费丰富性和多样性的重要因子。智能手机的不断更新换代和无线及数据网络覆盖面的不断扩大,把智能手机推向实用工具的前沿,青年基本人人都拥有一部智能手机。在日常生活中,很多青年已经做到手机不离手,用移动网来上网聊天、网购、看新闻等各类文化活动。青年也把大量的资金用于手机更新换代上,来满足日益繁多、新意不断的文化消费需求。

广告效应在诱导青年进行网络文化消费选择方面也起着重要的作用。产品的广告质量可以直接影响消费者对其产品的兴趣度,27.8%的青年认为广告是他们进行网络文化消费决策的重要依据。如今,网络媒体遍布街头巷尾,各种独特新颖的广告触动着消费者的感官,无形地在青年文化消费趋势中起到了推波助澜的作用。各种新的文化产品通过网络媒体在青年文化消费中迅速传播,形成了丰富多彩的文化消费市场,使青年的文化消费选择更加多样化,更加勇于尝试新的文化需求。

(三) 网络文化消费的认可度高

当被问及"青年对网络文化消费的态度"时,37.4%的青年对网络文化消费持积极态度。他们认为网络文化消费形式多样化,信息获取迅速,给他们的学习和生活带来了诸多便利。有19.7%的青年认为网络文化消费的劣处大于优点,主要表现在易导致许多青年沉溺于网络而无法自拔,甚至导致各种危险情况的频繁发生。此外,42.9%的青年对网络文化的消费是中立的,认为网络文化消费是集利弊为一体的双刃剑。

二、当代江苏青年网络文化消费的特点

(一) 普及化与常态化

随着网络技术的飞速发展,各类网络文化资源日益丰富,我国网民的规模不断扩大,目前已经排名世界第一,作为互联网主要使用者的青年更是如此。根据《中国青年上网行为研究报告》,到2015年6月,中国互联网用户已达到6.68亿,其中近3亿在24岁以下,占互联网用户总数的40%以上,19岁至24岁的人口占总人口的一半以上。平民化的网络产品和服务不断呈现在人们面前,通过网络媒体迅速传播,最便捷、高效的网络服务不仅极大地丰富了人们尤其是青年的精神生活,而且使得青年的传统文化消费观念也随之改变,深受广大青年的欢迎。这也充分说明了青年网络应用已达到普及化的水平。

随着互联网在青年日常生活中的比例越来越大,青年的精神需求也越来越受到重视,各种网络文化供给也愈发丰富多彩,互联网文化充斥着生活的每一个角落。网络文化已经将网上购物、在线阅读、网上聊天等形式集于一体,成为大众日常文化消费的主要组成部分。如今,青年在消费观念上更加追求经济和便

捷。互联网恰好具备这些特点和优势,尤其是网络购物产业规模的扩大和提高,受到青年的极大追捧。网络购物作为一种新兴的消费方式,与传统的直销方式有很大的不同。店铺商品品种齐全,没有地域、时间、价格等限制性优势。在同一虚拟世界中,各种商品可以通过互联网平台同时显示,同样的产品可以在互联网上进行对比,节省了大量的时间。近年来随着智能手机网络的发展和智能手机功能的扩展,青年通过手机网络进行文化消费已经成为一项重要的日常活动。各种社会化软件开发,使青年可以随时随地共享和交流各种文化。由于通过网络获取各种信息比传统的图书、报纸等方式更加方便快捷,青年可以随时查阅自己所需的内容,青年的网络文化消费也已成为日常生活中的常态化行为。

(二) 个性化与主观化

青年作为单纯的消费者,且心智上并没有完全的成熟,所以形成了独特的消费观念,大部分青年根据自身喜欢好来选择自身所需,其文化消费往往受到自身文化素养和周围环境的影响,同时具备追求个性和时尚等特征。

青年在选择文化产品时往往会首先选择自己爱好的产品。这种表现主要是因为青年正处于突出个性和自我表现的年龄段,他们强烈的自我主观意识划分了他们文化消费范畴。对于正流行的前沿产品,青年愿意投入更多的精力,各种新文化和新时尚不断涌入青年的视野,跟随时尚潮流已成为青年文化消费的趋势。在青年追求大众化的同时,他们也要突出自己与众不同的独特风格,不喜欢跟随大众潮流,追求一些小众文化来表达自己的独特性,在网络文化消费中追求个性与潮流的并存,但青年在追求另类文化的过程中会因为逆反心理而容易陷入庸俗文化中。

青年往往倾向于用标新立异的方式来凸显自己的的价值观和存在感,并追求一些独特的个性文化来表达自己的与众不同。受当今社会环境和所处年龄阶段的影响,青年自私化程度日益严重,对待事物往往倾向于认为自我是中心人物,在满足个人欲望的同时表达自我独特的主张。

在互联网这样一个聚集了大量媒体的平台上,青年可以依靠自己的喜好来选择他们喜爱的文化产品。据调查,半数青年认为网络文化消费具有独立性强的特点。互联网逐渐成为一种具有无限内容、保持高速发展、进行广泛传播和提供多元文化选择的消费载体。青年可以利用互联网更自主地选择文化信息,构建自己的文化体系,选择自己的活动方式,确定自己的交际群体,从而形成自己的世界观、价值观和人生观,突出自己的个性。

（三）时尚化与实惠化

虽然追求时尚是青年网络文化消费的重要目的之一,但实惠性是江苏青年网络文化消费的重要条件之一。由于绝大部分青年还没有做到经济独立,没有收入来源,他们的收入来源基本上依赖父母,不少青年来自农村家庭,家庭经济状况普遍较差,即使是每月的日常生活和学习开支,家长也很难给他们足够的开支。因此,青年群体的消费能力非常有限。一般来说,青年属于低消费群体。所以他们非常重视网络文化产品的优质低价的特性,50.8％的青年认为通过网络获取信息的成本较低,只能在自己的经济条件允许范围内有选择地进行网络文化消费。例如:在去电影院或在视频网站上看电影这两种选择中,生活条件相对宽裕的青年可能会经常选择在网上购票去看电影,他们相信虽然是同一部电影,但电影院的视觉和音响效果是无与伦比的,而44.0％的青年会选择在视频网站上购买会员甚至免费观看电影。因为在电影院看一部电影的费用大约是40元,但是视频网站会员费用只需要20元即可观赏上百部时髦热门的电影、电视剧、综艺节目,尤其是很多网络平台自制的网络综艺节目,这个费用几乎是每个青年都负担得起的,他们认为电影是一样的,从电影中学到的知识和感受也是一样的,没有必要花额外的钱去看电影。这充分说明了时尚是青年在网络文化消费中追求的重要目标之一,但由于经济因素,实惠被置于更为突出的地位。

（四）理性化与感性化

江苏青年网络文化消费的概念是长期以来形成的行为习惯的总和。除了自身的网络文化需求外,外部环境也对青年网络文化消费观念产生重要影响。青年作为积极思考和接受高等教育的群体,对新事物充满好奇心,具有较强的接受新事物的能力。他们在枯燥无味的书籍中很难解放自己的个性,因此他们对文化消费的追求日益增加。再加上互联网的便利性,大多数青年开始选择互联网上的文化消费,试图改变他们的传统文化消费。由于每个青年的经济水平、知识特点和爱好等方面都非常不同,他们的网络文化消费观念也不同。

作为具有个性化思维的新一代,青年拥有自己独特的主流文化,消费模式和价值观。他们具有丰富的知识,强大的想象力和创新能力,对新事物有着强烈的热情,传统文化消费一直难以满足青年对各种知识和信息的追求。因而,互联网的出现改变了传统的文化消费模式,打破了青年追求知识的原始模式,满足了他们对知识的渴望,使他们开始以新的模式探索知识,获得内心的满足感,既能满足日益多元化的文化需求,又能提高他们的综合素质和综合能力。

当被问及青年的文化消费目的时,大多数(69.5%)的江苏青年使用网络文化消费来进行消遣娱乐,65.9%的青年是为了缓解生活、工作和学习中的压力,54.0%的青年的目的是进行社交,为了获取潮流信息的青年则占46.1%。这种网络文化消费观不仅可以使青年更科学合理地消费网络文化,而且可以使他们合理安排学习和生活,在不影响他们学习的前提下,积极了解当前社会热点,丰富自己的视野,拓展自己的知识。

根据调查,我们可以看出江苏青年普遍对网络文化的消费十分热衷,但大多数青年不会在网络文化的消费上花太多钱,网络文化的月消费在月度生活开支中仅占较小比例。这表明江苏青年的网络文化消费观念总体趋于理性化。但目前仍有一些青年由于心理上的不完全成熟,很容易被庸俗的网络文化吸引。他们牺牲了大量的学习时间来享受当下的快乐,认为娱乐是网络文化消费的最终目标。一些青年依靠网络上丰富资源的优势进行论文抄袭,直接复制粘贴他人的观点,导致网络上优质的原创内容越来越少,质量不断下降。这表明部分青年网络文化消费的观念也存在不理性的一面。

除去理性化,感性化也是青年网络文化消费的重要特征之一。在网络文化环境下,一方面网络信息平台的内容极为丰富,令青年眼花缭乱;另一方面,网络缺乏严格、健全的监督管理制度,导致文化资源的传播和消费难以得到合理控制。面对复杂的网络世界,青年对新事物充满了好奇心,并且有着强烈的尝试新事物的心理。但是,由于缺乏足够的生活经验和对新事物的判断,青年缺乏对问题的考虑,很容易基于冲动和个人偏好选择网络文化产品和服务。这会导致一些青年打破网络规范和道德约束,在网络上发泄自己的情绪,传播不健康的网络文化信息,泄露他人的隐私。甚至一些青年沉迷于虚拟游戏的网络,认为在游戏中可以找到个人满足感和成就感,实现人生目标,却最终导致了学业荒废。由此可见,感性化是青年网络文化消费的重要特征之一。

(五) 网络文化消费心理复杂化、多样化

从心理学的角度来看,人们进行消费不仅要维持自己的生存需求,还要满足知识、创造力、艺术、审美等精神需求。马斯洛原理也认为,人类的基本需求是从低到高,即逐步实现生理、安全、情感、自尊和自我实现的五个需求,这五者之间存在着强烈的等级关系。其中,自我实现是人类追求的最高境界和最终目标。网络文化消费作为一种生活方式,也有助于人们追求自我实现。因此,从心理学的角度来看,调查和了解江苏青年网络文化消费心理可以帮助青年规范网络文化消费行为,从而有助于形成科学、正确的网络文化消费观念。

当被问及网络文化消费的心理时,追求方便快捷(63.5%)和获取信息成本低(50.8%)是青年网络文化消费心理的重要组成部分。大多数青年表示他们在追求网络文化产品个性化的同时,往往也会追求产品的实用性。互联网恰好成为他们实现这一目标的平台。在随后的采访中,也有不少青年表示他们有一定程度的攀比和跟风的网络文化消费心理(17.2%),他们容易受到同学购买的网络文化产品的影响,产生强烈的消费冲动,导致盲目消费。此外,一些青年表示,网络文化消费能给他们带来心理上的满足感,他们在网络文化消费的过程中寻求放松、缓解压力(55.6%)。青年表示他们可以找到契合自己需要的网络文化产品,例如在线课程和网络游戏,他们认为这些在线课程的和网络游戏的设计都非常符合自己的特点。因此,与传统的文化消费相比,他们可以充分感受到网络文化消费所带来的更加强烈的满足感。

在当今中国的教育环境下,青年努力学习通过高考,去往大城市学习,离开父母的监督,来到环境相对宽松的大学校园,这使他们有比以前更多的空闲时间。他们长期以来一直受到束缚,从此开始有机会解放他们的个性。无拘无束的网络文化已成为青年度过闲暇时间、缓解压力和获取信息的最佳选择。由于青年对新事物充满好奇,追求天性解放已成为他们最迫切的需要。由于青年一般经济状况不佳,大多数来自农村,生活费用基本上来自父母。因此,青年在追求天性解放时,选择他们经济能力所能承受的网络文化产品至关重要。由于网络文化对比传统文化的最大优势在于其便利性和快速性,因此青年选择网络文化消费的重要原因也在于其便捷性和快速性。网络文化的消费打破了时间和空间的限制,只要青年拥有网络设备,他们就可以随时随地进行网络文化消费。这节省了大量时间,使网络文化消费成为青年日常生活的重要组成部分。

三、当代江苏青年网络文化消费存在的问题及分析

(一) 网络文化消费存在冲动性与盲目性

冲动是青年网络文化消费的一种行为特征,主要是指青年没有仔细考虑或明确购买产品的意图直接进行消费。首先,青年有强烈的好奇心,愿意尝试新事物,加上强烈的消费心理和消费欲望,很容易产生冲动购买行为,这会导致日常生活费用不足,甚至难以维持基本的学习和生活开支。其次,网络文化消费的虚拟化,消费支付方式的虚拟化,并没有产生现实的货币流通,导致青年缺乏对资金认识和管理分配资金的能力,容易造成金钱的浪费。

青年正处于容易接受新文化并且易受外界影响的年龄段,他们对各种新事物充满了好奇心,由于缺乏准确的判断力和分析力出现了追随潮流的现象。他们由于担心在与同学的交流中没有参与感、不时尚、不合群而无差别地汲取各种信息,具体表现在追求各种娱乐新闻,对各种暴力、色情、变态事件主题的热情或对西方垃圾文化的倡导。随着市场经济的发展和外来文化的涌入,媒体的娱乐新闻漫天掩地,贫富差距不断扩大,各种对金钱崇拜和庸俗价值观不断滋生,直接影响着当今青年的价值观和人生目标。他们花费大量时间追名逐利,幻想成功却不付出辛勤工作。青年产生严重的消极思想,花费宝贵的青春时间在娱乐上,沉迷于网络游戏,在虚拟世界中追求成就感,害怕面对现实。部分青年盲目的攀比思维和对时尚和高消费的不切实际的追求,给学校及其家庭带来严重后果。互联网上这些浮躁的低俗文化扭曲了青年的人生观和价值观,对他们的健康成长和成功产生了重大影响。因此,如何正确引导青年网络文化消费,拒绝盲目消费,培养自我控制,树立乐观的人生观和价值观,发扬社会的积极能量,值得深入研究。

(二) 对网络文化消费的依赖性强

据统计,青年愿意分享、评论自己的观点,依赖互联网和信任互联网的程度处于所有互联网用户的最高水平。截至 2014 年 12 月,67％的青年网络用户表示愿意在互联网上分享信息。其中,小学生比其他群体更愿意分享信息。从评论的意愿来看,大约 48％的青年网络用户表示愿意在互联网上发表评论,他们的年龄与他们的评论意愿成反比。从对互联网的依赖程度来看,大约 63％的青年网络用户非常依赖或比较依赖互联网。在青年群体中,年龄的增长与对互联网的依赖程度成正比。由此我们可以看出,青年处于互联网用户中对网络依赖程度的顶点。由于进入大学后,环境相对轻松,学习和生活的节奏不像高中那么紧张,他们暂时告别升学的压力,青年有更多的闲暇时间去做他们感兴趣的事情。由于知识的丰富性和获取知识的便利性,互联网吸引了许多青年在网上查阅学习资料、购买在线课程、听音乐、观看视频和玩游戏。但由于互联网上的种种诱惑,部分青年对网络过度依赖。

(三) 网络诚信有待加强

大多数青年在进行网络文化消费时都会有严重的不诚实行为。许多青年认为互联网是一个虚拟社会,为了保护自己,没有必要诚实,毕竟互联网上的大多数人都戴着面具,并认为这是一种自我保护的感觉。只有两成的青年认为互联网世界与现实世界是一样的。这种错误的网络文化消费观将给网络文化消费带来很大困难，严重影响网络文化消费的市场和秩序。当然，因为网络确实存在一定程度的虚拟，所以不考虑实际情况会对网络上的个人秘密泄露自己隐患的安全性也很大，近年来青年网络受害情况频繁发生，这要求我们正确使用网络，加强网络诚信意识和自我保护意识。

（四）存在不健康的网络文化现象

网络具有开放性、互动性和虚拟性的特点，深受广大人民群众，特别是青年的喜爱。青年能很快接受互联网的新事物并发现其独特的优势，因此青年团体已成为最重要的互联网使用群体。然而，互联网就像一把双刃剑，为人们提供了快捷方便的信息，同时也促进和丰富了互联网色情、谣言和庸俗文化的传播。青年的意识形态概念尚未完全成熟，区分事物的能力也很弱，因此互联网上的低俗文化不仅严重影响青年的身心健康，也使他们陷入沉迷低俗文化的危险境地。作为祖国未来发展的支柱，青年群体应努力提高区分互联网文化的能力，远离互联网庸俗文化。然而，不少青年表示他们会浏览庸俗文化，如网络色情、谣言和八卦，甚至认为互联网上的庸俗文化给他们带来了极大的乐趣，可以缓解他们的学习和生活压力，甚至一些青年沉迷于互联网上的庸俗文化而难以自拔。这不仅不利于网络文化消费的健康发展，也不利于塑造青年的优秀人格，形成科学理性的价值观。

（五）网瘾现象凸显

网络是人类社会发展到一定阶段的产物。它为我们的生活、工作和学习带来了前所未有的便捷，极大地提高了人们的学习、工作效率和生活水平，成为我们获取知识和信息的重要渠道。虽然网络为青年带来了许多便利，但其负面影响也不容忽视。大多数青年对互联网持理性态度，但一些青年长期沉迷于互联网。他们强烈依赖互联网，并沉迷于网络。他们在网络上花费了大量时间而无法控制，这导致他们的成绩急剧下降，产生自闭的趋势甚至导致了价值观严重扭曲的现象。因此，网瘾已成为当代青年较为严重的问题之一，严重影响了校园文化氛围和学习氛围，不利于高校的整体可持续发展，如何处理和解决网络成瘾问题是大多数高校亟待解决的问题之一。

网瘾具体是指网络成瘾综合征，又称网络依存症或网络成瘾障碍，是指在无成瘾物质作用下的上网行为冲动失控，由网络操作时间失控，难以自拔，沉溺于网络世界，而导致明显的社会、心理功能损害。

随着网络信息技术的飞速发展,互联网已成为青年日常生活中不可或缺的一部分。它不仅为青年的学习带来了方便的诸多方面,而且丰富了他们的课余生活。因此,许多青年认为互联网是他们日常生活中必不可少的一部分。但不幸的是,由于缺乏自我控制,许多青年无法有节制地使用互联网,这导致了网络成瘾的发生。网络成瘾对青年造成很大伤害。这不仅会影响他们的正常学习和生活,还会加重他们的家庭经济负担,严重影响他们的学业和未来发展。患有严重网络成瘾的青年可能会与现实世界之间的交流产生阻碍,并且不愿意与外界沟通。随着时间的推移,这些症状将严重影响他们的认知、情绪和心理状态,在严重的情况下,甚至会导致青年人格分裂,并且还会使他们出现焦虑、抑郁、情绪障碍等一系列症状。网瘾对青年的身心健康成长产生了严重影响,不利于青年形成科学、正确的网络文化消费观念。对互联网的过度上瘾也可能导致青年的精神上瘾。一旦他们离开互联网,他们就会产生精神障碍和其他不良心理反应,甚至导致自杀或犯罪。

(六) 网络文化消费的内容浅层次化、娱乐化、低俗化

随着网络文化的出现以及新旧媒体的互动,每个人都拥有平等的发言权。如今在互联网时代,我们的社会真正实现了个人在精神层面的言论自由。然而,毫无疑问,与此同时人们已进入娱乐至上的时代。著名的媒体文化研究者和批评家尼尔·波兹曼曾经对 20 世纪后半叶美国文化中最重大的变化进行了深刻的探究。他曾发出警告式预言:"一切公众话语都日渐以娱乐的方式出现,并成为一种文化精神。我们的政治、宗教、新闻、体育、教育和商业都心甘情愿地成为娱乐的附庸,毫无怨言,甚至无声无息,其结果是我们成了一个娱乐至死的物种。"

根据调查研究,大多数江苏青年使用互联网的目的是聊天、看电影、听歌和玩游戏。由于新鲜刺激的游戏层出不穷,再加上青年贪玩的本质,很容易沉迷于网络,在游戏中心发泄对现实生活的不满,因此青年也可能花费大量时间在聊天或玩游戏上,它严重影响了青年的学习和身心健康。如今,网络色情文化和网络暴力文化猖獗,一些青年沉迷于色情文化的毒害。有些青年无法抗拒网络暴力文化的诱惑,失去了自我控制能力,做出了违法犯罪的行为。网络舆论的轰炸使得缺乏认同的青年变得易受煽动,受到谣言等不良信息的侵害。网络文学的写作门槛太低,而回报却很丰厚,吸引了很多人的参与。为了读者的偏爱,一些作者会刻意迎合读者,以获得点击次数,追求高额利润。这使得许多互联网小说的内容粗糙,甚至不乏色情、暴力和其他重口味情节,而缺乏真正的文学性和艺术

性的内容。

年轻人的社会适应能力较弱,价值观处于逐渐形成的过程中。青年在各种信息的扩张、各种新文化如雨后的春笋不断生长的当今世界,容易逐渐迷失在浩瀚的文化海洋中。许多青年在选择方面存在障碍,对于如何选择他们真正需要的文化感到困惑,在有诱惑性的文化和真正有利于自己价值观形成的文化之间摇摆不定,意志不坚定的青年往往选择追逐功利主义和炫耀性文化而迈入深渊。"业精于勤而荒于嬉",青年文化追求不能定位于一味的享受欲望,这些娱乐化的网络文化消费只能是勤于学业外的休闲与调剂。

四、江苏青年网络文化消费心理特征分析

(一) 网络文化消费心理存在补充性的特征

青年作为一个具有主观思想和积极导向的群体,拥有自己独特的主流文化、行为和价值取向。他们拥有广泛的知识、新鲜的想法和丰富的想象力,对新事物的强烈接受感和具有强大创新能力。原有的传统文化消费模式已经无法跟上时代潮流,互联网的出现打破了旧的文化模式,以其更快、更新、更准确等方式迎合当今快节奏的社会。这使得它更适合青年的文化需求,满足他们对新事物的认识,探索新的模式,以及他们寻求新的和突破的心理满足感。青年网络文化消费是一种合理的文化消费方式,是对过去文化消费模式的补充增益,可以满足他们的文化需求,提高他们的综合素质。

(二) 网络文化消费心理存在求新性的特征

作为个性的一代,标新立异、体现自我的性格使青年追求文化消费活动更具个性、更加复杂,在实用的同时,更要与众不同,更能充分体现自身价值。寻求"新"已成为青年网络文化消费的主流。这种寻求新文化消费的心理是时代进步的必然,但盲目追求新变化,突出个性,标杆自我意识将使青年在一定程度上无法区分网络上的文化产品质量。在互联网上,青年面对丰富的文化产品不禁接受更具吸引力和新颖的内容,而忘记了他们的初衷。

(三) 网络文化消费心理存在感性的特征

青年在面对网络消费文化中的信息和思想时,往往会基于感性的认识首先对那些消遣、自我愉悦、感官刺激、打发时间、体验体会的文化信息更关注、更好

奇,因此网络的自由性和自主性使青年进行网络文化消费时更多的是体验一种心情。由于年轻人的内心充满了各种欲望,对任何新鲜的都有着勇于尝试的心理,对危害意识的意志薄弱,使其不去三思后行,只凭一时的感觉就做出选择。例如女生往往沉迷于韩剧、网购化妆品和衣物,把大量的时间和金钱去花销在其外表形象之上,还有就是沉迷于网络虚拟游戏当中,在虚拟中需求满足和成就感,而荒废自身的学业。

感性大于理性的内心理念也是青年中普遍存在的问题,对信息的把握不够准确,往往出现人云亦云的现象,经不起诱惑,把一些低级趣味当作一种解放思想的潮流。青年可能在混乱的文化中迷失自己,成为庸俗文化的诱惑对象,以享受自身一时的短暂愉悦作为文化消费的主题,这种感性文化消费也滋生了腐坏文化的再生。

综上分析,本章对江苏青年文化消费的影响因素从个体、群体和社会三个层面进行了分析探讨。

在江苏青年文化消费个体层面的影响因素中,个体文化水平、自身需求情况、个体意识意愿和兴趣爱好是影响其文化消费的几个主要因素。其中,青年群体的文化消费水平与其文化程度存在着一定的相关性,文化程度越高,文化消费的水平也相应较高。个体的文化程度不仅制约着其文化消费的能力,同时也对其文化消费的品位等方面起到一定的影响作用,文化程度相对较高的青年在文化消费类型上更多地倾向于教育发展型文化消费,而在具体消费项目上书籍报刊消费水平也相对较高。同时,消费主体的自身需求情况也是青年文化消费行为的影响因素之一。调查中发现,江苏青年群体对于文化消费的需求程度较高,在问及自由支配资金的使用时,有占总体 53.9% 的被调查者选择用于文化消费。青年文化消费需求的强烈性在一定程度上决定了其文化消费水平较高的现状。本次研究发现,青年群体对于文化消费的必要性和重要意义的认识较为积极,大多数研究对象对于文化消费的作用持有肯定态度,并且其文化消费的实践状况比较理想,反映出文化消费对自身的显著影响。青年在文化消费项目内容的选择上受到其兴趣爱好的影响。本次研究对象中最主要的兴趣爱好是上网和阅读书籍报刊,这正与其文化消费的内容结构现状较为一致。在其兴趣的作用下,上网类文化消费和书籍报刊类文化消费正是青年较为主要的文化消费项目。

从群体层面来看,家庭、同辈交往群体和参照群体是江苏青年文化消费的主要影响因素。由于青年缺乏独立的经济来源,其各项消费开支基本上需要从家庭中获取,因此,家庭的经济状况便成为青年文化消费水平的基础。经济条件好的家庭能够给予青年在文化消费上更多的支持,而条件较差的家庭则在提供的支持上较为有限。同时,父母家人的态度和实际支持行为方式也是研究青年文化消费影响因素中必须考察的因素。本次研究发现,占总体 48.8% 的调查对象,家人对于其文化消费活动是予以支持的,但也有 29.8% 的青年家庭抱有一种无所谓的态度,对文化消费活动既不鼓励也不反对。而青年家庭此种淡漠的态度在一定程度上影响了青年文化消费活动的积极性,也制约了其文化消费活动的水平。在持有支持态度的家庭中,家人们给予最主要的支持形式是金钱上的支持。这种现象与青年消费支持主要来源于家庭相关,但仅仅是金钱物质上的支持而没有进一步对于该群体文化消费的活动进行有意识的引导使得青年文化消费的结构尚缺乏一定的合理性。此外,青年家人自身所具有的文化资本情况和文化消费方式也对青年的文化消费活动产生着潜移默化的深刻熏陶,成为不容忽视的影响因素。

同辈交往群体是青年频繁接触的对象,青年的行为方式在很大程度上与同辈交往群体是一致的,因此,同辈群体亦成为江苏青年文化消费的影响因素之一。本次研究也证实了青年群体文化消费的方式或与同辈群体相同或受到其影响。除同辈群体之外,青年的参照群体为其文化消费方式树立了一个参考的标杆。青年向往成为其参照群体,必定会在消费行为和生活方式等方面予以认同,甚至有意无意以此为目标。本次研究也发现,占总体 58.3% 的被调查者对参照群体的文化消费方式持肯定态度,并且有 17.3% 的研究对象在实际消费中进行了仿照。

在社会层面,消费文化、社会文化产业、大众传媒、政府组织、社会机构团体以及社会工作者是本研究中考察影响着青年的文化消费实践的主要维度。其中,消费文化是一个社会中影响人们消费行为的文化因素,消费主体从消费观念到实际消费行为都受到消费文化的导向作用。本次研究中,青年同样受到流行时尚等消费文化的影响,这种影响多为大环境的熏陶作用。但是由于该群体与社会的疏离性,这种影响作用的程度不高。并且,青年对社会上的消费文化虽然也能适应,但适应程度仅仅为"一般"。由于青年群体在经济地位、社会地位以及文化权力地位方面都不具有主导性且易于被边缘化,因此,社会文化产业的内容必然不是针对该群体,他们只能去适应社会上文化产业的现状。同样,大众传媒作为消费文化的宣传者、消费方式的引领者在对青年群体文化消费行为的作用上也较为有限,占总体 53.8% 的被调查对象认为大众传媒对其文化消费行为的影响"一般",还有 28.5% 的被调查对象认为"没有影响"。并且,大众传媒的影响作用是"强制性"的,由于现代传媒力量的膨胀,青年群体不可能逃离传媒的作用,只能被动或主动地接受其影响而毫无选择的余地。但是,青年对于社会的游离性也制约了大众传媒在消费方式上的影响效力,他们往往只是了解传媒的宣传而并不付诸行动。政府组织、社会团体等机构是青年工作的领导者,但他们对江苏青年文化消费方面的影响作用较小,过半数的被调查对象认为其文化消费行为并未受到这些组织机构的影响。究其原因,可能是这些组织机构关注焦点多在于青年就业、生活等方面的改善,对于文化消费之类通常被认为较为主体性和私人性的行为干预的不多。然而社会工作者是青年接触最多的政府社会性组织人员,由于他们与青年群体在生活各个方面的联系较为紧密,交流互动较多,因此,其对于青年文化消费的影响作用相对政府、社会组织机构而言较大。研究表明,占总体45.6%的被调查对象都认为社会工作者对其文化消费具有影响作用,这一比例大大高于政府机构、党团组织组织的影响比例。并且,社工的影响主要在于教育学习类文化消费方面,而对于青年的娱乐休闲类文化消费作用较小。

第六章　江苏青年文化消费
影响因素分析

第一节　江苏青年文化消费影响因素分析

文化消费不仅仅是一种经济行为,而是一个受到消费主体、社会脉络等各个因素影响的社会行为。因此,我们不应把青年的文化消费从其周围千丝万缕的联系中割裂出来孤立地研究和分析,而只有通过系统化、综合性的分析视角才可以全面展现青年文化消费的影响因素,从而形成由点到面的整体性认识。消费主体、家庭、同辈群体、社会环境等等各个层面的诸多因素都牵制着社区青年的文化消费,在具有鲜明的个体性特征的同时,还受到群体导向性的影响,并且也无法摆脱社会现阶段的时代烙印。只有对这三个层面的影响因素进行全面剖析,才能较为完整地看到江苏青年文化消费现状的成因。因此,本章对江苏青年文化消费的影响因素从个体、群体和社会三个纬度进行分析,探讨各类因素在江苏青年文化消费中所起到的作用以及这些因素是如何对该群体的文化消费产生影响的。

一、个体因素

在一定程度上,消费主体是消费行为的最终决定者,主体自身的各种特质影响着消费的行为方式,因而,青年的文化消费也与其个体因素密不可分。本次研究分别从该群体个体层面的文化水平、自身需求、意识意愿和兴趣爱好几个方面入手,分析探讨这些因素在青年文化消费中分别起到何种影响作用。

(一) 个体文化水平

文化消费是一项较为特殊的消费实践,对消费主体的能力有着一定的要求,与其文化水平存在着密切的关联性。一方面,消费主体的文化程度制约其是否能够理解文化商品的含义、消费文化产品和服务,如书籍报刊和电脑网络类文化消费就要求消费主体掌握一定程度的文化知识;另一方面,消费主体的文化水平作为文化资本的内容之一,影响并形成了主体在文化消费中所体现出来的层级和品味,即布迪厄所指的文化"惯习"。因此,青年的文化水平状况便成为制约该群体文化消费对象的选择和影响其文化消费实践方式的重要因素。

本次研究中的调查对象学历水平主要集中于"大学本科"层次,比例达到69.6%;其次为"大学专科"(7.2%);"研究生及以上"的青年占总体的4.2%。

电脑网络是青年群体普遍接触和使用的一个项目,由于其普及程度不断呈上升趋势,对青年的吸引力也有增无减,因此上网等活动在青年群体的日常生活中也居于主要地位,各种文化程度的青年都能够在互联网上寻求到与其相适应的文化消费活动。但在其他类型的文化消费内容上则不然,学习、培训等项目的文化消费活动要求消费主体本身具有一定的知识基础以及有一定的求知心。文化水平过低的青年在增加学历层次方面遇到的挑战更大,并且往往也抱有较为消极的态度。学历层次中等的青年则更易于通过一定的学习进修和培训教育等方式来改善自身的知识技能和文化程度。诸如去博物馆、音乐会等的艺术类消费则实际上对消费主体的文化层次提出了更高的要求,不仅仅需要有一定的知识水平,更需具备相当程度的文化欣赏能力,文化资本便成为非常关键的因素。青年所拥有的文化资本不仅决定了其在文化消费场域中的位置和能力,更是历史地塑造形成了其自身的文化"惯习",从而对其文化消费实践产生作用。因此,青年的文化水平通过这种惯习的作用影响着其文化消费行为方式。

(二) 自身需求情况

消费行为源于消费动机,而消费动机正是由消费需求所引发,因此,消费需求在一定程度上决定了消费实践的内容和方式。青年的文化消费也必定要源于其具有此方面的消费需求,才会付诸实践。一方面,需求的强度会直接影响着文化消费水平的高低,对文化资本需求大的,必然会努力通过文化消费等途径获取文化资本,从而会在文化消费上投入更多经济资本和时间精力;另一方面,青年对于不同类型文化消费的需求,如学习型或是娱乐型,也决定了消费主体在文化消费实践中对不同性质的文化消费项目以及不同层次消费对象的选择。

调查发现,青年的文化消费需求的强烈程度不高,在问及自由支配的收入会用于何种类型消费时,占总体46.2%的被调查者选择用于"储蓄或投资",另有47.9%的人选择用于"服饰美容消费",而选择用于"文化消费"的比例为55.5%

（见表6.1）。可见,文化消费在青年群体的消费活动整体中的位置尚不及储蓄投资或服饰美容等其他消费类型。青年对于文化消费较低的需求正成为制约其文化消费水平提高的因素。然而,文化资本的相对缺乏是限制社区青年群体状况改善、就学就业的重要因素之一。但该群体对文化消费需求程度不甚强烈的现状制约了其文化消费水平的提高以及文化资本获得的增长,从而也进一步使得其生活现状难以改善。

表6.1　文化消费自由支配意愿

如果有一笔5 000元由你自由支配的收入,你会将其用于	频次	百分比/%
服装美容消费	455	47.9
储蓄或投资	439	46.2
文化消费	527	55.5
日用物品消费	539	56.7
电子科技产品消费	395	41.6
奢侈品消费	187	19.7

（三）消费意识意愿

由于文化消费在消费层级系统中处于较高位置,而非为人类生存最基本的、必不可少的消费活动类型,因此,消费主体在文化消费必要性上的认识程度对其是否会选择进行文化消费有着非常重大的影响作用。在本次研究中,我们考察了青年群体的个体意识意愿对其文化消费行为的影响,调查分析该群体是否能够认识到文化消费的重要性并且是否愿意积极从事文化消费实践活动。

表6.2　文化消费对于青年自身的影响

分类标签	频次	百分比/%
没有影响	47	4.9
略微影响	90	9.5
影响一般	403	42.4
影响较大	300	31.6
影响很大	110	11.6
总数	950	100.0

从表 6.2 中看出,仅有占总体 4.9% 的被调查对象认为文化消费对自身没有影响,而 42.4% 的研究对象认为文化消费对自身的影响一般;同时,认同文化消费影响的比例达到了 43.2%。可见,青年群体对文化消费影响作用的认同度较高,相当大比例的青年认为影响作用显著,而青年群体对于文化消费影响作用较高的感受度则成为提升其文化消费水平的因素之一。当消费主体对一种消费类型的价值具备较高的定位时,其在此种消费活动中投入的物质、时间和精力必然受到积极的提升作用。

综合研究对象对文化消费必要性的认识状况与其对文化消费影响作用的真实感受可以发现,两者存在着一定的冲突。本次研究中的青年大部分都能够认同文化消费的必要性,认识到其对于自身发展的益处,但他们在文化消费对自身影响程度的感受上却截然不同,认为文化消费并未对自己产生显著的作用。这种情况的发生在一定程度上说明,青年群体虽然对文化消费的必要性有着正确的认识,但该群体文化消费活动的现状却尚未对其发展产生较大的帮助。可见,青年目前的文化消费状况还有待引导,向其需要和对其有益的方向发展。

并且,通过将青年对文化消费的意识状态与其实际行为进行交互分析发现,两者存在着相关性。具体到各类文化消费项目上,除"体育健身类"文化消费之外,研究对象在"教育学习类""休闲娱乐类"和"旅游观光类"等项目上的文化消费行为都受到其对文化消费意识意愿的影响。

(四) 兴趣爱好因素

消费主体的兴趣爱好也是其选择实践何种消费行为非常重要的因素之一,在同等条件下,消费主体倾向于选择与之爱好相结合的、令其感兴趣的消费活动。并且,个体的兴趣爱好也将促使其更多地投入与之符合的文化消费项目中来。因此,本次研究中也对研究对象的兴趣爱好进行了调查,并分析个体兴趣对其文化消费活动有何影响作用。考虑到青年的爱好较为广泛,本次研究便采用开放式问题对该群体的兴趣爱好进行了访谈,在访谈中研究对象也谈到兴趣爱好对自身文化消费的重要性。

个案 B2(男,25 岁,高中毕业):对我自身文化消费影响最大的是自己喜欢的,兴趣爱好吧。新的东西我会感受一下,看喜不喜欢,要是喜欢就会继续下去。

个案 F1(男,23 岁,初中毕业):我选择哪种消费内容最主要就是我的兴趣爱好影响,我对电脑感兴趣,我一般都是上网之类的。那些我不感兴趣的事情一般我不会去做的,不喜欢的东西不是反而折磨自己吗?人总该对自己好点,别和自己过不去。

可见,本次研究中的青年的兴趣爱好对其文化消费实践有着非常大的影响,他们多考虑到自己是否快乐的感受,因此会选择自身感兴趣的活动内容。而当其根据兴趣进行的文化消费行为反过来也会强化他们的兴趣爱好,两者相互促进。

二、群体因素

(一) 家庭因素

鉴于青年群体主要经济来源为其家庭,并且父母及家人是该群体最为主要的交往对象和依靠对象,而家庭的环境也熏陶影响了青年群体"惯习"的形成。因此,家庭因素对于青年文化消费的影响不容小觑。

1. 家庭经济状况

本次研究中调查对象的家庭经济年收入多集中于 30 001～60 000 元的范围之内(见表5.2),并且通过表5.1对家庭经济收入与青年文化消费水平的交互分析发现,家庭经济状况越好,可以为研究对象提供的文化消费条件愈优越,并且他们的文化消费水平相对去年也有所提高,呈现良好的发展势头。通过将家庭收入状况与青年文化消费具体项目费用支出的交叉分析也可以予以佐证:家庭年收入与每一项具体的文化消费项目都存在着相关性。特别在休闲娱乐和体育健身等支出较多的文化消费项目上,被调查对象家庭经济状况与其消费水平相关性水平更为显著。可见,家庭的经济条件是青年文化消费实践的基础,该群体的文化消费受到家庭给予的物质等方面支持的极大影响,家庭经济状况成为影响其文化消费的重要因素。

在深入访谈中,个案C1的文化消费状况是受到家庭经济条件制约的典型。C1生活在单亲家庭,家庭收入来源就靠其父亲在外打工,C1能够体会父亲的辛苦和理解家庭的经济状况,因而从不提出过分的消费要求。

个案 C1(女,20 岁,中专毕业):我想参加(培训班之类),但是没有去。因为我家庭经济条件不是很好,我想自己以后有工作挣点钱,有机会再去。我自己在家有时候会看看书,我比较爱看心理学的书和侦探方面的书……

从 C1 的谈话中可以看出,她其实还是有较为强烈的文化需求的,但是由于家庭经济条件的制约使其无法实现,因而也只能作罢。可见,家庭的经济状况成为青年文化消费的基础性因素,只有在家庭能够供得起之前提下,才有进行文化消费的可能。

2. 家人的态度和实际支持行为

由于青年群体在经济上基本尚未独立,那么其如何进行文化消费活动也必然受到父母家人的影响和约束。即使家庭经济条件较好,如果父母并不予以支持,那么青年群体文化消费活动的进行仍然会受到较大的约束。同时,根据布迪厄的理论,家庭是文化资本再生产的重要阶段之一。这一阶段的文化再生产可以通过家长有意识地引导、传授,但更重要的是家庭的环境、背景所产生的潜移默化的影响。经过这个阶段,家庭的文化资本得以传承,后代逐渐形成了与家庭背景相符合的气质、品位等"惯习",家庭的文化资本得到再生产。

根据本次研究结果,近三成研究对象的家人对其文化消费持有"无所谓"的态度,比例达到 29.9%;但同时也有 36.0% 的研究者家人对其文化消费行为"比较支持";持反对态度的家人相对较少(见表 6.3)。通过关联性分析发现,家人的态度与研究群体文化消费上具有一定的相关性。由此可见,青年的家人对其文化消费的意义并未具有足够的重视程度,虽然持反对态度的较少,但也未能对其子女的文化消费活动进行必要的鼓励和引导,从而促进其文化消费行为以及文化资本的获取。而家人的态度与青年群体的文化消费活动呈现相当大的关联性,该群体文化消费的水平和结构不可避免地受到了家人意识和态度的影响。

表 6.3 家人对于青年文化消费的态度

分类标签	频次	百分比/%
非常支持	866	22.8
比较支持	1 369	36.0
无所谓	1 135	29.9
比较反对	279	7.4
非常反对	151	3.9

在了解到家人对青年文化消费态度基础上,本研究进一步对在态度上予以支持的家庭的实际支持行为进行了调查。家庭对青年文化消费的实际支持行为

是从态度层面的鼓励转化为实际行动层面的支持,在某种程度上对青年文化消费的影响作用会更大。从本次研究结果来看,家庭对青年群体文化消费上的支持很大程度上都是金钱方面的支持(73.6%);而给予消费观念、消费方式等方面引导的比例为 70.6%;通过实物的形式对青年文化消费表示支持的比例为 45.6%(见表 6.4)。家庭以金钱为主要支持手段也恰恰印证了青年文化消费活动与家庭收入状况的关联性。然而,家庭对青年文化消费较多地给予物质方面的支持而忽视了在精神上进行鼓励和有意识的引导使得该群体文化消费结构存在一定的不合理性。

表 6.4　家人对于青年文化消费的支持形式

分类标签	频次	百分比/%
消费观念、消费方式等方面的引导	671	70.6
金钱上的支持	699	73.6
实物上的支持	433	45.6

从访谈中也可以看出家人对青年文化消费态度的重要性:

个案 B2(男,25 岁,高中毕业):父母对我的文化消费态度还可以,经济来源也是他们提供。他们对我学习培训很支持,但是对于娱乐啊,玩啊之类的消费也不反对,但也不太鼓励,反正就随我自己。父母也有他们自己的文化消费,他们比我有钱。我的文化消费内容不太受到他们影响,他们消费他们的,我自己消费我的。

个案 F1(男,23 岁,初中毕业):父母对我文化消费是非常支持的,出去参加培训班也好,玩啊娱乐也好,他们都是支持的。他们给我钱,态度上也比较鼓励。要是他们反对的话,我也没办法消费了,毕竟钱都是他们给的嘛。

父母对于青年文化消费的经济支持是其进行消费活动的基础,但是研究发现,青年的父母家人往往只是提供金钱,而对于其如何支配这些钱关注不多,任由其自行发展。在文化消费具体内容的引导也比较少,因此,青年文化消费的内容结构对于其文化资本的获得帮助并不是太大,而是处于一种无引导的状态之中。

3. 家庭文化资本和文化消费方式

家庭因素对于文化资本的影响可以说贯穿了个体的整个生命历程。父母的文化资本拥有量和文化消费的方式不可避免地成为分析青年文化消费的影响因素之一。父母的知识、学历等作为文化资本在家庭中积蓄起来,可以通过文化资本在家庭内的传承而帮助子女获得相应的乃至更丰富的文化资本,从而成为子女进行文化消费的背景。而父母文化消费方面的品位等"惯习"则会对子女文化消费的偏好及实践行为产生重要的影响。首先在态度上,文化资本丰富的家庭往往更能认识到文化资本的重要性,因而比较重视文化资本的获取,从小就为子女打好基础。其次,家庭的文化消费行为的习惯可以在潜移默化中对后代产生深刻的影响。父母对于文化消费的意识和消费行为的选择情况都会对子女的消费实践产生极其巨大的影响。

通过本次研究的数据分析可得:父母家人所进行的文化消费行为对青年还是有比较大的熏陶带动作用的。

个案 D1(女,21 岁,大专毕业):我父母对我的文化消费还是有影响的,比如看电视都是一起看的,报纸也都是家人看同样的,知道的信息什么也都相同的。一般我做事都会和他们(父母)讨论的,他们会说出他们的想法,我再想想是应该要怎么做。所以,我觉得父母的态度啊,他们平时的文化消费习惯啊对我还是蛮有影响的。

个案 F2(男,20 岁,初中毕业):我父母的文化消费行为对我作用还蛮大的,毕竟从小就和他们一起生活,受到他们的影响嘛。比如,我父母喜欢看电视,看各种新闻节目,国家的、地方的,看社会上发生的各种事情的报道,我每次也和他们一起看,所以我每天都看各种新闻节目的,我的信息来源很多也是从这方面获得的。因为天天看,我也觉得有兴趣了,也都习惯了,好像成为生活中必须要做的事情了。

(二) 同辈交往群体因素

同辈群体是指在年龄、兴趣爱好、家庭背景等方面比较接近的人们所自发结成的群体。由于多种因素的相似性,同辈群体的群体规范和价值易于对个体产生较强的吸引,引起个体的认同和归属感,因而对于个体具有较显著的影响力。

调查显示,同辈群体在青年的交往对象中有着举足轻重的作用,这是由于青年群体闲暇时间较多,与同辈群体的交往频度和力度都非常大,所以同辈群体对其影响作用更为显著。同辈群体往往影响着青年的思想观念、行为方式,形成群体自身独特的亚文化。

　　本次研究显示，占总体 22.4％的被调查对象与其同辈交往群体的文化消费方式基本相同；有 17.8％的研究对象受到同辈群体文化消费状况的"影响很大"；而 40.5％的青年认为有一定影响，但程度一般。综合来看，达到 80.7％的研究对象或与同辈群体文化消费状况相同或受到其影响（见表 6.5）。青年的同辈交往群体与其在许多方面有着较大的相似性，并且也是其日常主要交往对象之一。在与同辈群体的交往之中，他们的消费观念、消费行为会直接影响到社区青年的消费方式。并且，由于交往的频繁，其相互之间必然会共享各种信息、文化，甚至会共同进行文化消费活动。由此，青年文化消费不可避免地会受到同辈交往群体的影响，并在一定程度上对其产生消费方式上的认同。

表 6.5　同辈群体文化消费状况对于青年的影响

分类标签	频次	百分比/％
没有什么影响	183	19.3
我和他们状况基本相同	213	22.4
影响一般	385	40.5
影响很大	169	17.8
总数	950	100.0

　　个案 B2（男，25 岁，高中毕业）：我的朋友都是和我差不多的类型，或者是中学同学。我们爱好基本上一样，要玩大家一起出去玩，要消费什么也是一起，所以肯定消费什么东西也是差不多的。

　　个案 1（男，19 岁，初中毕业）：我的文化消费还是受到朋友影响挺大的。大家经常一起玩，别人都这样消费，你肯定要和他们一样，要不就是不合群，别人就不高兴再和你一起了。而且，和朋友们玩多了，觉得自己也都认同他们的消费了，大家习惯渐渐都变同样了。要唱歌嘛，大家都乐意，要想聊聊天，我们也都去固定的地方坐坐。如果出了什么新的电影，大家都会约好一起去看……所以我觉得朋友对我平时文化消费作用蛮明显的。

（三）参照群体因素

　　参照群体是为某一（些）个体所认同，为其树立规范、比较标准的群体。个体往往在价值观念、态度行为等方面受到参照群体的导向，与之进行比较，产生向往感乃至进行模仿。

参照群体的文化消费方式往往为消费主体树立了一个消费行为参照标杆,消费主体将其所向往的群体的生活方式、消费方式作为参考的标准和追求的目标,在消费实践中甚至会对其消费方式予以模仿,因此,参照群体也应当成为影响消费方式的重要因素之一。

根据本次研究数据,占总体 40.1% 的被调查对象对其参照群体的文化消费方式较为认同,但在实践中并未仿照,可见其文化消费具有一定的理性,尚未盲目追随参照群体的消费方式。同时也有 16.5% 的研究对象是"部分仿照"其参照群体的文化消费方式,而 18.8% 的对象进行完全的模仿,两者的比例合并达到 35.3%。综合来看,青年之中仅有相当少的个体对于其参照群体的消费方式不予认同(15.9%),而占 75.4% 的比例是持有认同及以上程度的肯定的(见表6.6)。在研究中,对于研究对象参照群体也是采用开放式问题的形式进行调查,根据统计分析结果,青年最为主要的参照群体是"高薪人士"和"明星偶像"。而这两类群体的消费方式不仅仅是青年所向往的,同时也是社会文化、大众传媒所大力宣传和渲染的。但青年群体与这两类群体还具有较大的差距性,因此,较大部分的研究对象只是认同但并未完全模仿其文化消费的方式或者仅仅是部分仿照,但参照群体的文化消费方式仍然从消费文化理念、消费形式内容等方面影响着青年的文化消费实践。

表 6.6　青年对于向往群体文化消费行为的态度

分类标签	频次	百分比/%
不清楚	82	8.7
不认同他们的文化消费	151	15.9
认同,但没有仿照	381	40.1
部分仿照他们的文化消费	157	16.5
完全仿照他们的文化消费	179	18.8
总数	260	100.0

在调查数据中,还有占总体 8.7% 的研究对象选择了"不清楚",而对于社区青年群体此种态度笔者在访谈中予以进一步的了解。

个案 B2(男,25 岁,高中毕业):我没有什么参照群体,我就按照自己的方式来生活消费。现在社会上宣传的白领啊,小资情调啊,也不一定就多高尚多好,但我也没有什么好反对的,他们宣传他们的,我不去理睬就行了。我消费主要还是根据自己的实力,自己的感觉来的。

个案 D2(男,23 岁,职校毕业):我没有参照群体的。消费是我自己的事情,不用模仿别人。人家消费得再好,不符合我的实际情况,我负担不起的,想也没有用。我怎么消费还要看我自己的情况,我需要什么东西,我能买得起什么就怎样消费,这个没有什么好参照的。我觉得自己这样也挺好的。

个案 G1(男,23 岁,技校毕业):我平时还是有参照群体的。但是我的文化消费并不会受到他们的影响,或者说影响不怎么太大。因为毕竟是两个圈子的人,很多方面都不大像的,他们文化消费中不符合我实际情况的东西我想去做也做不来的。说实话,他们有的东西我也不太懂得……

可见,青年这种"不清楚"的状况主要是由于其认为消费是自己的事情,必须根据自身的现实条件来进行,没有必要去以其他群体为参考,因此也就没有为自己设定参照群体,不去和他人比较,而是按照自己的实际情况来进行文化消费活动。并且,即使有参照群体的青年却往往因为所参考的对象与自身属于不同的社会群体,有着不同的生活经历,因此形成不同的惯习,而导致文化消费的方式、内容都很难有结合点,因而,参照群体这种示范影响作用便受到了限制。

三、社会因素

布迪厄认为,文化能力的获得、文化消费的过程等都与宏观社会结构相结合,文化消费活动不单纯是消费主体的个人行为或者家庭行动,而是社会结构的反映,社会等级的内在化和日常化。

(一) 消费文化的作用

本研究所选择的地区江苏省在某种意义上可以说是中国消费的最前沿省份,已经呈现出消费社会的端倪。现代社会中的消费行为已经不单单是一种经济行为,更透露着文化的巨大影响力。消费文化在其中发挥了日益明显的作用。英国学者费瑟斯通(Featherstone. M)认为,消费文化是基于大众消费运动伴随着符号生产、日常体验和实践活动的重新组织而产生。商品、产品和体验可供人们消费、维持、规划和梦想成为消费文化的重要特征。消费文化已经不仅仅是强调商品的使用价值,而通过广告、大众传媒和商品展陈技巧等方式赋予商品以新的影像和记号,全面激发了人们的感觉联想和欲望。因此,消费文化中的趋势就是将片段的、不断重复再生产的文化推至社会生活的中心。消费社会中,消费文化已经将影响、记号和符号组合成了一种无形的操纵力,如同神圣事物一样,具有权力和强制性。文化和商品已经紧密地交织在一起,文化可以成为用来消费的商品或者成为商品的消费价值之一;同时,商品从生产至消费的全过程也通过文化因素来体现其审美意义和符号价值。文化、艺术和商品在交融中共存,商品文化化和文化商品化逐渐成为后现代消费社会的主要特征之一。

消费文化在一定程度上成为强大的社会心理力量。消费文化利用消费行为建构自我形象这一方式对消费主体进行暗示和操控。在社会转型期和外来消费文化的冲击下,"以充斥着商业气息,以市场规律为逻辑,以影响普通大众为对象,以放弃和疏离文化中的崇高感、悲剧感、使命感、道德感、责任感为特征,以追求消遣、享乐为目的的消费文化把大众引向感官享乐和物质消费"。消费文化体系使消费行为的规范秩序合法化,商品在生活上的主导性、广告的审美化作用以及激烈的市场竞争导向融合而成的关于消费行为的规范秩序把人与人的关系、人与社会的关系转化为人与物的关系。而消费文化体系使得这种转化顺利过渡,使人们自愿进入消费社会的消费系统中。同时,消费文化倡导的风格化和大众化也扩大了群体交往的认同空间。消费文化的风格化让表意性的需要得到更大程度的满足,人们在消费过程中呈现某种风格化的特征,于是消费主体既感觉获得了社会认同,又实现了个性表达。

流行时尚是消费文化强有力的重要组成部分,而青年群体往往对于流行时尚文化具有相当的敏锐性和较高的追崇性。因此,以流行时尚为代表的消费文化对青年群体发挥着强烈的影响作用。

在本研究中,有10.5%的被调查者认为流行时尚对自己文化消费的影响非常大;同时也有43.2%的对象肯定流行时尚的影响作用,但程度一般;此外,还有17.2%的研究对象的文化消费并未受到流行时尚的影响(见表6.7)。由此可见,流行时尚对青年文化消费的影响还需因人而异,虽然大多数青年群体对时尚较为敏感较为推崇,但也不排除存在些许对时尚潮流并不太在意的对象。因此,在那些时尚潮人的文化消费方式中,流行的影响作用较大,而在相对不太看重时尚的青年中,流行时尚的影响作用相对有限。

个案 B3(女,22 岁,大专毕业):我平常比较关注流行时尚的,我喜欢看那些时尚报纸和杂志,《时尚芭莎》啊,《芭莎珠宝》啊,《瑞丽》啊,我都会去看。平时也会在电视上看一些时尚类的节目,"生活时尚频道"

我经常看的。上网也会多关注这方面的信息,我觉得流行时尚对我的文化消费影响还是蛮大的。看到现在流行什么东西了,我会尽可能地去尝试一下,当然肯定是我能够承受得起的了,真正负担不起的也没办法。

　　个案G3(男,20岁,职校毕业):我平时也了解一些时尚流行的东西,经常看电视上网嘛,不可能不知道的。这些时尚的东西对我也还是有一些影响的,因为脑子里晓得流行什么,你在消费的时候就会不由自主地跟着流行了。比如新出的电影啊,就会找来看;哪个歌手出新歌了,就会下载听听,学会了去KTV的时候也会唱唱。不过我也没有像别人那样整天追求时尚,我就是跟着大环境走,没有去刻意地赶潮流……所以我觉得流行对我的文化消费还是有影响的,但是也就一般般吧,不算太大。

　　在整个社会大环境的熏陶下,在大众传媒的作用下,青年对于当下的流行时尚自觉不自觉地都会有所接触,有所了解。他们所接触的报纸杂志、电视、网络等传播媒介对其有着"强制性"的时尚信息的灌输,因此,他们没有办法回避这种时尚的侵入。有的青年会选择主动融入时尚之中,对其产生浓厚的兴趣,偏好各种新事物的体验;而更多的青年则采取一种顺其自然的态度,被动地跟着社会的文化发展来进行消费,没有抵触,也没有刻意的主动追求。由此可见,流行时尚等消费文化对于青年的影响是宏观性的、背景性的,是从一种氛围上对其文化消费发生了作用。

　　由于青年的特殊性,易于游离于社会之外,他们对社会上所流行的消费文化的强制性作用到底是否适应呢?因此,对社会上消费文化的适应程度便应当成为研究其文化消费行为需予以考虑的因素之一。根据本次研究数据,占总体43.2%的研究对象对社会消费文化适应程度一般;同时分别有29.1%和10.5%的被调查对象对现今的消费文化"比较适应"和"非常适应"(见表6.7)。对消费文化无法适应的青年相对较少。这说明,在文化消费方面,青年与社会消费文化氛围适应融入得较为理想,大多数青年还是能够适应现今社会上的消费文化的。但同时应当看到,虽然青年对社会中的消费文化能够适应,但适应的程度并不高,超过半数的研究对象仅仅是觉得"一般"。这就说明,青年群体在社会文化权力系统中所处的地位较为边缘,虽然受到主流文化的控制尚能适应,但适应程度较低,若要完全融入主流消费文化还具有一定的困难。但是,他们对于不适应的方面也并没有主动地去寻求改变,而是选择了一种漠然的态度。青年群体中形成的这种对于主流消费文化的漠视或抵制实质上也是该群体寻求认同的方式。因为他们自知凭自己的力量是无法改变这种社会的现状的,因此只有置之不理或者采取寻求相异的方式来进行表意。

个案 B2(男,25 岁,高中毕业):现在社会上很多东西我不能说反对吧,但也不太认同,但是我也不去管它。我能怎么样呢? 我又不能改变什么,干脆不理睬就好了呀,它宣传它的,我做我的。我也不是说反对,因为我也干涉不到。但是我不认可,我都看透了,都是为了赚钱。现在社会上整个文化消费氛围越来越商业化了,我觉得不适合我了。我对于这种都是一笑了之。我也没办法阻止,就是不参与……

表 6.7　当前的流行时尚会影响青年的文化消费选择

分类标签	频次	百分比/%
非常不同意	84	8.8
不同意	80	8.4
一般	410	43.2
同意	276	29.1
非常同意	100	10.5
总数	260	100.0

(二) 文化产业的发展

现代社会中,文化产业在消费上扮演着日益重要的角色。在法兰克福学派看来,文化工业不仅制造、推销文化商品,同时也借此操纵了大众的意识。文化工业所生产的各种商品实质上是社会主导阶层所控制的,消费者则是被奴役的对象,是消费的客体。青年群体相对社会主流文化群体具有一定的边缘性,社会文化产业的规划设计较少针对该群体,因此,青年群体必须主动地迎合融入现有社会上的文化产业,文化产业的状况亦成为制约青年文化消费的因素之一。

从本次调查数据来看(表 6.8),占总体 15.8% 的研究对象对文化消费产业的满意度一般,29.8% 认为目前的文化消费产业能够满足自己的需求,11.9% 对文化消费产业持"很满意"的态度;同时,有 42.5% 的被调查对象认为目前的文化消费产业无法满足自己的需求。青年对文化消费产业的满意度现状必定在一定程度上制约了其文化消费。因为社会上缺乏符合其切身需要的文化产品和服务,他们并不能从现有的文化消费对象中获得其真正所需。从法兰克福学派的视角来看,消费主体的文化需求实质上是文化工业制造出来,并通过传媒灌输给大众的。文化工业"操纵"的主要目标往往是具有消费能力的主体,因而,青年群体则往往不在其视野之中。

表 6.8　青年对于社会上提供的文化消费产业的态度

分类标签	频次	百分比/%
很不满意	1 189	31.3
不满意	426	11.2
一般	601	15.8
满意	1 133	29.8
很满意	451	11.9

个案 H2(女,20 岁,中专毕业):社会上的文化产品和服务符不符合我的需要不好说,一般吧,有的还是比较符合我需要的……但也没有特别针对我的实际情况的,反正外面那么多种文化消费的商品,我总能找到自己适合的。不符合我的我也不去管它,由它去,我只选择我喜欢的,我自己需要的就好了。

个案 D3(男,21 岁,高中毕业):我们又不能改变社会,要想在社会上生存就只能去适应它了,找自己合适的东西去消费嘛。好在现在社会上东西多了,各种各样的,一般我都还能适应的,也能找到符合自己的商品。

个案 C1(女,20 岁,中专毕业):(对社会上的文化产品和服务)不完全满意。我觉得有的消费场所服务不好,很势利眼的。上个礼拜天,我和朋友去茶坊聊聊天,是 18 元无限畅饮的,付钱的时候服务员热情地介绍这个那个的,但我们每次续杯的时候他都是不情愿的样子,总是板着脸走过来,让我们看了心情也不是很好嘛……

青年对于社会文化产业并没有太大的奢望,他们清楚社会上尚不可能有什么针对他们的产品服务,他们要想好好地生活,就只能主动地去适应这个社会。庆幸的是,现在社会文化产品和服务较为丰富,各种层次、类型的商品种类繁多,可供选择的余地较大,他们终归能够找到适合自己文化消费需要的产品和服务,并且在一定程度上通过消费主体的能动性将其予以脉络化,从而创制出属于自己的文化消费。由此,他们觉得也能够接受这个现实,不再多做要求,过分挑剔了。

(三) 大众媒体的导向

现代社会中,大众媒体的作用日益巨大,由广播、电影、电视以及互联网等传媒所煽动的消费主义潮流对人们的日常生活世界产生了极大的影响。并且,在后现代理论家看来,大众传媒制造出了一个充斥着大量讯息和符号的幻想世界,形象和符号遮蔽了商品的实用价值,大众消费在很大程度上被传媒精心构造的形象和符号所左右。[①] 波德里亚(Baudrillard)在《消费社会》一书中也论述了传媒对消费的影响:《科学与生活》杂志的读者通过阅读扮演着联络符号的角色,他们通过对这一杂志的消费行为完成对一种抽象的阅读共同体的参与,而这一共同体的关系正是大众传播的效应。这一需求是被传媒制造出来、植入消费主体的。[②] 一些学者指出,消费主义生活方式在中国社会的扩散是以文化主导权的形式得以实现的,即消费主义通过大众媒介和示范作用对人们的观念、人们之间的关系和价值伦理等起到控制和重塑的作用。[③]

大众媒体是消费文化的倡导者,是流行时尚的制造者和宣传者,对消费主体的影响随着信息技术的发达和传媒的膨胀而日益增强。青年正处于对传播媒介相当敏锐的时期,他们的文化消费不可避免地会受到传播媒介的作用。从以上的分析中也可以看出,该群体的参照群体、消费文化观念等许多方面都已受到传播媒介的影响,接受了传媒所宣扬的消费方式。在大众传媒的操纵下,消费主体所持有的消费价值观念、所消费的文化商品和服务以及所从事的文化消费实践全部都是规格产制下的物品。虽然看似消费主体可以自由地选择文化消费,但实际上,所有的文化商品和服务都是处于社会整编和社会控制的模式中的,消费主体实质上是很难主宰自己的文化消费实践的。[④] 因此,大众媒体在青年文化消费实践中的影响作用是值得关注的。

本次研究发现,大部分被调查对象的文化消费行为受到大众媒体的影响,比例为 78.7%,认为当大众媒体争相报道某个文化热点时,他们会关注与此文化热点相关的文化消费产品或行为。但同时,也有 21.3% 的研究对象没有受到大

---

① 莫少群.20世纪西方消费社会理论研究[M].北京:社会科学文献出版社,2006:203.

② [法]让·波德里亚.消费社会[M].刘成富,全志钢,译.南京:南京大学出版社,2000:111.

③ 莫少群.20世纪西方消费社会理论研究[M].北京:社会科学文献出版社,2006:235.

④ 禹建湘.大众文化反抗意识的表现与被遮蔽[J].吉首大学学报,2006(1).

众传媒的影响(见表6.9)。这说明,在大众传媒渗透力极强的现今社会,青年作为文化消费主体所受的影响程度并不是非常大,究其原因,一方面是青年在日常生活中活动范围相对有限,对社会的参与度不是太高;另一方面,大众传媒所渲染的文化消费行为与青年还有一定的差异性,青年若想亲历实践这些文化消费方式,尚需面对一定的障碍,因此,大众传媒对该群体文化消费的影响力量便受到了限制。

个案 B1(男,24 岁,中专毕业):我的消费选择不会受到传媒太多的影响,主要还是自身的需求和自身的兴趣爱好。现在很多媒体宣传的文化商品服务没有什么用的,都是商业化的。我不可能阻止它发展,但我就是不关注它,不依照它……

个案 C2(男,18 岁,初中毕业):我一般都是待在家里的,做做自己喜欢的事情,那些媒体宣传的这种那种消费活动与我没有什么关系的,我看了也不会去做,没什么机会。那些都是要经济支持的,我又没有什么经济收入,还要靠父母,哪能成天去按照他们宣传的消费啊。

个案 D2(男,23 岁,职校):现在传媒宣传的那些消费方式都和我们有差距的,不是我们这些人去消费的。都是那些白领啊,有钱人或者有文化的人去做的,我们消费不来的。我们自己清楚的,和那些人都不是一个世界的,他们有他们的消费方式、生活方式,我们过自己的生活,不一样的,也不好比较的。所以媒体讲的那些文化消费什么的,我们也就是听听看看,真正去做的比较少了。

表6.9　当媒体争相报道某个文化热点时,青年会关注与之相关的文化消费产品或行为

分类标签	频次	百分比/%
非常不同意	91	9.6
不同意	111	11.7
一般	406	42.7
同意	263	27.7
非常同意	79	8.3
总数	260	100.0

(四) 政府部门、社会机构及相关组织团体的关注

青年是政府部门、社会机构和相关组织团体关注的对象之一,这些机构组织往往对青年群体的发展倾注较多的心血,对其日常生活以及现状的改善采取一定措施进行引导,并且此种引导呈现计划性和系统化的特点,因此,这些部门的关注和努力也成为本研究中对于青年文化消费影响因素的研究角度之一。

根据本次调查数据,党团组织、街道和居委会对青年文化消费的影响较为有限,超过半数的研究对象认为这些组织部门对自身文化消费行为没有影响,仅有不到12.1%的被调查对象认为非常有影响(见表6.10)。究其原因,政府组织、社会团体等机构对青年工作更加倾向于促进其就业、改善其现状以及关注其健康生活发展等方面。而文化消费对于青年群体的影响作用并不能直接体现出来,并且,消费行为往往被认为是个体自己的事务,消费主体本身具有自主性,组织机构一般并不会进行过多的干涉,由此,党团组织、街道和居委会对青年文化消费并未起到较大的影响作用。

表 6.10　党团组织、街道和居委会对青年文化消费的影响　　　　单位:%

	非常有影响	比较有影响	没有影响	说不清
党团组织	7.2	24.7	50.2	17.9
街道	2.8	27.2	52.0	18.0
居委会	5.2	30.2	50.4	14.3

第二节　江苏青年文化消费影响因素关联性分析

文化消费是一项较为特殊的消费活动,受到各方面不同因素的影响。在对青年文化消费影响因素的研究中,笔者从个体、群体和社会三个层面的多方面因素出发对该群体文化消费行为的作用要素进行了分析。然而,三个层面的各种不同影响因素虽然对于江苏青年文化消费行为皆有作用,但是各层面因素的作用效度不可等量齐观,各类影响因素对江苏青年文化消费的作用必然有着大小之分,因此,必须进一步探讨各影响因素之间的关联性。

从抽样问卷调查的数据结果来看,被调查对象认为对其文化消费行为影响最大的因素是个体层面的"个人兴趣爱好",占总体比例达到74.4%;居于第二位的则同样是个体层面的"学习、发展实际需要",比例达到66.6%;群体因素层

面的"家庭引导因素、家人支持态度"因素以 44.2%的比例位于第三位。在研究对象看来对其文化消费活动影响最小因素为社会层面的"党团组织宣传"(12.1%)。由此可见,在青年看来,对其文化消费行为影响作用最大的因素为个体层面的各类因素,而社会层面的因素影响力相对有限。

　　这一结果说明,在青年自我意识层面,他们对与自身关系越密切的因素感受到越强烈的影响作用。由于个体层面的因素与其直接相关联,消费主体的兴趣爱好和实际需要是其能够直接感知的因素,并且与消费行为的关系紧密而直接,因此,在青年研究对象自身看来,这些因素便是对其文化消费行为作用最为显著的。而实证研究结果也说明个体层面的因素对于消费主体文化消费内容结构的巨大影响作用。本次研究中,在研究对象各种兴趣爱好中所占比例最高的是上网类活动,而该群体文化消费的结构中网络文化消费也正是最为主要的文化消费项目。由此可见,消费主体的个体因素对其消费行为的影响是直接而显著的。

　　而群体层面的因素对消费主体的影响与消费主体自身的特质相比较为间接,但与其联系仍然较为密切。青年的交往圈较为狭窄,闲暇时间较多,因此,他们日常生活中与交往群体和家人的接触交流的频度较高,群体层面各因素对其文化消费行为的影响也较为明显。比如,青年与其同辈交往群体本身就具有较为类似的种种特质,他们在思想观念、意识认知和行为活动方面同质性较大,这种同质性必然反映到其日常活动、消费行为和生活方式的相似性方面,所以青年的文化消费实践便受到其交往群体极大的影响。而家庭因素对于其文化消费行为的作用是多方面的,既有直接的制约作用亦有潜移默化的影响。首先,家庭的经济状况对青年文化消费的水平便有较为直接的决定作用。家庭经济条件好的能够提供给青年更多的物质等方面的支持以进行文化消费;同时,经济状况优越家庭中的青年在文化消费对象的选择上也体现出较高层次的品味。其次,由于青年主要经济来源依靠家庭,因此,其日常生活中的各种活动很大程度上受到家人的管教和制约,自主支配性相对较弱。这反映到文化消费活动上便体现为父母家人是否对其文化消费行为的态度和实际行为支持与否都对该群体文化消费产生了不容忽视的影响。再次,青年家庭的文化资本状况和文化消费行为也对其自身的文化消费产生间接的、潜移默化的熏陶作用。家庭的文化消费行为从青年的早期便开始产生耳濡目染的效果,以悄无声息的方式塑造着他们的文化消费意识观念和实践行为。并且,家庭文化资本的状况也在一定程度上决定了青年的文化品位和层次,因此对其文化消费的水平、内容结构都产生了非常大的影响作用。

　　社会层面的因素对于消费主体的影响往往是间接而宏观性的。并且,鉴于青年社会接触面较为狭窄、活动范围和交往对象比较有限,社会因素对其的作用效度由此相对减弱。在大众传媒影响力日益膨胀的现今,青年通过网络、电视、报刊等各种途径都不可避免地处于其受众范围之内,或多或少地受其消费文化导向作用的影响。然而,根据研究结果发现这种影响作用与其他个体、群体因素相比不甚明显。由于大众传媒乃至整个社会所宣传的消费文化、消费方式更多是精英或者中产阶级层面的,对于青年群体来说,这些消费方式是可望而不可即的,因此在其实际消费行为上产生不了太大的实际作用。同时,社会上文化产品和服务中所蕴含的文化涵义亦多为社会文化权力层级中较为主流的文化,青年由于其自身的特殊地位,对社会的主流文化尚未能完全融入,因此,对于社会上提供的文化消费产品和服务仍有一定的距离性。论及社会层面的团体、组织因素,青年是其关注和管理、服务的对象。然而,社会各类组织团体对于社区青年的服务多处于较为宏观的层面,并且服务和管理的内容也更多地在促进其就业、保持其身心健康发展等"关键性"领域,而文化消费属于更为主体性的活动,社会机构组织的力量相对难以深入涉及。并且,青年作为消费主体也完全能够拥有实践的主导权和决定权,他们也更加倾向于由自己掌握文化消费的主动权。由此,社会工作者、党团组织和街道、居委会等机构组织对于青年文化消费行为方面的影响作用则相对较弱。

表 6.11　文化消费影响因素关联性

分类标签		频次	百分比/%
哪些因素对您文化消费影响比较大?	党团组织宣传	115	12.1
	个人兴趣爱好	707	74.4
	学习、发展实际需要	633	66.6
	大多数同龄人的偏好	328	34.5
	家庭引导因素、家人支持态度	420	44.2
	广告和知名博主推荐	195	20.5

第三节　各影响因素内部关联性的讨论

　　江苏青年文化消费的个体、群体和社会三个层面的影响因素之间的作用有强弱、主次之分。同时,各个层面内部也包含了多种不同的因素,那么在这些内部各子因素之间是否有主次之分以及各个子因素之间如何作用,存在何种关联性则仍需要进一步深入探讨。

本次研究中,江苏青年文化消费个体层面的影响因素包括个体文化水平、自身需求情况、消费意识意愿、兴趣爱好四个方面的因素。其中个体文化水平是进行文化消费的前提条件。文化消费较为特殊,属于较高层次的消费,需要消费主体具有一定的文化程度作为基础,才能够理解、消费文化产品和文化服务所附着的文化价值。并且,不同文化程度的消费主体文化消费的过程中受到不同文化品位的作用,相应地也会影响到文化商品层次的选择。在调查中也发现,文化程度相对较高的被调查者文化消费需求更加强烈,文化消费的水平也相对较高,并呈现更为显著的上升趋势。

其次,消费主体的自身需求是消费实践至关重要的影响因素。消费行为的动力便是来自主体的实际需要,青年群体文化消费水平的高低和文化消费内容的构成取决于该群体对于文化资本的需求程度。

再次,由于文化消费并非为人们生存所必需的消费,因而人们进行文化消费受到其能否认识到文化消费对于自身的意义状况的制约。文化资本对于青年的就业就学、现状改善与发展有着极其重大的意义,然而青年自身是否能够认识到这一点并且对文化消费具有主动的意识和意愿在一定程度上影响着文化消费的行为。此外,消费主体的兴趣爱好也是消费实践的重要影响因素之一。兴趣爱好影响着消费主体对于文化消费内容和项目的选择。在研究中,笔者发现相当多的青年,特别是男性,都对电脑非常感兴趣,而他们的日常文化消费也基本上离不开电脑、互联网。那些喜欢网络游戏的研究对象们的文化消费也较为单一,大多数时间就是待在家里上网玩游戏。由此,个体因素在青年文化消费中影响作用显著,其中最主要的是自身需求和兴趣爱好这两个因素,成为决定该群体文化消费行为的主要因素。

在影响江苏青年文化消费群体层面的因素上,本次研究主要从家庭、同辈交往群体和参照群体三个维度进行分析,其中家庭因素还进一步分解为家庭经济状况、家人态度和实际支持行为以及家庭文化资本和家人文化消费情况三个方面。

研究发现,家庭因素对江苏青年文化消费的影响作用非常大。首先是家庭的经济状况,制约着青年文化消费的水平,以及消费的具体项目。家庭经济条件好的青年文化消费的水平相对高,在消费具体项目上能够承担一些花费较大的活动,如旅游、听演唱会等。而经济条件一般家庭的青年文化消费的水平相对较低,并且并无明显的上升趋势。同时,他们进行的也多为一些基础性的,花费不多的文化消费项目。而家庭的经济状况还需要通过一个因素才可以作用于青年的文化消费,那就是家人的态度。由于青年群体基本上没有独立的经济来源,他们的花费都要靠父母提供,因此,倘若父母反对其文化消费而不提供经济上的支持,那么他们的消费活动是无法进行的。此外,家人的文化资本和文化消费行为对青年也会产生一种潜移默化的熏陶作用。在访谈中,较多访谈对象表示,自己的文化消费习惯较大地受到了父母的影响,比如和父母一起每天看新闻报道类节目,和父母一起外出旅游等。

> 个案 G3(男,20 岁,职校毕业):我的文化消费习惯多少受到了父母的影响。我爸爸喜欢看一些历史方面的故事,家里有很多这方面的书,我从小就会跟着看,现在自己也对这方面比较感兴趣了。
>
> 个案 E1(女,20 岁,大专毕业):肯定有影响的,我觉得还是挺大的。比如我朋友们经常能够出去玩一天,我和他们不同,我到下午四五点钟就会想着该回家了。这就受到我父母的影响,他们都是那种以家庭为重的人,我妈妈喜欢做一些手工类的东西;我爸爸喜欢看看电视,上上网。我也受到他们影响,不太喜欢成天在外面,我一般在家看看书,上网比较多。

总的来说,家庭方面的因素中影响作用最大的还是家人的态度和实际支持行为。这一因素是家庭经济状况作用的中介,是青年文化消费的实际基础性因素。而家庭文化资本和家人文化消费情况的作用相对不及经济支持重要。这是由于许多家庭在提供给社区青年生活费用之后,并不关注他们是如何消费的。

> 个案 H2(女,20 岁,中专毕业):我父母一般就是给我钱,我怎么花是我的自由,他们一般不过问,我也不喜欢他们管我太多。我都是成年人了,还是有权力决定自己的消费的。他们有他们自己的事情,不会成天管着我的。
>
> 个案 E1(女,20 岁,大专毕业):……(父母)他们每个月给我 200 块的零用钱,具体怎么花是我自己支配,他们比较相信我……

在青年同辈交往群体因素方面,影响也较大。青年日常交往的朋友一般是与其同类的伙伴或者是以前的同学,他们在价值观念、兴趣爱好等方面有较大的同质性。并且,很多文化消费行为,如看电影、唱歌、听演唱会等都是他们共同进行的。青年为了能和朋友玩得来,也会融入同辈群体的各种活动、消费方式之中，久而久之，便将这个群体的文化价值观念、行为内化为自身的一部分了。

但是参照群体的影响力度不及同辈交往群体。青年在研究中表示，参照群体始终不是和自己一类的，尽管羡慕他们的消费方式，但是由于自身的条件限制无法予以仿照，因此，仅仅是观念上认同，反映到实际文化消费行为方面并没有受到太大的影响。

影响江苏青年文化消费的社会层面因素较为广泛，主要涉及消费文化、文化产业状况、大众传媒、政府部门、社会机构和团体以及社会工作者几个方面。其中，消费文化和大众传媒对青年的文化消费影响相对显著，这种影响多为环境层面的影响。由于现代信息技术的发达，大众传媒的力量膨胀，青年身处社会之中不可避免地接收到各种信息，在意识上也会受到这些信息的影响。部分青年追求流行时尚，会主动接受社会上的消费文化；但也有部分只是被动地了解传媒所宣传的消费文化，在消费实践中也会不自觉地受到其导向作用，但本身并未主动地去跟随这种流行时尚。社会上的文化产业对于青年群体并没有太多的针对性，但是由于现代社会所能提供的文化产品和服务极大丰富，各种层次类型的都有，因此青年往往选择主动融入社会文化产业之中，在其中选择符合自身需要的文化产品和服务进行消费。

政府部门、社会结构团体等组织对于江苏青年文化消费方面影响较小，他们的力量主要集中于对该群体发展的宏观引导方面。而社会工作者对青年文化消费的作用相对明显，但主要是集中于对该群体教育发展类的文化消费方面，因为青年自身进行学习培训的意识较弱，他们的培训活动主要靠社工介绍和组织，而各种慈善和公益性质的培训也要依靠社工为桥梁联系到青年群体。由此，社工在该群体教育发展类文化消费方面有较大影响作用。但由于娱乐休闲往往存在于青年的私人时间之内，并且消费主体自身的决定权较大，因此，社工在这方面的影响较为有限。

在江苏青年文化消费各类影响因素之间也存在着千丝万缕的关联。消费主体的消费行为整体上可以说决定于其消费"惯习"，而惯习的生成则取决于"资本"和"场域"。在本研究中，青年文化消费的惯习正是由其所具有的各类资本和所处的场域作用形成，具体到各影响因素方面，则关系到其个体文化水平、兴趣爱好、家庭经济状况、家人的文化消费行为等方面的因素。青年所处的社会地位以及家庭环境作为场域决定了其文化、经济等类型资本的多寡强弱，而对文化资本和经济资本的拥有量关系着文化消费惯习的形成并制约着该群体文化消费实践活动。

第七章 江苏青年网络文化消费案例实证研究——以网络直播为例

第一节 引 言

一、研究缘起

党的十八大以来,习近平总书记高度重视青年工作,指出青年在国家发展和民族兴旺中的战略地位,要求高度重视青年工作的领导权,教育引导青年成长为社会主义核心价值观的坚定信仰者。与此同时,习近平总书记高度重视意识形态工作在互联网领域的体现,要求高度重视互联网安全和新媒体代表性人士。其中,随着我国社会经济的发展,以及青年群体与互联网之间的内在亲和性,以互联网媒介作为工作和娱乐平台成为青年社会参与的重要特征。由此可见,以网络主播、网络作家为代表的新兴青年群体均成为党中央青年工作和互联网工作的重要关注对象。

近几年来,网络直播行业吸引了大量的青年群体的涌入和参与。在直播实践中,网络主播分享自己的情感、知识、经验等内容,其直播实践既是一种工作方式,也是一种生活方式。换而言之,"我播故我在":直播实践俨然成为网络主播群体生存和生活的重要组成部分。通过在直播间的媒介参与,网络主播正在一定程度上重塑当下的社会文化空间。为了深入贯彻落实习近平总书记对加强青年发展和网络意识形态工作的重要指示,我们组成社会调研课题组,确定以泛娱乐主播为主体的网络主播群体作为调研对象,分析网络主播群体的直播实践的现状与影响。

二、研究现状和研究问题

伴随着互联网产业的迅速发展,网络直播行业迎来了发展契机,并且日渐成熟规范。作为新媒体的重要组成部分,网络直播以即时视频互动的新兴传媒形态,成为沟通不同群体的重要媒介力量。近年来,网络直播媒介的迅猛发展引起了学界对于网络直播现象的关注。具体而言,学界对于网络直播的关注主要聚焦于以下三个层面:首先,关注网络直播的传播维度,分析网络直播吸引"粉丝"观看的传播体验和传播心理;其次,关注网络直播间的互动机制及亚文化特征;最后,关注网络直播的社会治理。

可以看到,既有绝大多数研究主要侧重分析网络直播的传播特点以及直播文化的互动特征,多数研究取向趋于关注微观层面,而对网络主播群体本身的直播实践缺少实地调查和深度分析。这导致已有的研究或多或少包含了社会对于网络主播群体的刻板化印象,并且,对于网络主播群体多数采用客位视角,缺少对于网络主播群体主观意识的深描和分析。因此,本调研团队主张对网络主播在直播间内外的直播实践进行深度调查,同时把握网络主播群体的客观现实和主观想法,以深度解析网络主播群体的直播实践。因而,本调研团队通过定性和定量相结合的社会调查研究方法,尝试解读和分析"网络主播群体的直播实践及其后果"这一研究问题。具体而言,本课题从网络主播的群体特征、直播价值、直播风险这三个维度分析网络直播实践现状,并反思提出具体的对策与建议,进而提升对于网络主播群体的直播实践的认知与理解。

三、研究意义

本课题的研究意义主要体现在两个方面:其一,理论意义。调研团队认为网络主播事实上是互联网平台上的数字劳工。网络主播代表了以情感劳动为基础,通过互联网媒介向大众提供情感能量的新兴职业的诞生和发展。其二,现实意义。在社会调研的基础上,还原并分析网络主播的直播实践及其后果,有针对性地对预防和控制网络主播群体的直播实践的负面后果提出翔实的具体对策建议。

四、研究方法

本课题调研时间段自 2018 年 3 月—2019 年 1 月,主要调研平台为花椒、映客、虎牙等网络直播平台。本次调研联系了江苏省的南京、淮安、苏州、无锡、徐州、扬州等 6 家直播公会/公司。调研主体内容已经于 2019 年 1 月 25 日以《〈江苏网络直播新兴青年群体调研〉课题蓝皮书(2018)》的形式发布。

本调研团队主要采用定性和定量相结合的混合研究方法。具体而言,定性研究采用了虚拟民族志、深度访谈等方法,定量研究采用了问卷调查法。

1. 定性研究:虚拟民族志、深度访谈法

在调研展开之前,调研团队成员采用文献法,对近年涉及网络主播的文献数据进行梳理,为后期的观察和访谈提供理论视野支撑。在调研过程中我们主要采取了虚拟民族志和深度访谈等质性研究方法。

虚拟民族志。调研团队成员将网络直播间作为展开研究的"田野",在线上参与网络直播社区的日常互动。具体而言,调研团队成员下载花椒、虎牙等网络直播 APP。随后调研成员关注特定类型的网络直播,并积极在直播间发送弹幕和打赏礼物,以熟悉网络直播社区。在这一过程中,调研团队成员对线上参与观察所获得的直播参与体验进行反思,形成了线上调研的田野日记。

深度访谈法。在通过多次线上互动,以及线下的人际关系网络,调研团队成员获得一些网络主播的信任,并对其进行时间较长的深度访谈。具体而言,调研团队在 2018 年 4 月至 2019 年 1 月已经对 28 位网络主播和 6 位直播公会/公司的直播运营人员进行了深度访谈。这些主播主要涉及虎牙、斗鱼、映客、花椒等多个直播平台,涵盖唱歌、舞蹈、二次元、游戏等多种直播类型,力求还原真实的网络主播的工作状态与生活世界。

2. 定量研究:问卷调查法

调研团队利用已有的调研资源,以"网络主播群体"作为问卷调查对象进行问卷调查。从抽样方式来看,由于客观条件的限制,本次调研由于难以获取抽样框而采取随机抽样的方式。具体数据收集方式主要分为两种:其一,直接发放纸质问卷,请网络主播进行现场填答;其二,鉴于绝大多数网络主播的直播场所并不在直播公司,我们请求网络直播运营人员将网络问卷发送至主播交流群,请网络主播进行网络问卷在线填答。本次问卷调查共有 790 名网络主播参与。其中,现场填答获得份 89 纸质问卷,在线填答获得 701 份电子问卷。在排除 46 份无效问卷和低质量问卷之后,我们最终收集到有效问卷 744 份。

为了提高本次问卷调查所获得数据的代表性,调研团队在现有条件下严格控制抽样过程,尽量对抽样方法进行优化,以提升问卷数据的信度和效度。

第一,从问卷设计来看,调研问卷主体内容直接翻译国外成熟的研究量表并根据网络主播群体进行微调,并充分借助网络问卷系统自身的样本监测、自动跳转和数据检测功能。第二,在抽样阶段,我们依据艾瑞咨询所提供的行业调查报告,借鉴其对网络直播类型、网络直播平台的划分,有意识地选取包括花椒、虎牙等多种线上直播平台。第三,在资料处理阶段,调研成员在收到问卷之后,根据网络问卷的外部特征和内部特征对其进行严格的筛查。

第二节　网络主播的群体特征

对于网络主播群体,目前并没有统一的定义。本课题所指的"网络主播"是指在网络视听平台上进行聊天、歌舞、游戏等现场直播互动,并以获得观众所赠予的虚拟礼物为主的方式进而获取收入的主持人。其中,泛娱乐主播和游戏主播是最为常见的网络主播类型。在问卷数据中,泛娱乐直播从业者占比73.1%,这也正是本次调研的主要研究对象。此外,在年龄结构层面,"18～23 岁"年龄组的主播占比最高,达到 72%。在性别结构层面,女性主播占比 62.4%(464人)。由此可见,网络主播以 90 后青年群体且以女性主播为主,符合公众对于网络主播群体的普遍认知。除了这些基本维度以外,从本次调研数据可以发现网络主播具有以下群体特征:

一、草根主播为主体,身份认同存在张力

学历层面,当前最高学历为大专学历的主播比例最高,比例为 39.84%,随后依次高中学历、本科学历、硕士及以上学历、初中学历、小学及以下学历,比例分别为 30.49%、16.67%、6.91%、5.28%、0.81%。可以看到,网络主播群体多数为接受过大专及以下教育(占比为 82.52%)的 90 后青年群体(95 后主播正在成为主流)。

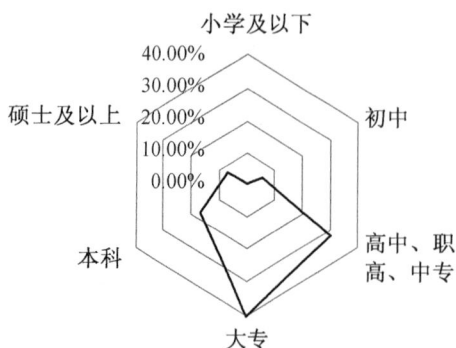

图 7.1　网络主播的学历构成

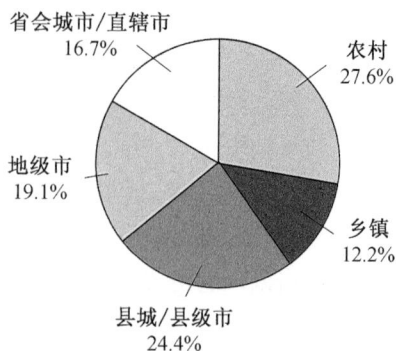

图 7.2　网络主播 18 岁以前的生活地

在问卷中,询问了网络主播"18 岁以前的主要生活地",以其结果分析主播的家庭出身情况:出身于"农村"的主播最多,比重为 27.6%,随后分别为"县城/县级市"(24.4%)、"地级市"(19.1%)、"省会城市/直辖市"(16.7%)、"乡镇"(12.2%)。可以看到,超过七成的网络主播来自二线及以下城市和农村地区,其中出身于县级及以下的网络主播占比达到 64.2%。居住地虽然不等同于户籍,也不能直接反映其家庭背景,但是由于我国不同级别的城市之间的社会经济发展水平的客观差异,居住地依然能够在很大程度上反映网络主播的家庭出身情况。因此,结合访谈资料可知,多数网络主播主要为学历较低、家庭出身较为一般的的草根主播。在直播公会的主播运营反馈到,"大城市出来的愿意做主播的很少,多数还是一些从普通城市啊、乡镇、农村出来的,上学期间过来做,或者毕业后暂时没找到好工作就过来进行直播了"。

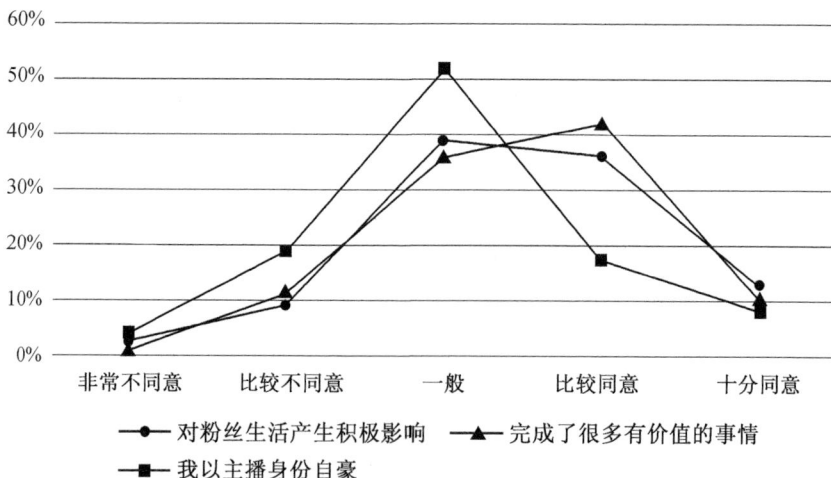

图 7.3　网络主播的身份认同

如图7.3所示,网络主播的身份认同存在内在张力和悖论:在询问"对粉丝生活产生积极影响""完成了很多有价值的事情"两个关注职业价值感的相关问题时,均有合计接近一半的网络主播选择了"比较同意"和"同意"选项;然而,当是否"我以主播身份自豪"时,仅仅有25%的网络主播选择了"同意"倾向的选项。结合访谈资料可知,与多数人的刻板印象不同,网络主播认为直播这种虚拟陪伴,能够缓解很多粉丝的"压力""发泄情绪"或者消除"孤独感",因而有相当一部分网络主播认可其职业价值。但是,多数网络主播并没有对应的职业自豪感。究其原因,这部分与网络主播职业自身的污名化印象以及主播工作本身的不稳定性有关。

二、直播经营要求时间持续性,直播交互强调情感投入

网络主播这种"网络红人"需要以直播间为"大本营"持续不断地进行直播互动。为了维持粉丝数量以及人气,网络主播的直播行为需要不间断地进行:最好每天在固定时间直播,粉丝也会在固定时间进行观看;主播的直播活动不能无规律可循,否则多数具有"弱关系"的粉丝则可能流失到其他直播间;在直播过程中尽量不要冷场,有时需要有"粉丝"作为"托儿"调节直播间氛围和气场。

在每日直播时长层面,接近一半(48.7%)的主播每天直播时间在1～3个小时,1个小时及以下占比为17.5%,而3个小时以上的主播占比33.8%(图7.4)。在实地调研过程中可以发现,直播时长和主播的直播效果与组织基础有关。在未参与直播公会时,直播时长主要取决于主播本人的意愿。如果观看与打赏人数众多,一般直播时长至少都会在3小时以上,上限可能是持续直播6～8小

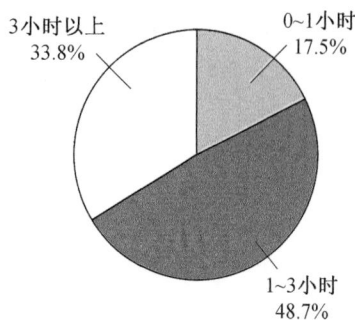

图7.4　直播每日时长统计

时,甚至更长的时间。而在与直播公会签约后,如果选择保底,主播则会被要求每天至少播满4个小时。至于具体时间段,绝大多数主播都会选择在下午开始直播,而直播高峰时间段则选择多数人吃完晚饭至睡觉前(即晚上8点～12点)。

网络主播与粉丝之间的关系经营,除了要求时间的持续性,其直播互动强调情感投入。具体而言,及时感知粉丝在直播间的情绪变化;理解粉丝的情感期待和情感需求;合理地处理粉丝的情绪问题;互动过程能够有效调动情感。这些情

感投入要求都是对一名较为成功的网络主播的基本要求。正如被访的主播运营所强调的直播要点："主播这个行业很考验情商。颜值重要，但是仅仅有颜是不够的。你需要利用情商去调动你粉丝的情绪，让粉丝去嗨，这样你才能获得更多的打赏。"直播互动是一种虚拟陪伴。对于网络主播特别是泛娱乐主播的基本要求，便是在直播互动中需要能够持续地调动自我情感，激发和引导粉丝的情感能量。

三、直播动机多样化，职业流动性强

网络主播从事直播行业原因层面，39.8％的参与者是因为"感到无聊、消磨时间"，随后依次为"作为兼职，挣些外快"（36％）、"兴趣爱好"（29.9％）、"好奇体验"（28.1％），还有少数人是因为"其他"（9.3％）、"作为正式职业，用来谋生"（10.2％）和"感到孤独，寻求陪伴"（8.7％）。（图 7.5）在调研过程中我们发现，有相当数量的网络主播为兼职，同时拥有多种身份。不可否认的是，有很多主播由于本身拥有一定的空闲时间，且直播行业从业门槛比较低、时间自由等特点而从事直播，以期获得一定的经济报酬。但是，需要注意的是，相对于传统的一些兼职或者正式工作，网络主播从事直播行业的动机丰富多样。网络直播职业本身所提供的自由空间赋予了主播充分的个体自主性。在被访中，多数主播并不完全是经济驱动，很多主播的动机是："能给自己和他人带来快乐就很开心"，"喜欢这个新事物，希望能和更多的人交流"，"赚钱不是最主要的啦，想创造更多的可能性"。

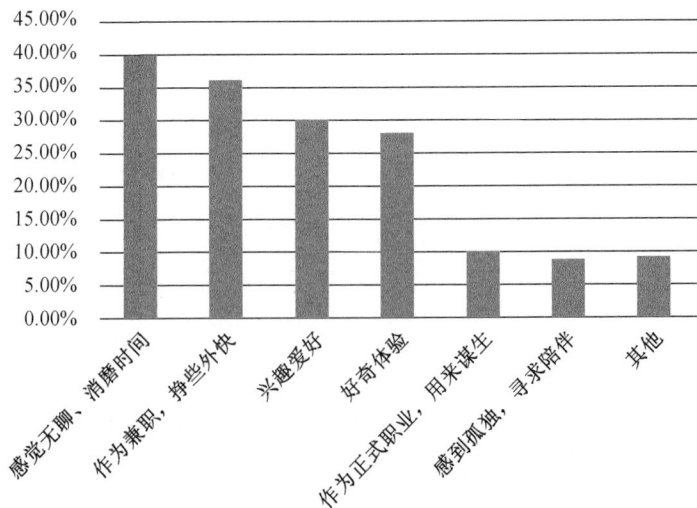

图 7.5　网络主播从业动机

网络主播的职业流动性比较强。对于直播行业而言,能坚持1年以上的主播事实上便已经是老员工了。在实地调研过程中,发现八成以上的主播工作年限在2年以内。其中,"1年及以内"主播占比68.8%,"1～2年"占比21.7%,"2年以上"网络主播则屈指可数。(图7.6)并且,绝大多数主播是兼职,将直播作为临时性的职业("跳板")。网络主播的职业流动性特点也可以职业规划加以观察。从问卷数据可知,13.3%的网络主播选择未来三年继续从事直播行业,而46.2%的主播则采取观望态度,视具体情况而定,15.4%的主播则选择"换一份新的工作",另有25.1%的人"还没想好"未来的职业规划。主播行业流动性比较大。(图7.7)

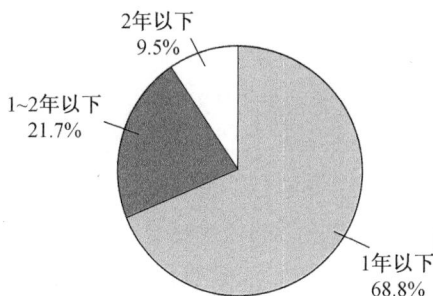

图7.6　网络主播工作年限　　　　　图7.7　网络主播职业规划

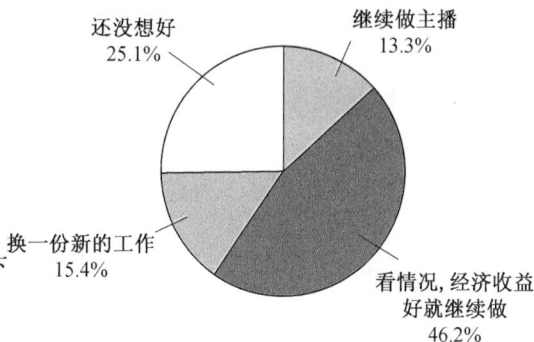

第三节　网络主播群体的直播实践价值

一、网络主播能够提供情感劳动和信息资讯,其直播实践属于新型的工作空间

对于泛娱乐直播而言,情感服务事实上成为直播受众所接受的主要直播内容。在直播过程中,网络主播需要即时管理感觉和表达情感,以完成与不同受众之间的在线沟通,并获得受众的打赏。这意味着,当前的网络主播,很大程度上是在进行获取不确定性报酬的情感性工作,即属于一种情感劳动。网络主播在工作过程中需要及时察觉和处理粉丝的情感变化,并在聊天、才艺表演等直播实践中向受众提供情感能量。

在调研过程中,可以发现,关于网络主播的情感劳动存在以下两个特点:其一,网络主播在提供情感劳动的时候,同时也在与粉丝互动过程中获得可供其享受的情感能量("成就感""快乐""享受""获得认可"):"我喜欢能和这么多人交流一些经验,我感觉挺快乐的,也比较有成就感","直播对我来说,算是全心投入吧,乐在其中","有的铁杆粉丝,我还是比较享受和他们聊天的过程,有时候也能获得一些安慰"。其二,在情感劳动过程中,虽然有相当数量的主播在"眼球经济"的驱动下对粉丝进行迎合,以获取最多的直播收益,也需要看到网络直播实践的多样性和网络主播自身的自主性。在被访谈过程中,很多网络主播表示,尽管一般而言会遵循直播规范,但是"看心情"也很重要:"我这个人比较自由,要是对方真的确实过分的话,我就会发火的","嘴上说着'感谢谁谁谁',一般套路是这样,但是心情不好的话,也不怎么想多说"。

除了以聊天、唱歌、跳舞等为主要直播内容的泛娱乐主播,还存在游戏直播和电商直播、教育直播等类型。其中,游戏直播会提供一些游戏玩家技巧,电商直播则是主播为粉丝提供商品使用体验,教育直播主要是提供教育咨询。这些直播类型都在不同程度上为直播用户提供经验、知识等信息。需要注意的是,虽然直播类型以提供信息为主,但是其直播过程也需要主播的情感能量加以辅助。如果能在传递信息的时候,能够与粉丝进行有效的情感互动,这才是粉丝心目中比较完美的网络主播。

因此,从提供情感能量或信息经验的角度出发,应当将网络主播视为利用直播平台媒介的情感劳工或知识劳工。换而言之,网络直播事实上提供了一种新兴的互联网就业渠道,缓解了当前青年群体的就业压力。而且,网络直播平台可以与既有的职业进行融合,可以使得其工作方式得以改善。

二、网络主播拓展了表达和沟通渠道,其直播实践构建了全新的社会交往空间

与传统的传播媒介相比,网络直播具有即时视频双向互动的特点。由于不再拘泥于文字而通过实时图像与他人沟通,网络直播事实上赋予了其使用者(网络主播)更为广阔的社会空间。直播图像交流比文字表达的门槛更低,能够吸纳更多的群体,尤其是予以草根群体话语权。这使得网络直播平台成为人们进行自由平等呈现其自我想法的表达空间,并且提供了不同群体进行交往的沟通渠道。

网络主播对于直播工作的自我认知的看法证明了上述观点:"我没有把它(直播)完全做一份工作。开始直播的时候,就是自己感觉好玩儿,同时还能和那

么多人交流","受约束比较少,可以释放压力,做直播也算是一种生活吧"。很多网络主播并没有将直播作为一份传统的工作加以看待,而是往往强调直播工作和生活娱乐两者的交融性,将直播实践看作他们进行表达观点、缓解压力、交流情感的一种生活方式。

第四节　围绕网络主播群体的直播风险

由于直播场景的交融性、嵌入性,网络直播正在形塑社会经济的各个层面。直播平台提供了新型工作空间和表达沟通渠道,有其正面价值。同时,也需要注意到,在既有的直播行业发展过程中,网络主播群体的某些直播行为或直播活动引发了一系列负面性后果。具体如下:

一、政治敏锐性薄弱,易引发政治舆论风波

当前,由于互联网的发展,每个媒介参与者都主动或被动卷入网络政治议题之中。网络主播也不例外。网络主播在互联网直播过程中对自己的涉及政治议题的言行缺乏足够的敏锐性,易引发政治舆论风波,进而威胁社会稳定。具体而言,网络主播的政治敏锐性薄弱体现在以下两个方面:

其一,部分主播的言行对政治议题缺乏足够的政治感知能力。在调研过程中,主播"糊户户户"在直播间分享"我国不同省份的地域差异"的话题时,谈到了苏南对苏北的地域歧视以及对于河南人的刻板印象,引起了粉丝在直播平台和粉丝交流群中进行热议甚至骂战。尽管这个主播后来在粉丝群和朋友圈空间进行真诚道歉和解释,但是不良社会影响依然难以消弭,过了几个月依然有老粉丝以此事件加以调侃。其二,极少数部分主播主播公然进行挑战政权安全、煽动宗教主义和民族极端主义等越轨政治参与。比如,曾经的斗鱼"一姐"陈一发儿在直播中公然调侃南京大屠杀、东北三省沦陷,以及出现参拜靖国神社等行为,并在个人自媒体平台发表讽刺革命先烈和老红军言论,晒出"修炼法轮大法没违法,是中共指使司法部门执法犯法"图片等。目前,对于已经具有庞大粉丝基础的网络主播而言,其私人生活已经公共化,其相关言行极易通过互联网空间加以放大,引发政治舆论风波,乃至威胁社会稳定。

二、直播表演的出位，冲击媒介文明的培育与养成

流量和注意力，直接决定了网络直播平台的发展和网络主播的收益。随着直播公司之间竞争激烈，网络主播在直播体系中所获影响力和金钱收益的边际效用递减。如何拥有"让人来看""让人持久永续地看"和"让人只看我"的高度聚焦，成为主播夜以继日面对的工作压力。在此驱动下，部分主播会有意或无意地打破"行为边界"，进行"越轨展演"：虚假、谩骂、血腥、暴力、黄赌毒等低俗内容。目前，直播行业的逐步成熟，上述表演出位的低俗内容在主流直播平台已经成为直播平台审查的重点。

在调研过程中，我们发现在目前的直播监管压力之下，我们发现直播表演出位正在朝向新的方向发展——直播内容的暧昧化：一是身体表演的暧昧化。虽然主流直播平台对于（女）主播有比较严格的着装、行为要求，但是主播为了吸引粉丝，穿衣着装、行为依然会游走在直播规范的边缘。比如，身体着装露肚脐或者锁骨，这是直播的着装规范允许的。主播自己或者根据粉丝的要求会提出一些个性化身体展演要求，比如胸部比心、嘟嘟嘴飞吻。而有一些主播甚至在直播椅子周围扭动腰肢，诸如此类的身体动作短暂地呈现并不会被掐断视频。二是语言的暧昧化。网络主播为了满足粉丝对其性别气质或者性别角色的想象，往往会主动在通过声音声调的调整（比如装嗲卖萌），或者讲一些荤段子，以及一些充满性暗示的表达（比如"今天谁刷得多，晚上就跟着谁混"）。这些充满挑逗调情的暧昧化语言能够在很大程度上满足粉丝对主播的情感投射和角色想象。对于上述身体、语言的暧昧化，直播平台在实践操作中很难对其进行翔实而细微的规范管理。

上述违反社会法律法规或者游走在直播监管边缘的暧昧化的直播内容，其在很大程度上在取悦和激发受众的简单感官欲望。这些直播内容极易抢占受众的心智，诱发受众对某类不正之风的竞相模仿，消解人们对公序良俗和社会主义核心价值观应有的敬畏之心，对媒介文明的培育和发展带来冲击。

三、部分主播的不良网红示范效应，易诱发不正社会思潮

不良网红示范效应植根于网络主播群体当前所存在急功近利或浮躁的社会心态。在具体追问为何选择网络主播职业时，不少被访的主播谈到"感觉做这个（直播）比较轻松"，"做其他的比较累，做这个比较简单，收入还可以"，"既能挣

钱,还能玩儿",或者"我想获得很多人关注","说不定哪天就火了"。多数直播公会的主播运营人员也认为很多主播比较"飘",没有将直播作为一份用心与粉丝进行互动的职业。需要注意到,不少网络主播,缺乏必要的职业伦理,社会责任感比较薄弱。在访谈时,我们发现,很多网络主播认为"我在直播的时候,想到哪儿就说到哪吧,只要不谈很敏感或偏激的话题就可以","自己开心,粉丝开心就好",其少考虑到其言行对于粉丝群体的不良影响。

与此同时,不良网红示范效应在媒介放大机制之下得以完成。一方面,网络直播媒介极大地拓展了媒介场景呈现,很大程度上丰富了网络主播与粉丝之间的互动体验。网络直播媒介的这种特性,既能够拓展直播参与者的自主选择权,同时也可能放大直播参与者的负面言行。另一方面,不可低估当前的新闻媒介生态对于网络主播群体的扭曲效应。绝大多数新闻媒介在报道极少数头部主播光鲜亮丽的网红工作之时,并没有客观报道绝大多数主播相对平庸的直播收入和长时间的直播时长等辛苦的直播日常。在这种草根主播的"一夜成名""一夜暴富"的神话制造,对于很多阅历尚浅、正在价值观成型时期的青年人和未成年人来说,巨额的签约费和直播的"低门槛"充满诱惑。事实上,被访的网络主播也谈到,"有时候能够收到一些粉丝在直播平台上的私信,问我主播怎么做,能不能给一些经验","有一些正在读书,告诉我感觉读书没意思,读不下去,问我做主播怎么样"。因此,对于草根主播迅速成名的工作想象,可能会诱发青年群体"读书无用""坐享其成""不劳而获""及时行乐"等不正社会思潮的滋生和蠢动。

四、网络主播的身份认证存在漏洞,直播内容监管不力且存在选择性审查

成为网络主播,首先需要在直播平台进行身份认证。当前的直播平台注册程序存在漏洞。一般而言,在绝大多数直播平台,用户想成为网络主播,需要向直播平台提供个人资料,并进行刷脸认证,最后签订合同。看似严格的直播注册条件,其实存在监管漏洞。目前,有部分直播平台认证和签约并没有严格要求认证人和签约人一致。因此,注册成为主播,可以用提交非本人证件并由持有者进行刷脸认证,最后再由本人进行签约。直播平台的注册审查不严导致了两种后果:其一,某些主播由于并非本人认证,使得直播过程监管审查难以追究主播个人,进而降低了这些主播的社会责任感而滋生越轨直播行为的大量产生;其二,直播注册漏洞导致部分平台依稀可见极少数的未成年主播,降低了对于未成年人的保护。比如,"快手"直播平台上拥有2 000万左右的粉丝的著名CP主播杨

青柠(青柠味的小不点)和王乐乐,杨青柠经常直播秀恩爱,甚至晒出了自己17岁时的孕检报告和孕照。这些直播行为对他们以中小学生为主的粉丝主体带来了极为恶劣的影响。其中,有一位只有14岁的青柠粉丝在平台跟风宣称"宝宝还有62天就要出生了"并晒出了孕照。

对网络主播的直播内容审查不力。一方面,部分直播违规行为的处罚依然比较宽松。对于一些边缘性直播"擦边球"行为,尤其是脏话粗话,或者是一些比较隐蔽的色情挑逗,平台没有做到有效控制。对一些比较严重的违规行为(大尺度露乳沟),直播平台虽然封杀,但是对于主播的处罚落实力度不够,可能很快就加以解禁。另一方面,部分直播平台事实上存在选择性审查。在访谈过程中,调研团队发现,直播平台的监管也存在灰色空间,其对网络主播的监管是有所选择的。即使是对于监管比较完善的直播平台而言,依然存在部分主播是违反平台的直播条约的。对于小主播而言,若其从事具有边缘性的色情暗示等越轨的直播行为,很有可能会直接被停播很长时间或者永久停播;而对于大主播而言,遇到这种情形,停播时间很短,并且停播反而更能吸引粉丝的参与互动。对于直播平台而言,大主播的粉丝打赏分成是其利润的主要来源。因此,即使是有各种比较明确的直播行为规范条例,部分直播平台在规范落实时进行了选择性监管。

五、网络主播的直播收入两极分化,劳动权益缺乏保障

收入分化形势严峻是网络主播群体的经济写照。网红主播动辄"月入几万""年薪千万"的新闻屡屡出现在各新闻媒体或自媒体平台,主播收入一直备受大众热议。本调研团队的问卷数据显示,直播收入在5 000元以下的占据了68.2%,月收入在10 000元以上的主播仅占12.6%,而月收入在"0~999"元的主播最多(20.7%)。(图7.8)可见,网络主播是一类收入分布极化现象甚为严重的群体,只有少数头部主播才能够实现外界所传言的高收入,大部分主播仍处在中低收入水平。这种收入极度割裂的局面可能会加剧社会收入失衡,增加收入调节难度。

同时,多数网络主播的劳动保障比较少。这很大程度上表现为网络主播的从业形态相关。与娱乐明星不同的是,七成网络主播为兼职从业,而往往只有成为直播公会/公司的签约主播,才能获得一定的社会保障。更为重要的是,多数网络主播直接面向直播平台,其与平台之间是"自雇型(自己雇自己)"新型用工关系。作为本次调研主要对象的泛娱乐直播,其主要直播内容是陪聊、唱歌、跳

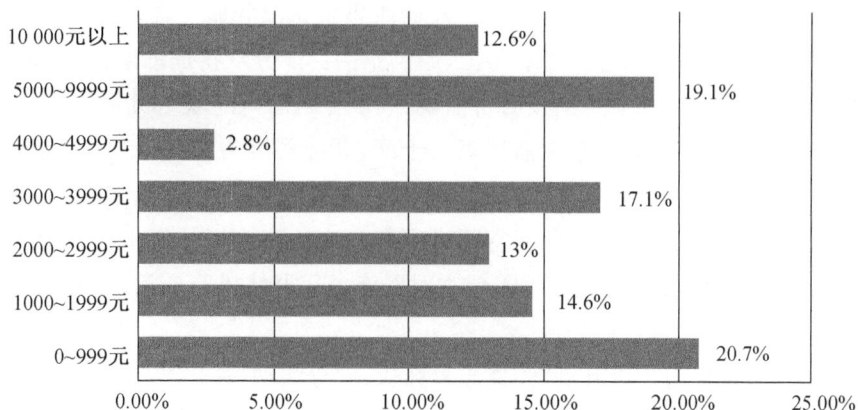

图 7.8　网络主播月收入统计

舞、户外解说、商品推广或者个人知识和经验的分享。网络主播的这些直播行为,在本质上是以直播平台作为媒介载体或"基础设施",在数字媒体空间以提供情感、知识的数字劳动,或者可以被视为情感劳动或者知识劳动。尽管其数字经济依赖于网络主播这种劳工提供各种情感、知识等要素加以配置,但是直播平台定位趋向"中介化"。因而,由于这种主播与平台之间这种雇佣关系界定的"非传统型"和"不明确性",网络主播作为数字平台的数字劳工,并没有获得在其他职业中所应有的正式的劳动保障。

第五节　加强和改善网络主播群体直播工作的思考与建议

对于网络主播群体,应当及时关注这一群体的最新动向和发展状态,在肯定网络主播群体职业价值的基础上,针对其直播实践可能出现的风险提出具体的对策建议,以针对直播实践中的不良倾向进行预警和防范。

一、构筑多种联络机制和互动平台,强化网络正能量

信息塑造认知,认知影响行为。鉴于直播舆论制造和用户教化的"喉舌"地位以及他们巨大的受众基础和网络影响力,应该加强对网络主播群体,尤其是头部主播的联络与互动工作,对网络主播的核心价值观进行引导和塑造。

第一,建立以各级统战部门和共青团组织为主导的主播尤其是头部主播的

常态化联络机制。一是加强对网络主播群体思想状况和服务需求的定期监测，及时把握他们的思想动态和需求特征，绘制主播群体分众特征图谱，进而制定相应的引导办法，进行社会主义核心价值观、政策专题研讨的联络机制和互动平台的精准设置。二是建立网络主播代表人士库，开辟网络主播线上或线下征询意见建议通道，积极就相关政策和规定征求这些新媒体代表性人士的看法。三是结合网络主播热衷活跃在互联网空间进行自我表达和沟通的行为特征，可模仿开发类似"学习强国"的学习 APP，建立对网络青年群体进行政治理论学习和专题研讨的在线学习与互动平台。

第二，教育部门积极开展"主播教育在校园"等活动，强化学校对校园主播群体的政治教育和价值观塑造功能。一是，由校团委牵头梳理本校学生主播情况，建立本校学生主播人士白名单，并与他们进行定期交流；二是，定期组织本校主播进行交流互动，在互动中了解他们的生活和思想动态，并为他们直播展演的健康发展提供建议。

二、加强直播内容生产方向和生产方式的引导，优化直播内容

由于多数拥有"自雇"属性的网络主播自身的高自由度，以及"流量制胜"和"注意力制胜"的直播市场竞争和利益博弈机制的高压，直播内容生产者（主播）尚未全面形成优质内容的生产能力。因此，通过合理机制的设立来引导和监管内容生产方向和方式以有效占据内容阵地极其关键。

第一，加强内容生产方向的引导，注重公共价值属性突出 IP 精品打造。网络直播是主播利用视频互动的方式向粉丝提供情感服务，可以同时向庞大的粉丝群体与其他跨时空的场景有机融合。因此，统战部门、共青团组织、文化部门等可以积极采取与直播平台和主播沟通合作，利用直播优势打造"直播＋公益""直播＋扶贫""直播＋教育""直播＋文创""直播＋旅游"等公共价值属性突出的直播 IP，用优质内容重塑直播媒介文明空间。

第二，加强直播内容生产方式的转变，强化直播平台的主体责任。结合目前直播内容现状及对其审查松懈的现状，研究建议应该推进直播由以 UGC 为主导向以"PGC"或"UGC＋审核"的内容生产方式转变，从源头遏制不良内容和不良展演形式的产生：一是在直播平台成立之初就必须组建优秀内容生产的人才团队，由平台负责直播内容的打造和把控，主播只负责内容输出；二是组建 UGC 内容生产服务和审核团队，积极探索利用大数据和人工智能技术实现对主播自产内容的即时审核和屏蔽。

三、构建以"准入—监管—清退"为轴的直播管理体系,规范主播行为

建议由网信办牵头全国"扫黄打非办"、信息化部、公安部、文化和国家广播总局等网络主播的主管与管理相关部门相互协调,成立常设机构直播联席治理委员会,常态化管理直播行业,推动建立以"准入—监管—清退"为轴的直播管理体系。

第一,严格主播认证资质审查,明确统一直播平台准入门槛。针对调查过程中所发现的网络主播低龄化现象,应当推动禁止18岁以下的青少年注册为网络主播,以保护青少年的权利和权益。同时,针对现有主播注册备案的认证漏洞,需要提高主播认证程序的严密性。这需要采取技术手段和完善认证程序,严格实现认证人和签约人的一致性。并且,监管部门也有必要转变单纯依靠书面式材料审核注册的方式,可以在书面材料审核通过后设置试运行期。在试运行期内由相关部门对实际运作情况进行进一步的审核,通过后申请人方可获取正式文件。

第二,增强监管的全程性和动态性,坚决做到"违规必究"。针对直播平台,要对网络主播的直播内容进行全程监管,建议积极采用技术手段实现实时动态监测。如果发现不良直播内容,应坚决做到"违规必究"。首先,建立和网络主播及其附属的直播平台或直播公会的分级管控标准,对发现的或被检举的不良平台和主播视违规程度进行通报、约谈、限期整改、封号清退、永远取消直播资质等相应处罚;其次,推动建立个人商业信誉档案和连通企业商业信誉体系,将违规直播行为与网络主播及其签约的平台和公会纳入信用体系考核;最后,设立奖励机制,对于检举举报的网络用户设立奖励机制和保护机制,打造人人来监管、时时受监管的网络直播环境。

四、建立适配"自雇型"用工的劳动保障,保障网络"追梦人"

控制和减少网络直播过程中的不良言行,离不开主播群体的积极参与。而网络主播的能动性的提高,在于对主播群体的劳动保障。然而,目前对于网络主播这种新媒体从业人员的劳动保障很少。这需要社保等相关部门,建立直播平台、组织和劳工之间的沟通协商机制和加强对于平台和公会的监督机制,以促使网络主播劳动保障实践的推进与落实。

对于网络主播这种新媒体平台,需要根据网络直播等新媒体行业的从业特点探索社会保障的落实。网络直播从业者中多数属于自雇劳动者。主播这种自雇劳动者享有更为充分的经济自由权和工作自主权,但其自己又是自己的雇主,其社会保障等不在传统劳动法管辖的范围。因此,研究建议加快推进适配"自雇型"用工劳动保障体制的完善进程,维护自雇劳动者合法权益。其中,核心需要是厘清自雇劳动者、自雇劳动者工作平台和政府在自雇劳动者职业安全和社会保障中的角色,具体可借鉴我国的港澳台或海外地区的相关经验。比如,我国台湾地区规定"对于自雇劳动者或者无固定雇主的劳动者,则自行负担60%,政府负担40%"。

第八章 江苏青年文化消费引导对策

根据青年文化消费的现状,对青年的文化消费进行引导,使其为青年的学习和成长服务,既是学校德育的重要内容,也是学校德育的重要载体。

根据青年在文化消费中表现出来的问题,采取针对性的措施加以引导,对促进青年文化消费的健康发展具有重要意义。由于青年文化消费的诸多问题既与社会、家庭有关,又与青年的自身条件和素质紧密相连,因此,要从社会、家庭和学校三方面同时入手,共同推动青年文化消费的健康发展。

第一节 基础性对策:社会
对青年文化消费的引导

多数青年尚处于未成年阶段,对社会的了解和对事物的辨别能力都还十分欠缺,因此社会环境对青年的文化消费具有重要的影响。提高社会对青年的认可度、营造良好的文化消费环境对于引导青年文化消费的健康发展、使之更好地为青年的学习和发展服务具有十分重要的意义。

一、提高社会对各级各类教育的认可度

提高社会对各级各类教育的认可度,是提高青年的自信心,进而引导其树立和实现正确的文化消费观的重要基础。首先,要强化社会对青年价值的积极认识。随着高等教育大众化的推进,中学教育毕业后,大部分青年并不能进入高等教育学习,有一部分在初等教育阶段就分流至中职教育。要努力改变当前社会对各级各类中职学校是"二等公民"的看法,加强舆论宣传和引导,使社会真正意识到,青年毕业后踏上社会,无论受过哪种等级教育,无论从事哪种职业,亦是社会不可或缺的组成部分。其次,要加大教育改革,建立多维评价体系。学习成绩固然是对青年评价的重要指标,但绝不是唯一指标。目前的中考、高考制度直接

导致了对学生评价的"成绩"单一取向,这是不利于青年自我价值感的建立的。除了成绩指标外,还要从生理素质、心理素质、社会素质等方面对学生素质进行考量,帮助青年建立自信和自我认同,由此带动学生增强学习动力和专业求知欲,进而促进其文化消费的健康发展。最后,要加大对中等职业教育的投入。良好的学校教学环境和教师的人文素养以及能够切实提高学生综合能力的教育措施不仅给学生提供良好的社会亚文化环境,也有助于其能力感和价值感的获得,从而促进自我价值感的发展。

二、发展先进文化

用高雅的艺术陶冶和净化包括未成年在内的青年的心灵,满足青年的情感体验和精神消费需求,如古典文学、高雅音乐等,以提高青年的审美素质。对于文化基础较为薄弱的青年而言,只有经过审美教育和先进文化的熏陶、滋养,才能促使其形成完整的审美心理结构和趋善趋美的理想人格,进而自觉抵御不良文化的侵蚀,形成科学健康的文化消费价值取向。正如苏联教育家苏霍姆林斯基指出的那样:"美是一种心灵的体操——它使我们的精神正直,良心纯洁,情感和信念端正。""美似乎在打开人们对世界的看法,经过长期的美的熏陶,会在不知不觉中感到不良的、丑恶的东西是不可容许的。"

三、完善社区的教育功能

在城市化高速推进和发展的今天,社区将在人们的生活中扮演越来越重要的角色。"小政府、大社会"今后社会的发展方向,社区就是大社会,因此拓展社区的教育功能,对帮助城市青年树立健康的文化消费观、提高文化消费的层次具有积极作用。一是组建社区"家庭交流中心"。这种中心可以为家长提供一个相互倾诉的平台,给家长们提供一个相互交流的场所。把有成功教育孩子经验的家长和有经验的教育工作者组织起来,与社区内青年的家长进行交流,给予个性化的指导。二是建立社区心理咨询室。进行预约式服务、上门服务或电话咨询答复,专家、社区志愿者用自己丰富的生活阅历、专业知识,帮助青年解决心理和生理上的困惑,预防文化消费过程中可能出现的低俗化倾向。

第二节　关键性对策：家长
对青年文化消费的关注

　　家庭是社会的细胞，是婴儿最初的生活环境，家庭的结构、家庭的气氛、父母的教育方式等都对孩子的身心发展产生深刻影响。"小孩子生下来好似雪白的丝。在家里养活六年，好似第一道染缸；六岁进入学堂，好似第二道染缸；二十岁以后出了学堂，到世界上来同人办事，好似第三道染缸。"关键是"第一道染缸"，家庭气氛不同的青年之间存有极显著的品德差异，在"和睦的""平常的"及"紧张的"三种不同家庭气氛中，前者普遍优于中者，中者普遍优于后者。研究的一个重要结果是，家庭背景对青年的学业与品德的影响基本"趋同"。由此可见，家庭环境在人的发展中起基础的奠基作用，而且贯穿于人的一生。许多青年文化消费层次较低、低俗化倾向明显，是与其心理扭曲密切联系的，而其心理的发育状况又是和家庭教育的状况紧密相连的。因此，家庭在引导青年文化消费的健康中居于核心地位，家庭教育的优势是包括学校教育在内的其他教育所无法替代的。

一、创造和谐的家庭环境

　　要重视家庭对于大学生文化消费行为的影响作用。父母的言行举止对于孩子的成长起着举足轻重的作用。父母作为青年的第一任老师，也是青年世界观和人生观形成的启蒙老师，青年的世界观和人生观深刻影响着其文化消费的习惯和倾向。

　　青年的心理要经历一个从不成熟到成熟的过程，中职教育阶段是这一过程的关键时期，青年在这一阶段的可塑性很强。著名教育学家苏霍姆林斯基认为，少年学生的任何行为都是同周围环境，特别是同家庭和家长的道德基础密切联系着的。少年的一举一动、一言一行在更大程度上是家庭环境的直接反映，是家长的品德在孩子身上留下的痕迹。可见，家庭的环境尤其是父母行为举止直接影响着孩子的成长，并对孩子的思想品德和文化消费习惯起着潜移默化的影响。父母更有责任为孩子营造一个和谐的家庭环境和良好的家庭氛围。青年所处的家庭环境往往较为复杂，因此这一因素对青年显得尤为重要。身处这一阶段的青年是敏感而又脆弱的，应尽量避免父母间的矛盾对处于青春期的青年可能产生的负面影响。受到任何影响,这是在创造和谐家庭环境时必须予以高度关注的。同时,要引导青年养成良好的学习习惯和高雅的文化消费倾向,首先要求父母应以身作则。虽然很多青年的父母都没有显赫的教育背景,但是引导青年最有效的方法依然是父母有高雅的情趣、良好的学习习惯和健康的文化消费方式。很难想象父母在整天沉迷于扑克、麻将、电视等低级文化消费的同时能对子女的文化消费观念和文化消费层次提出更高的要求。

同样,对于江苏青年文化消费的正确引导,不妨适度让家庭介入,研究鼓励家长能与这些子女们进行充分的交流。这样的话,江苏青年将会感受到自己正受到父母的关注与重视,将会以是否对自己的未来发展有益作为选择文化消费行为的一项重要标准。

当然,我们也建议父母需要选择正确的交流方法,倡导正面引导与反面教育相结合,并将交流频率适当控制,因为目前江苏青年还是具有较高的个人价值倾向的,独立性较强,过多的关心和交流反而容易使他们形成逆反心理,导致过犹不及的发生。

因此,每一个家庭都必须对子女负责,维护家庭和睦,创造良好的家庭学习氛围。

二、注重文化消费的多元化取向

很多研究表明,文化消费的多元化发展有利于青年文化消费的健康发展。在应试教育的体制下,家长往往对青年的学习成绩有很高的期望和要求,这往往给青年造成巨大的压力。同时,也使家庭教育进入了误区,而忽略了青年其他方面的才能。有的青年是有学习的天赋,而有的青年则有其他方面的天赋,虽然学生的职责就是学习,但过分强调学习,可能就会抹杀学生其他方面的能力。对青年而言,学习不是其强项,但并不意味着青年一无是处。青年学业压力不是很重,因此有条件满足其多元化的文化需求。从多元化的文化需求中寻找自己的强项,不仅有利于青年建立自信,也有利于其未来的职业发展。父母是最了解青年的人,应该善于通过多元化的文化消费发现青年的长处,量体裁衣地对青年进行个体化发展的教育。通过培养青年良好的兴趣,帮助其树立积极向上的态度,构建抵御庸俗文化侵蚀的"防火墙"。

三、加强与孩子的沟通

根据调查数据显示,有57％的青年与家长的沟通不足,进一步分析问卷发现,网络成瘾、沉迷于网络游戏和网络聊天的青年中,缺少与家长沟通的更是占据了绝大多数。因此,家长与子女的沟通对于扭转青年文化消费的低俗化倾向、促进青年文化消费的健康发展具有积极的推动作用。很多青年的家庭条件较差,巨大的经济压力使他们的父母疲于生计和工作,无力或很少花精力照顾子女,忽略了与子女的情感沟通。然而父母与子女之间的爱是一种特殊关系,这种爱是任何人所不能替代的,这是家庭亲情教育的天然基础,是施行家庭教育的最好条件。"父母最重要的一项工作就是教育孩子"。家长应积极平等地与青年进行的情感沟通与交流,多一点宽容和理解,加强对青年的精神关怀,了解他们的内心世界,使子女在心理上得到安慰和满足。青年正处于不成熟"青春期",生理上、心理上都在发生变化。这个时期的初中生心理变化有5个特点,即成人感与幼稚性并存、独立性与依赖性并存、闭锁性与开放性并存、反抗性与顺从性并存、敢为性与脆弱性并存。这些特点以及青年独特的成长背景使他们对独立、受尊重、平等参与家庭生活具有更强烈的渴望。因此家长更应该关心青年的思想变化,了解其文化消费的状况和动机,尊重青年对于文化消费多样化的需求。但关心并非给予压力,或是高压的管制,而是多倾听青年心里的想法,了解他们的需要与困扰,适当时给予孩子协助。对于类似文化消费,家长更要了解它们的特征和青年的需求动机,并在合理的情况下尽可能予以支持。

此外,要帮助江苏青年在意识形态上认识到合理文化消费的重要性与必要性。因外来文化的影响与冲击,较多数大学生易形成享乐、攀比的价值观念。而消费意识可以能动作用于消费者的消费行为,因此,如果将享乐、攀比的消费观念放任不理,任其随意发展的话,势必会摧毁掉江苏青年的前程和未来。对于这样的表现,教育工作者和大学生自身就需要能够将正确的文化消费观念进行梳理,并继承勤俭节约、艰苦务实的优良传统,以便在任何文化消费前,能仔细考虑这件消费品是否对自己的现在或未来有益,是否会得到父母的支持、同伴的认可,让自己在将来不会为这个决定后悔。当然,意识形态管理部门应加强主旋律、正面价值观的积极引导,用青年大学生熟悉的话语体系来构建其正确的文化消费价值观。

此外,研究还建议教育工作者能尽可能地介入江苏青年的各种生活活动中,成为他们寻得着、想得到的身边同伴,从而利用这些同伴活动向大学生传递出足够多的信息。而根据论文已有的证据,信息作用与江苏青年进行务实发展型文化消费间存在正相关关系,所以更多的同伴影响会让他们从事更多的务实发展型文化消费。

总之,只有通过与青年间的平等交流与沟通,了解孩子的内心世界,家长才能把握孩子的成长方向,对于孩子成长中所遇到的问题给予更好的建议和帮助。心灵的沟通是帮助青年树立良好的文化消费习惯、学会做人的良方,也是构建和谐家庭、和谐社会的良方。所以,父母应和孩子多交流思想,及时掌握他们的思想动态,从思想上防范不良文化消费对青年的侵蚀。

四、提高监管能力

大部分青年尚处于未成年阶段,社会阅历、辨别能力以及抵御不良信息和思想侵蚀的能力还都很欠缺,所以既需要家长以身作则进行引导,也需要家长对其进行监督。有效的监督既不是对青年文化消费的放任自流,也不是对之全部封杀。这就需要家长具备相应的监管能力。

然而科技的飞速发展不断催生新生事物的出现,而家长对新生事物的接受能力普遍低于青年,这就对家长不断提高监管能力提出了更高的要求。以网络文化消费为例,根据本研究的调查结果,四分之三的家长网络水平远低于青年,因此也就不难理解为什么半数以上的家长不能很好地监控子女的上网情况了。家长既不能对青年的网络文化消费听之任之,以为青年在电脑前,就是在学习,也不能"谈网色变"。网络也有好的一面,只要合理引导和运用,是可以很好地为青年的学习和成长服务的。这就要求家长要不断接受和学习新生事物,要甘当孩子的青年,要认识文化消费的本质和内容,才能有的放矢地去教育和引导孩子。

第三节　重点性对策:学校
对青年文化消费的培育

学校是专门育人的场所,教育人、培养人是学校的基本职能和中心任务。学校的教育功能是不容置疑的,它将人类教育活动的几乎所有要素都出现了前所未有的专门化与制度化的类型:专门化与制度化的教师、学生、文化知识、校舍与学习年限。这些独有的特点,能够很好地弥补家庭在引导青年文化消费方向上的局限性。

对于青年在文化消费领域中表现出来的低俗化倾向，光靠"堵"是不能解决问题的，关键还是教育工作者应当培养他们的自律自控意识，使他们能把握自己，自觉地远离低级、庸俗的文化消费。提高青年的自律自控意识主要的是提高青年对信息的判断和处理能力，学校环境的影响和学校教师的引导是非常重要的。只有在青年的主观上修筑一道坚固的"防火墙"，才能使他们的文化消费始终保持正确的方向。

一、促进青年形成正确的自我观念

青年在文化消费中的问题，很大程度上是他们在缺少自我价值认同的情况下的一种极端表现。因此学校有责任在思想上、制度上构建一个良好的教育机制，为青年健康成长创立一个良好的学习成长环境，培养学生自尊、自爱、自立的人生观、世界观。

首先，引导青年进行积极的自我评价与接纳。自我评价是个体在自我认识的基础上对自己所作的判断。自我接纳就是在正确评价基础上无条件地接受自己的一切。青年大多都是学习中的"失败者"，这种失败的经历对青年造成了重大的心理阴影。但是，学习并不是衡量一个人的唯一标准。青年也有自己的长处，每个人都应理智、客观地对待自己，学校更要引导青年以积极、发展的眼光看待自己，要在整体水平上接纳自己，既要接纳自己的优点又要接纳自己的缺点，把自己当作一个平凡的正在发展变化的人来看待，坦然接纳自己。

其次，创造机会，增加青年成功体验。学习上的失败经历使一些青年自信丧失，甚至自暴自弃，或以一种负向自尊即逆反来维护其自尊水平。因此青年更加需要成功的体验来增强自信，维护自尊。教师要尽可能给学生创造成功的机会，寻找学生潜在的优势和特长，激励学生不断进步，不断增加其成功的体验，逐步培养和稳固学生的自尊。

二、开展文化消费文明教育

消费态度决定了消费层次，文明的消费有利于催生高水平的消费形态。学校要大力倡导消费文明，要通过对青年进行消费伦理、消费质量、精神文化消费等方面的教育，努力提高青年的文化消费品位和消费文明程度，净化校园环境，树立良好的校园风尚。开展消费教育的方式是多样化的，主要可以有以下几种形式：

第一，开设相应的文化消费教育课程。很多国家从中小学就开设了文化消费教育课程，联合国第 59 届大会的"保护消费者准则"在阐述教育方式方法时就指出，"文化消费教育应在适当情形下成为教育制度基本课程的组成部分，最好成为现有科目的一部分"。我国的文化消费教育课程还基本没有开展起来，青年消费知识贫乏，有必要在学校开设文化消费教育专修课或有计划地请相关专业人员为青年开办系列消费知识专题讲座，并进行考核考查。通过课程教育，提高青年的事物辨别能力，自觉地远离庸俗的文化消费。

第二，充分发挥学生社团的作用，开展形式多样的消费教育活动。学生社团是青年自己的组织，和学生的爱好、兴趣、生活更加贴近，利用这些社团对学生的影响教育功能，开展多种有益的文化消费教育活动，一定收效良好。如共青团组织的活动对青年文化消费观念的形成和能力的培养都有很重要的作用，可与之结合进行：学生会以及各学生团体对学生的文化消费有明显的导向作用，应鼓励他们组织各种形式的文化消费教育活动，如开展文化消费问题讨论会、文化消费知识竞赛或有奖问答、文化消费投诉等实践活动。这些活动都要注意将青年文化消费行为引向正确的方向，进而提供文化消费的层次。

第三，充分利用校内大众传播工具，引导消费舆论。学校的广播站、校报、团讯、院刊、宣传栏等传播媒介收听率高、传播快、直观又形象。学校在进行文化消费教育中可利用这些工具，举办诸如"青年消费之友"等专题节目，编辑类似"文化消费指南"的宣传册，开设消费知识专刊、专栏，举办专题游艺会、晚会，将消费知识信息融入其中。这种文化消费教育，影响面宽，形式生动，可以收到较好的教育效果，促进青年养成良好的文化消费习惯。

三、培养青年合理的文化消费需求

优质、高雅的文化消费需要一种高层次的消费能力，这是需要培养的。在培养过程中，示范群体的精神垂范作用是巨大的，强化精英认同群体的积极示范作用，实质上就是培养青年的文化消费能力和品位。良性的优秀的示范作用至关重要，这就要求学校要树立正面学习典型，营造良好的文化消费环境，建设优秀的校园文化，提倡智能发展型文化消费，鼓励健康的休闲娱乐型文化消费，激发高层次的文化消费；发挥学校社团的重要作用，成立各种趣味团体，开展多种有益的消费教育活动。同时针对青年的心理特点，丰富青年的知识和技能构成，引导青年在丰富多彩的文化活动中，充分发挥自己聪明才智，释放自己潜在的文化创造力、文化消费力,使更多的青年参与到高层次的文化消费中来。

四、丰富青年的课余生活

调查发现,青年消费的品位与其课余生活的丰富程度密切相关,对于课余生活较为丰富的青年,其文化消费行为相对比较健康,并与其从事的课余活动有紧密的关联;而课余生活较为贫乏的青年,其文化消费的目的更多的是为了打发时间,所以受不良文化侵蚀的可能性和风险大大提高。青年空闲时间较多,尤其是在周末、假期时更会觉得生活没有重心,此时也是青年对网络文化消费的辨别能力最差的阶段。因此,学校有责任协助他们做好个人时间规划并寻找生活重心。可以加强青年课余生活辅导工作和专业技能培训工作,协助青年规划时间与安排休闲生活,并充分运用校内外休闲资源,强化青年的课外活动和校外社会实践活动,拓展学生社团的多元化与普及化,改善青年课外活动的软硬件措施,以培养青年校内健康、多样化的课余生活活动。

五、为青年学生营造更为健康积极的文化消费社会环境

在社会影响的范围下,我们首先建议媒体承担起足够的社会责任。尽管无类似研究,可以直接证明媒体态度与青年教育学习型消费存在相关关系。但根据消费社会化的理论而言,广告宣传必然是可以在不知不觉间对大学生的消费观念产生潜移默化影响的。

此外,我们还希望社会能进一步健全学校周边的实用发展型文化消费设施,并尽量使学校附近的文化消费设施符合青年发展需求,让江苏青年能够轻松地从事适合自己的文化消费行为。

参考文献

［1］习近平总书记系列重要讲话读本［M］.北京：人民出版社，2016.

［2］习近平在文艺工作座谈会上的讲话［N］.新华社，2015-10-14.

［3］赵玲.消费合宜性的伦理意蕴［M］.北京：社会科学文献出版社，2007.

［4］王正平，周中之.现代伦理学［M］.北京：中国社会科学出版社，2001.

［5］张文潮.当代大学生文化消费观教育探析［J］.思想理论教育，2012，21：88-91.

［6］韩旭，吴庆.大学生消费行为与消费观念教育［J］.安徽工业大学学报（社会科学版），2008，4：143-145.

［7］王晓晖.推动文化产业成为国民经济支柱性产业［J］.求是，2015.

［8］齐敏.21世纪我国文化大众化问题探析［J］.人民论坛，2010.

［9］张文潮.当代大学生文化消费观教育探析［J］.思想理论教育，2012（21）：88-91.

［10］叶心明，朱晓东，王跃，等.上海市居民体育消费结构的扩展性模型分析［J］.体育学刊，2009（3）：41-44.

［11］陈秋玲，曹庆瑾，张阿丽.基于扩展线性支出系统模型的我国城镇居民消费结构分析［J］.管理学报，2010（1）：64-68.

［12］陈丽虹.基于E-LES支出系统的城镇居民消费结构研究［J］.统计与决策，2012（18）：123-126.

［13］霍蓉光，胡军来，程哨杰.引导大学生文化消费的对策研究［J］.中国电力教育，2011（32）：183-184.

［14］张永胜.大学生精神文化消费现状及对策研究［J］.河南师范大学学报（哲学社会科学版），2009（4）：239-240.

［15］朱伟.大学生文化消费现状及影响因素分析［J］.统计与决策，2012（17）：115-118.

［16］高健，汤志鹏.江苏省大学生文化消费现状的扩展性模型分析［J］.统计与管理，2014（1）.

［17］高健.基于消费者社会化理论的大学生文化消费影响因素分析［J］.企业导报,2015(2).

［18］高健."互联网＋"背景下青年网络文化消费研究［J］.合作经济与科技,2016(11).

［19］高健.影响"90后"大学生文化消费的因素与对策研究［J］.学校党建与思想教育,2017(10).

［20］高健.大学生职业生涯规划与思想政治教育融合的研究与实践［J］.教育与职业,2015(2).

［21］高健.高校品牌校园文化美育功能的哲理与实践［J］.课程教育研究,2015(4).

［22］高健.高校精神形态隐性思想政治教育资源的开发与应用［J］.学校党建与思想教育,2014(12).

［23］高健.新媒体时代高校思想政治教育工作创新——评《新媒体视野下当代大学生思想政治教育研究》［J］.中国教育学刊,2018(2).

［24］高健,郑光耀,徐伟悦.习近平青年工作思想略论［J］.学校党建与思想教育,2018(10).

［25］高健,佘予萱.网络直播青年群体分析［J］.国是咨询,2019(5).

［26］高健,戚朝辉.微媒体对青少年网络心理的影响与应对策略研究［J］.采写编,2019(3).

［27］高健,余富强,葛子豪.网络主播群体性问题及其治理［J］.传媒,2020(2).

［28］高健.自媒体时代社会舆论传播、演化和引导的全过程研究——评《社会舆论传播、演化和引导——网络建模与仿真视角》［J］.新闻界,2020(6).

［29］林玲.当前大学生文化消费的误区及其矫正策略［J］.现代营销(学苑版),2012(3).

［30］郭朝阳,陈畅.代际影响在消费者社会化中的作用——以我国城市母女消费者为例［J］.经济管理,2007(8).

［31］朱伟.大学生文化消费现状及影响因素分析［J］.统计与决策,2012(17).

［32］刘洁,陈海波,肖明珍.基于Panel-Data模型的江苏城市居民文化消费的实证研究［J］.江苏商论,2012(4).

［33］安雯.大学生网络文化消费状况研究［D］.太原:太原理工大学,2014.

［34］查婧.青年文化消费的影响因素分析［D］.上海:华东师范大学,2008.

［35］李海燕.当代大学生精神文化消费问题研究［D］.开封:河南大学,2009.

［36］罗爽.当代大学生文化消费的个体认同基础［D］.长春:吉林大学,2007.

[37] 付啸玲.大学生消费价值观研究[D].沈阳:沈阳航空航天大学,2012.

[38] 林梅.社会转型期大学生群体的消费行为研究[D].上海:华东理工大学,2011.

[39] 郭明.商业广告视域下的当代中国大学生的消费异化[D].哈尔滨:哈尔滨工程大学,2011.

[40] 刘晖.消费者社会化作用因素与消费者决策型态的关系[D].厦门:厦门大学,2008.

[41] 莫少群.20世纪西方消费社会理论研究[M].北京:社会科学文献出版社.2006.

[42] LIUCH C. The Extended Linear Expenditure System [J]. European Economic, Review , 1973 (04): 21 - 32.

[43] Shim, S. Adolescent Consumer Decisional—Making Styles: The Consumer Socialization Perspeetive[J]. Psychology & Marketing, 1996, 13: 547 - 569.

[44] Moschis & Gilbert. A. Chruchill, Jr. Consumer Socialization : A Theoretical and Empirical Analysis[J]. Journal of Marketing Research, 1978, 15(4): 599 - 609.

[45] Ward. Contribution of socialization Theory to Consumer Behaviour Research [J]. American Behavioral Scientist, 1978, 21(4): 501 - 514.

[46] John. Consumer Soeialization of Children: A RetrosPective Look at Twenty-Five years of Researeh[J]. Jounal of Consumer Research, 1999, VOI. 26, No. 3: 183 - 213.

[47] Madhubalan. Viswanathan Terry. L. Childers & Elizabeth. S. Moore. The Mea-surement of Intergenerational Communication and Influence on Consumption: Development, Validation, and Cross-cultural Comparison of the IGEN scale [J]. Journal of the Academy of Marketing Science, 2000, 28 (3): 406 - 424.

[48] Moore, R. L. & Mosehis, G. P. Role of Mass Media and The Family in Development of Consumption Norms [J]. Journalism Quarterly, 1983, 80(1): 67 - 73.

[49] William O. Bearden, Richard G. Netemeyer, Jesse E. Teel. Measurement of Consumer Susceptibility to Interpersonal Influence[J]. The Journal of Consumer Research, 15(4): 473 - 481.

[50] Mehmet Mehmetoglu. Personality effects on experiential consumption [J]. Personality and Individual Differences, 2012(52): 94 – 99.

[51] Dhar, R., & Wertenbroch, K. Consumer choice between hedonic and utilitarian goods. Journal of Marketing Research, 2000(February): 60 – 71.

[52] Novak, T. P., Hoffman, D. L., & Duhachek, A. The influence of goal-directed and experiential activities on online flow experiences. Journal of Consumer Psychology, 2003(1 & 2): 3 – 16.

[53] McDaniel, S. R., & Zuckerman, M. The relationship of impulsive sensation seeking and gender to interest and participation in gambling activities. Personality and Individual Differences, 2003(35), 1385 –1400.

[54] Lissek, S., Baas, J. M. P., Pine, D. S., Orme, K., Dvir, S., Rosenberger, E., et al. Sensation seeking and the aversive motivational system. Emotion, 2005(4): 396 – 407.

[55] R. STONE. Linear Expenditure Systems and Demamd Analysis [J]. Econom-ic Journal, 1954 (64): 511 – 527.

附　录

附录一　扩展线性支出系统模型的理论构建

1954 年英国著名经济学家、诺贝尔经济学奖获得者 R. Stone 为了深入研究居民消费结构之间的数量关系，以效用函数为基础提出了需求函数的线性支出系统模型。其基本形式为：

$$V_i = P_i X_i + b_i (V - \sum P_k X_k)(i = 1, 2, 3, \cdots, n) \tag{1}$$

式(1)中，V_i 是对第 i 种商品的消费支出，V 是总消费支出。X_i 是对第 i 种商品的基本需求量，$P_i X_i$ 是对第 i 种商品的基本需求支出；b_i 表示超过基本需求支出中用于购买第 i 种商品的百分比($0 < b_i < 1$)，称边际预算比；$\sum P_k X_k$ 则是对各种商品的消费支出。

但线性支出系统模型有着较大缺陷与不足：① 总预算支出 V 是内生变量，无法外生给出；② 对参数估计需要大量的时间序列资料，而实践中往往较难获取。为了解决这些困难，1973 年英国经济学家 C. Lluch 在不改变基本原理的前提下，对式(1)做出亮点改进：① 以收入 Y 代替总支出 V；② 以边际消费倾向 β 代替 b_i。由此，形成了扩展线性支出系统模型，其模型形式相应变为：

$$V_i = P_i X_i + \beta (Y - \sum P_k X_k)(i = 1, 2, 3, \cdots, n) \tag{2}$$

对于截面资料，式(2)中的 $P_i X_i$ 和 $\sum P_k X_k$ 是常数，可以将其合并，令

$$\alpha = P_i X_i - \beta \sum P_k X_k \tag{3}$$

于是式(2)化为

$$V_i = \alpha + \beta Y \tag{4}$$

对式(3)两边的 i 求和，得

$$\sum P_k X_k = \sum \alpha / (1 - \sum \beta) \tag{5}$$

代入式(3)得

$$P_i X_i = \alpha + \beta \sum \alpha / (1 - \sum \beta) \tag{6}$$

对式(4)利用截面资料采用普通最小二乘法,即可求得 α、β 的估计值,再利用式(6)可求得 $P_i X_i$。

但在调查中,我们发现青年消费者对于自己的实际消费额和可支配收入间存在显著的意识偏差,大多数受访者的可支配收入均小于实际消费额。而据我们访谈调查了解,在大学阶段,一般消费者的收入与消费额是相等的,所以我们又用 V 取代了式(4)中的 Y,变为 $V_i = \alpha + \beta V$,以减少误差。

附录二　江苏青年文化消费调查问卷

亲爱的朋友：

您好！文化消费指人们为了满足自身精神需求而在文化产品或文化服务方面进行的消费，主要囊括教育、社交娱乐、旅游观光等领域。在众多消费者中，由于青年群体正处于学习知识、接受教育、储备能量的重要时期，文化消费对于青年群体的世界观、价值观形成与发展至关重要。为更好地了解江苏青年文化消费的现状，我们设计了此份问卷。此次调查采用匿名方式填答，问卷中涉及的题目均无标准答案或好坏对错之分，所有的数据都将只用于学术研究，并将严格按照《保密法》的要求进行保密。

问卷填写大约需要 5 分钟，请您按照自己的实际状况和真实感受选择或填写答案。非常感谢您的支持！

江苏青年文化消费研究课题组

2019 年 12 月

基本情况

1. 您的年龄是？［单选题］*

　○16 岁　　○17 岁　　○18 岁　　○19 岁　　○20 岁
　○21 岁　　○22 岁　　○23 岁　　○24 岁　　○25 岁
　○26 岁　　○27 岁　　○28 岁　　○29 岁　　○30 岁
　○31 岁　　○32 岁　　○33 岁　　○34 岁　　○35 岁

2. 您的性别是？［单选题］*

　○男　　　　○女

3. 您的民族是？［单选题］*

　○汉族　　　○回族　　　○满族　　　○维吾尔族　　○藏族
　○蒙古族　　○壮族　　　○其他（请注明）＿＿＿＿＿

4. 您目前的最高教育程度是？［单选题］*

　　□没有受过任何教育　　　□私塾、扫盲班

　　□小学　　　　□初中　　　□职业高中

　　□普通高中　　□中专　　　□技校

　　□大学专科（成人高等教育）

　　□大学专科（普通高等教育）

　　□大学本科（成人高等教育）

　　□大学本科（普通高等教育）

　　□研究生及以上

　　□其他（请注明）＿＿＿＿＿

5. 您目前的最高教育程度是？［单选题］*

　　○在读　　　　　　　　　○辍学或中途退学

　　○肄业　　　　　　　　　○毕业

6. 您的政治面貌是？［单选题］*

　　○中共党员　　　　　　　○共青团员

　　○群众　　　　　　　　　○民主党派（请注明）＿＿＿＿

7. 您的宗教信仰是？［单选题］*

　　○不信仰宗教　　　　　　○佛教

　　○道教　　　　　　　　　○民间信仰（拜妈祖、关公等）

　　○回教/伊斯兰教　　　　　○基督教

　　○天主教　　　　　　　　○东正教

　　○其他基督教　　　　　　○犹太教

　　○印度教　　　　　　　　○其他（请注明）＿＿＿＿

8. 您参加宗教活动的频繁程度是？［单选题］*

　　○从来没有参加过　　　　○一年不到1次

　　○一年大概1到2次　　　　○一年几次

　　○大概一月1次　　　　　○一月2到3次

　　○差不多每周都有　　　　○每周都有

　　○一周几次

9. 您的户口性质是？［单选题］*

　　○农业户口　　　　　　　○非农业户口

　　○军籍　　　　　　　　　○无户口

10. 您18岁以前的主要生活地是在？［单选题］*

　　　　○农村　　　　　　　　　　○乡镇

　　　　○县城/县级市　　　　　　○地级市

　　　　○省会城市/直辖市

11. 您的婚姻状况是？［单选题］*

　　　　○未婚　　　　○同居　　　　○初婚有配偶　　　　○再婚有配偶

　　　　○分居未离婚　　　　○丧偶　　　　○离婚

12. 您的工作状态是？［单选题］*

　　　　○全职工作　　　　　　○兼职工作　　　　　　○无正式工作

13. 您目前的收入来源是？［多选题］*

　　　　□正式工作工资　　　　　　□兼职工作工资

　　　　□父母或其他长辈给的生活费

　　　　□其他（请注明）_____

14. 您的正式工作月收入是？［填空题］*

_____

15. 您的兼职工作月收入是？［填空题］*

_____

16. 每月父母或其他长辈给您的生活费是？［填空题］*

_____

17. 您每月除去工作收入和父母长辈给的生活费之外的收入是？［填空题］*

_____

18. 您的家庭年收入是？［填空题］*

精确到千位

_____

19. 您是否与父母一起生活？［单选题］*

　　　　○是（请跳至第 21 题）

　　　　○否（请跳至第 20 题）

20. 您的个人每年总支出？［填空题］*

_____

21. 您的家庭每年总支出？［填空题］*

_____

22. 您觉得您家现在的经济条件如何？［单选题］*

　　　　○非常困难　　　　○比较困难　　　　○中等

　　　　○比较富裕　　　　　　○很富裕

23. 您父亲的职业是？［单选题］*

　　　　○政府机关领导/干部

　　　　○事业单位、公司（企业）领导/干部

　　　　○科学家、工程师、大学教师等专业技术人员

　　　　○医生、律师、中小学教师

　　　　○会计、护士、软件程序员等技术性工作人员

　　　　○一般职工、办事人员（如秘书、银行出纳、图书馆馆员等）

　　　　○技术工人（如司机、水电工、机械修理工等）

　　　　○普通工人（如搬运工、生产线工人等）

　　　　○农民、牧民、渔民

　　　　○初级劳动者（如保洁、保安、保姆、环卫等）

　　　　○个体工商户

　　　　○退休、无业、失业、下岗

　　　　○其他（请注明）＿＿＿＿＿

24. 您母亲的职业是？［单选题］*

　　　　○政府机关领导/干部

　　　　○事业单位、公司（企业）领导/干部

　　　　○科学家、工程师、大学教师等专业技术人员

　　　　○医生、律师、中小学教师

　　　　○会计、护士、软件程序员等技术性工作人员

　　　　○一般职工、办事人员（如秘书、银行出纳、图书馆馆员等）

　　　　○技术工人（如司机、水电工、机械修理工等）

　　　　○普通工人（如搬运工、生产线工人等）

　　　　○农民、牧民、渔民

　　　　○初级劳动者（如保洁、保安、保姆、环卫等）

　　　　○个体工商户

　　　　○退休、无业、失业、下岗

　　　　○其他（请注明）＿＿＿＿＿

25. 您父亲目前的最高教育程度是（包括目前在读的）？［单选题］*

　　　　○没有受过任何教育　　　　　○私塾、扫盲班

　　　　○小学　　　　　　　　　　　○初中

　　　　○职业高中　　　　　　　　　○普通高中

○中专　　　　　　　　　　　　○技校

○大学专科(成人高等教育)　　○大学专科(普通高等教育)

○大学本科(成人高等教育)　　○大学本科(普通高等教育)

○研究生及以上

○其他(请注明)_____

26. 您母亲目前的最高教育程度是(包括目前在读的)? ［单选题］*

○没有受过任何教育　　　　　○私塾、扫盲班

○小学　　　　　　　　　　　　○初中

○职业高中　　　　　　　　　　○普通高中

○中专　　　　　　　　　　　　○技校

○大学专科(成人高等教育)　　○大学专科(普通高等教育)

○大学本科(成人高等教育)　　○大学本科(普通高等教育)

○研究生及以上　　　　　　　　○其他(请注明)_____

27. 您是独生子女吗? ［单选题］*

○是　　　　　　　　　　○否

28. 您现在有几个亲生(同父或同母)兄弟姐妹? (如果没有请在每一项上填 0)［矩阵文本题］*

哥哥	_____
弟弟	_____
姐姐	_____
妹妹	_____

文化消费结构

29. 您每年的各类文化消费支出？（元）[矩阵文本题] *

教育	————————
休闲娱乐	————————
体育健身	————————
旅游观光	————————

30. 您在教育支出方面的主要消费形式？[多选题] *

　　□购买实体书籍　　　　　　　□购买电子书刊

　　□购买网络课程　　　　　　　□线下培训班

　　□其他（请注明）_____

31. 您在教育方面的主要支出？（元）[矩阵文本题] *

购买实体书籍	————————
购买电子书刊	————————
购买网络课程	————————
线下培训班	————————
其他（请注明）	————————

32. 最近一年来，您购买实体书籍的频率是？[单选题] *

　　○每天　　　　　　　　　　　○一周数次

　　○一月数次　　　　　　　　　○一年数次或更少

　　○从不

33. 最近一年来，您购买电子书刊的频率是？[单选题] *

　　○每天　　　　　　　　　　　○一周数次

　　○一月数次　　　　　　　　　○一年数次或更少

　　○从不

34. 最近一年来，您购买网络课程的频率是？[单选题] *

○每天 　　　　　　　　　○一周数次

○一月数次 　　　　　　　○一年数次或更少

○从不

35. 最近一年来,您参加线下培训班的频率是?[单选题]*

○每天 　　　　　　　　　○一周数次

○一月数次 　　　　　　　○一年数次或更少

○从不

36. 下列说法是否符合您的生活习惯或真实想法?[矩阵单选题]*

	很符合	较符合	不太符合	很不符合
相同的教学书目,您更愿意购买电子书刊而不是实体书籍	○	○	○	○
同类的课程,您更愿意参加网络课程而不是线下培训班	○	○	○	○

37. 您认为目前的教育产业能否满足您的需求?[单选题]*

很不满意 　　○1 　　○2 　　○3 　　○4 　　○5 　　很满意

38. 您在休闲娱乐方面的主要消费形式是?[多选题]*

□在电影院看电影

□参观博物馆、科技馆

□观看艺术展、音乐会

□参加明星演唱会、见面会

□视频网站、网络小说网站充值

□网络游戏购买和充值

□购买、订阅课外书刊

□购买文化创意衍生品(如手办、周边)

□其他(请注明)_____

39. 您每年在休闲娱乐方面的主要支出?(元)[矩阵文本题]*

在电影院看电影	_____
参观博物馆、科技馆	_____
观看艺术展、音乐会	_____
参加明星演唱会、见面会	_____

视频网站、网络小说网站充值	_____
网络游戏购买和充值	_____
购买、订阅课外书刊、杂志	_____
购买文化创意衍生品（如手办、周边）	_____
其他（请注明）	_____

40. 最近一年来，您在电影院看电影的频率是？［单选题］＊
　　○每天　　　　　　　　　　○一周数次
　　○一月数次　　　　　　　　○一年数次或更少
　　○从不

41. 最近一年来，您参观博物馆、科技馆的频率是？［单选题］＊
　　○每天　　　　　　　　　　○一周数次
　　○一月数次　　　　　　　　○一年数次或更少
　　○从不

42. 最近一年来，您观看艺术展、音乐会的频率是？［单选题］＊
　　○每天　　　　　　　　　　○一周数次
　　○一月数次　　　　　　　　○一年数次或更少
　　○从不

43. 最近一年来，您参加明星演唱会、见面会的频率是？［单选题］＊
　　○每天　　　　　　　　　　○一周数次
　　○一月数次　　　　　　　　○一年数次或更少
　　○从不

44. 最近一年来，您在视频网站、网络小说网站充值的频率是？［单选题］＊
　　○每天　　　　　　　　　　○一周数次
　　○一月数次　　　　　　　　○一年数次或更少
　　○从不

45. 最近一年来，您购买网络游戏和充值的频率是？［单选题］＊
　　○每天　　　　　　　　　　○一周数次
　　○一月数次　　　　　　　　○一年数次或更少
　　○从不

46. 最近一年来，您购买订阅课外书刊的频率是？［单选题］＊
　　○每天　　　　　　　　　　○一周数次
　　○一月数次　　　　　　　　○一年数次或更少

○从不

47. 最近一年来,您购买文化创意衍生品(如手办、周边)的频率是?[单选题]*

○每天　　　　　　　　　　○一周数次

○一月数次　　　　　　　　○一年数次或更少

○从不

48. 下列说法是否符合您的生活习惯或真实想法?[矩阵单选题]*

	很符合	较符合	不太符合	很不符合
您会花钱购买更好玩、制作更精良的游戏	○	○	○	○
您会为了看最新的电影而开通视频网站的会员	○	○	○	○

49. 您认为目前的休闲娱乐产业能否满足您的需求?[单选题]*

很不满意　　○1　　○2　　○3　　○4　　○5　　很满意

50. 您在体育健身方面的主要消费类型是?[多选题]*

□租借场地(足球场、篮球场、羽毛球场等)

□购买运动装备

□办健身卡

□购买体育健身课程

□其他(请注明)_____

51. 您每年在体育健身方面的主要支出是?[矩阵文本题]*

租借场地(足球场、篮球场、羽毛球场等)	_____
购买运动装备	_____
办健身卡	_____
购买体育健身课程	_____
其他(请注明)	

52. 最近一年来,您租借体育运动场地的频率是?[单选题]*

○每天　　　　　　　　　　○一周数次

○一月数次　　　　　　　　○一年数次或更少

○从不

53. 最近一年来,您购买运动装备的频率是?［单选题］*

　　○每天　　　　　　　　○一周数次

　　○一月数次　　　　　　　　○一年数次或更少

　　○从不

54. 最近一年来,您去健身房的频率是?［单选题］*

　　○每天　　　　　　　　○一周数次

　　○一月数次　　　　　　　　○一年数次或更少

　　○从不

55. 最近一年来,您参加体育健身课程的频率是?［单选题］*

　　○每天　　　　　　　　○一周数次

　　○一月数次　　　　　　　　○一年数次或更少

　　○从不

56. 下列说法是否符合您的生活习惯或真实想法?［矩阵单选题］*

	很符合	较符合	不太符合	很不符合
相比于免费但条件简陋的场地（如篮球场、足球场等）,您会花钱租借更好的运动场地	○	○	○	○

57. 您认为目前的体育健身产业能否满足您的需求?［单选题］*

很不满意　　○1　　○2　　○3　　○4　　○5　　很满意

58. 您每年在用于旅游观光的支出是?［填空题］*

_____

59. 最近一年来,您外出旅游观光的频率是?［单选题］*

　　○每天　　　　　　　　○一周数次

　　○一月数次　　　　　　　　○一年数次或更少

　　○从不

60. 您经常选择的旅游线路是?［多选题］*

　　□周边省市

　　□国内长线

　　□境外旅游

61. 您更倾向于哪种观光对象?［单选题］*

○自然风光

○人文景观

62. 外出旅游时,您更倾向于选择以下哪种旅游方式?[单选题]*

　　○穷游

　　○在经济能负担的范围内选择最舒适的旅游方式

　　○选择最奢华的旅游方式,不考虑自己的经济能力

63. 您认为目前的旅游观光产业能否满足您的需求?[单选题]*

很不满意　　○1　　○2　　○3　　○4　　○5　　很满意

文化消费影响因素

64. 以下哪些因素对您文化消费影响比较大?[多选题]*

　　□个人兴趣爱好

　　□学习、发展实际需要

　　□大多数同龄人的偏好

　　□家庭引导因素、家人支持态度

　　□广告和知名博主推荐

　　□党团组织宣传

65. 您的父母对您在教育方面文化消费的态度如何?[单选题]*

非常反对　　○1　　○2　　○3　　○4　　○5　　非常支持

66. 您的父母对您在娱乐方面文化消费的态度如何?[单选题]*

非常反对　　○1　　○2　　○3　　○4　　○5　　非常支持

67. 您的父母对您在体育健身方面文化消费的态度如何?[单选题]*

非常反对　　○1　　○2　　○3　　○4　　○5　　非常支持

68. 您的父母对您在旅游观光方面文化消费的态度如何?[单选题]*

非常反对　　○1　　○2　　○3　　○4　　○5　　非常支持

69. 家人通常对您的文化消费给予何种支持?[多选题]*

　　□消费观念、消费方式等方面的引导

　　□金钱上的支持

　　□实物上的支持

70. 您平时主要交往的同学、同龄亲人朋友的文化消费状况对您有影响吗?

[单选题]*

○我和他们状况基本相同

○影响很大

○影响一般

○没有什么影响

71. 同龄人都喜欢进行的文化消费行为,您也要尝试。[单选题]*

非常不同意　　○1　　○2　　○3　　○4　　○5　　非常同意

72. 您会经常与同龄人交流您进行文化消费行为的经验。[单选题]*

非常不同意　　○1　　○2　　○3　　○4　　○5　　非常同意

73. 如果您没有经历过某种文化消费,您通常会向同龄人咨询消息。[单选题]*

非常不同意　　○1　　○2　　○3　　○4　　○5　　非常同意

74. 您是否参照您喜爱、崇拜的明星或偶像的文化消费行为?[单选题]*

○完全仿照他们的文化消费

○部分仿照他们的文化消费

○认同,但没有仿照

○不认同他们的文化消费

○不清楚

75. 当前的流行时尚会影响您的文化消费选择。[单选题]*

非常不同意　　○1　　○2　　○3　　○4　　○5　　非常同意

76. 广告信息是您进行文化消费决策的重要依据。[单选题]*

非常不同意　　○1　　○2　　○3　　○4　　○5　　非常同意

77. 当媒体争相报道某个文化热点时,您会关注与此文化热点相关的文化消费产品或行为。[单选题]*

非常不同意　　○1　　○2　　○3　　○4　　○5　　非常同意

78. 微博、微信、豆瓣或其他社交软件知名博主推荐会影响您的文化消费选择。[单选题]*

非常不同意　　○1　　○2　　○3　　○4　　○5　　非常同意

文化消费评价

79. 如果有一笔5 000元左右由您自由支配的收入,您会将其用于?[多选题]*

□日用物品消费

□服装美容消费

□文化消费

□奢侈品消费

□电子科技产品消费

□储蓄或投资

□其他（请注明）＿＿＿＿＿

80. 您认为文化消费对您自身的影响如何？［单选题］*

没有影响　　○1　　○2　　○3　　○4　　○5　　影响很大

81. 您认为文化消费对您的影响主要体现在哪些方面？［多选题］*

□增长学识

□开阔眼界

□获得心理上的放松和愉悦

□在文化消费中拉近与亲友、同学的关系

□增强体质

□成为自己可以向同龄人炫耀的资本

□其他（请注明）＿＿＿＿＿

82. 以下哪些因素对您的文化消费影响大？［矩阵多选题］*

	非常有影响	比较有影响	没有影响	说不清
党团组织	○	○	○	○
街道	○	○	○	○
居委会	○	○	○	○

网络文化消费调查

83. 您每天用于上网的时间大概有？［单选题］*

○0～1 小时　　○2～5 小时　　○5～10 小时　　○10 小时以上

84. 您平时上网的主要内容有？［多选题］*

□获取新闻　　　　　　　　□学习专业知识

□查找资讯（如考研、求职）　　□看电影、电视剧

□听音乐　　　　　　　　　□聊天

□观看短视频　　　　　　　□网络游戏

□其他(请注明)_____

85. 您主要的网络文化消费类型是?［多选题］*

　　□购买电子书刊　　　　　□开通视频、音乐网站会员

　　□购买游戏或充值　　　　□购买网课

　　□其他(请注明)_____

86. 最近一年来,您通过网络获取教育资源的频率是?［单选题］*

　　○每天　　　　　　　　　○每周数次

　　○每月数次　　　　　　　○每年数次或更少

　　○从不

87. 您更倾向于哪种获取信息的方式?［单选题］*

　　○文字　　　　　　　　　○图片

　　○音频　　　　　　　　　○短视频

　　○长视频

88. 您更倾向于哪类看电影的方式?［单选题］*

　　○电影院　　　　　　　　○电脑

　　○家庭影院　　　　　　　○手机、PAD 等移动端

89. 您会为了看更多好看的电影而开通视频网站会员?［单选题］*

非常不同意　　　○1　　○2　　○3　　○4　　○5　　　非常同意

90. 您会为了听更多好听的音乐而开通音乐 APP 会员?［单选题］*

非常不同意　　　○1　　○2　　○3　　○4　　○5　　　非常同意

91. 您进行网络文化消费时的心理是?［多选题］*

　　□追求个性解放　　　　　□获取信息成本低

　　□追求方便快捷　　　　　□攀比和跟风

　　□寻求放松、缓解压力　　□其他(请注明)_____

92. 您进行网络文化消费的目的是?［多选题］*

　　□社交　　　　　　　　　□消遣娱乐

　　□获取潮流信息　　　　　□缓解生活、工作和学习中的压力

　　□其他(请注明)_____

93. 您对网络文化消费的态度是?［单选题］*

　　○网络文化消费形式多样化,信息获取迅速,十分便利

　　○易导致青年沉溺于网络而无法自拔,甚至导致各种危险情况的频繁

发生

○持中立态度

94. 您在进行文化消费时最常使用的结算方式是？［单选题］*

○现金

○银行卡

○移动支付

95. 以下哪些因素对您的文化消费影响比较大？［矩阵单选题］*

	非常有影响	比较有影响	没有影响	不清楚
党团组织	○	○	○	○
街道	○	○	○	○
居委会	○	○	○	○

附录三 网络主播群体调查问卷

亲爱的朋友：

您好！网络直播作为一种现象级的文化消费现象，具有重要的社会意义和研究价值。网络主播作为网络直播的核心主体，对于网络直播的发展起到了十分关键的作用。而网络主播的情感状态对于直播过程的成功非常必要。为此，我们设计了一份问卷，调查分析网络主播的工作与情感状态。本问卷采取无记名的方式调查网络主播的情感劳动，所获取的资料仅用作学术研究，并将严格按照《保密法》的要求进行保密。

本问卷仅限网络主播填写，问卷填写大约需要 3 分钟，填写完毕给予您微信红包或现金，略表谢意。请您按照自己的实际状况和真实感受选择或填写答案。非常感谢您的支持！

江苏青年文化消费研究课题组
2018 年 5 月

一、基本信息

1. 您的性别：[单选题] *
   ○男　　　　　　　　○女

2. 您的年龄：[填空题] *

_____

3. 您 18 岁以前的主要生活地是在_____？[单选题] *
   ○农村　　　　　　　○乡镇　　　　　　　○县城/县级市
   ○地级市　　　　　　○省会城市/直辖市

4. 您现在的工作地点是？
   _____省/直辖市/自治区[填空题] *

5. 您的学历是：[单选题] *
   ○小学及以下　　　　○初中　　　　　　　○高中、职高、中专

○本科或专科　　　　○硕士　　　　　　○博士

6. 您主要参加哪种类型的网络直播？［单选题］*

○泛娱乐直播（比如聊天、唱歌、跳舞、吃饭等）

○游戏直播

○垂直直播（比如教育直播、电商直播、二次元直播、商务直播）

○体育直播

○其他类型的直播

7. 目前,您平均每天参与网络直播_____小时？［填空题］*

8. 您选择从事网络直播的原因是？［多选题］*

□无聊,消磨时间　　　□孤独,寻求陪伴

□好奇尝试,追逐潮流　□兴趣爱好

□兼职,挣些外快

□作为一份正式职业,用来谋生

□其他

9. 到目前为止,您已经从事网络直播多长时间？_____年。（请精确到小数点后一位。比如,工作三年半,填写为3.5年;工作四个月的话,填写为0.3年)［填空题］*

10. 下列有关网络主播与粉丝情感互动的说法,在多大程度上符合您的状态？（对于下面的具体描述,请结合您的实际情况,选择恰当的选项。选项从左到右逐渐由"非常不同意"过渡到"非常同意")［矩阵单选题］*

	非常不同意	比较不同意	一般	比较同意	非常同意
1. 当我与粉丝交谈时,我觉得我是在与一个非常真实的人打交道。	○	○	○	○	○
2. 当我与粉丝对话时,我可以很容易地看出他/她是生气还是心烦。	○	○	○	○	○
3. 我发现在直播聊天时,很容易判断粉丝的情绪状态。	○	○	○	○	○
4. 我发现通过直播聊天很容易表达我对粉丝的同情、表扬等感情。	○	○	○	○	○
5. 我发现在直播聊天时,很难使得愤怒或不安的粉丝平静下来。	○	○	○	○	○

11. 下列有关网络主播与粉丝互动行为的描述,在多大程度上符合您的状态?［矩阵单选题］*

	非常 不同意	比较 不同意	一般	比较 同意	非常 同意
1. 为了以适当的方式与粉丝打交道,我会尽力伪装自己。	○	○	○	○	○
2. 在与粉丝交流时,我总是假装心情很好。	○	○	○	○	○
3. 在与粉丝聊天交流时,我会尽量"演好",以获得粉丝的好感。	○	○	○	○	○
4. 我假装拥有在工作环境中被要求展示出来的情绪。	○	○	○	○	○
5. 我在粉丝面前展示的情绪不是发自内心的。	○	○	○	○	○

12. 下列有关网络主播与粉丝互动行为的描述,在多大程度上符合您的状态?［矩阵单选题］*

	非常 不同意	比较 不同意	一般	比较 同意	非常 同意
1. 我努力去感受我在工作中需要向粉丝展示的情感。	○	○	○	○	○
2. 我尽力在内心形成我需要展示给粉丝的情绪。	○	○	○	○	○
3. 我向粉丝展示的情感是自然产生的。	○	○	○	○	○
4. 我向粉丝展示的情感符合我的真实感觉。	○	○	○	○	○

13. 下列有关网络主播与粉丝互动行为的描述,在多大程度上符合您的状态?［矩阵单选题］*

	非常 不同意	比较 不同意	一般	比较 同意	非常 同意
1. 遇到粉丝对我进行挑逗时,我会尽量迎合他们。	○	○	○	○	○
2. 遇到粉丝对我进行戏弄、侮辱时,我会去回击他们。	○	○	○	○	○
3. 遇到粉丝的不合理要求,我会尽量礼貌地拒绝他们。	○	○	○	○	○

14. 下列是一些网络主播与粉丝互动程度的说法,在多大程度上符合您的状态?［矩阵单选题］*

	非常 不同意	比较 不同意	一般	比较 同意	非常 同意
1. 我每天与许多不同类型的粉丝互动。	○	○	○	○	○
2. 一般情况下,我与粉丝没有大量的文字和礼物互动。	○	○	○	○	○
3. 我花费了很多时间跟每个粉丝沟通。	○	○	○	○	○
4. 我与粉丝的大部分互动都是短暂的。	○	○	○	○	○
5. 和粉丝互动是我日常工作的主要组成部分。	○	○	○	○	○
6. 我每天都以同样的方式与粉丝互动。	○	○	○	○	○
7. 我在与粉丝的互动中进行重复性的活动。	○	○	○	○	○

15. 下列是对于网络主播的工作感受的描述,在多大程度上符合您的状态?［矩阵单选题］*

	非常 不同意	比较 不同意	一般	比较 同意	非常 同意
1. 我的工作使我情绪低落。	○	○	○	○	○
2. 在工作日快结束时,我感到筋疲力尽。	○	○	○	○	○
3. 早晨起床后,想到不得不面对新的一天,我感到很疲劳。	○	○	○	○	○
4. 对我来说,整天和人打交道真是一种负担。	○	○	○	○	○
5. 我觉得工作快使我累垮了。	○	○	○	○	○
6. 我对我的工作感到灰心。	○	○	○	○	○
7. 我觉得我在工作上很努力了。	○	○	○	○	○
8. 直接和人打交道的工作给我带来了太多的压力。	○	○	○	○	○
9. 我已经快受不了这份工作了。	○	○	○	○	○

16. 下列是有关工作后果的描述,在多大程度上符合您的状态?［矩阵单选题］*

	非常 不同意	比较 不同意	一般	比较 同意	非常 同意
1. 在互动过程中,我很容易理解粉丝所表达的各种感受。	○	○	○	○	○
2. 我能够非常有效地回答粉丝提出来的问题。	○	○	○	○	○
3. 我觉得通过我的工作,我对别人的生活产生了积极的影响。	○	○	○	○	○
4. 我觉得精力很充沛。	○	○	○	○	○
5. 和粉丝相处,我可以很容易地创造出轻松的气氛。	○	○	○	○	○
6. 与粉丝密切联系之后,我感到很兴奋。	○	○	○	○	○
7. 在这份工作中,我完成了许多有价值的事情。	○	○	○	○	○
8. 在工作中,我可以很平静地处理与粉丝之间的情绪问题。	○	○	○	○	○

17. 下列是有关工作后果的描述,在多大程度上符合您的状态?〔矩阵单选题〕*

	非常 不同意	比较 不同意	一般	比较 同意	非常 同意
1. 在面对粉丝时,我感觉像是在与没有生命的"物体"互动。	○	○	○	○	○
2. 自从我从事这份工作以来,我对人与人之间的沟通越来越麻木了。	○	○	○	○	○
3. 我担心这份工作使我不能感受到丰富的情绪。	○	○	○	○	○
4. 我在交流中并不关心一些粉丝遇到了什么问题。	○	○	○	○	○
5. 在与一些粉丝的交流中,我感觉自己成为他们的情绪宣泄口。	○	○	○	○	○

18. 您是否与某一公司/公会/直播平台签约,成为他们的签约主播?〔单选题〕*

　　○是,我是签约主播,与公司/公会/直播平台等组织平台有合作,接收这

些组织的一些管理安排(请跳至第 19 题)

　　○否,我是自由主播,自己完全支配自己的时间(请跳至第 20 题)

　　19. 下列是有关网络主播与粉丝互动过程的说法,在多大程度上符合您的状态?［矩阵单选题］

	非常不同意	比较不同意	一般	比较同意	非常同意
1. 我的工作主要是让粉丝愉悦、开心。	○	○	○	○	○
2. 公司/公会不希望我将消极情绪传达给粉丝。	○	○	○	○	○
3. 公司/公会强调与粉丝互动是一段友好、愉快的服务过程。	○	○	○	○	○
4. 在与粉丝的互动时,我的工作要求我需要表现得既兴奋又热情。	○	○	○	○	○
5. 我要抑制我的坏脾气,或者抑制我对粉丝的负面反应。	○	○	○	○	○
6. 公司/公会期待我尝试着去假装没有烦恼或苦恼。	○	○	○	○	○
7. 在工作时,我被要求去假装我不生气,或者被要求忽略自己遭遇粉丝轻蔑对待的感觉。	○	○	○	○	○

　　20. 您在多大程度上同意"与粉丝的互动过程能够满足您在现实中所缺乏的一些情感需求"这一说法?［单选题］*

　　　　○非常不同意

　　　　○比较不同意

　　　　○说不上同意不同意

　　　　○比较同意

　　　　○非常同意

　　21. 您平均每个月的收入约为_____元。［填空题］*

　　22. 您未来 3 年内的打算是什么?［单选题］*

　　　　○继续做主播

　　　　○看情况,如果经济收益好的话就继续做

　　　　○换一份新的工作

　　　　○还没想好

附录四　江苏青年文化消费访谈提纲

一、基本信息

1. 姓名：
2. 年龄：
3. 婚恋：是否有男/女朋友，或者是否结婚？
4. 受教育水平：教育程度；教育经历
5. 户籍：户籍类型；户籍所在地
6. 家庭背景：父亲、母亲及其他直系亲属的具体职业

二、文化消费影响因素与满意度

1. 您的兴趣爱好都有哪些？它们对您的文化消费有怎样的影响呢？
2. 您自己的实际消费需求对您文化消费的影响如何？
3. 您的家人对您的文化消费的态度如何？
4. 家人在文化消费方面给您的支持主要是哪些方面？
5. 您父母的文化消费习惯对您有怎样的影响？
6. 和您年龄差不多的朋友、同学，对您的文化消费有怎样的影响？
7. 您在文化消费中有没有参照明星偶像、高薪白领等或其他群体的消费方式？
8. 以流行时尚为代表的消费文化对您的文化消费方式的影响如何？
9. 大众传媒对您的文化消费有怎样的影响？
10. 网络文化消费在您的消费内容中占比如何？
11. 您对目前的文化消费状况满意吗？在教育学习类、休闲娱乐类、体育健身类、旅游观光类文化消费中，您对那一类消费的满意度最高？
12. 您对目前身边的文化消费产业的满意度如何？

附录五 网络直播文化消费访谈提纲

一、网络主播调研访谈提纲

(一) 基本信息

1. 姓名:
2. 年龄:
3. 婚恋:是否有男/女朋友,或者是否结婚?
4. 受教育水平:教育程度;教育经历
5. 户籍:户籍类型;户籍所在地
6. 家庭背景:父亲、母亲及其他直系亲属的具体职业

(二) 工作经历

1. 工作经历:何时毕业? 本地工作年限;以前工作经历?
2. 您主要参与哪些类型的网络直播?
3. 您主要使用哪些直播平台?
4. 从业时间:何时开始从事网络主播? 从事网络直播多长时间了?
5. 工作时长:您每天直播多长时间? 一般是哪个时间段?
6. 您从事网络主播的契机?
  • 如何进入网络直播行业?
  • 从事网络主播的职业动机?
7. 这份工作对于您而言意味着什么? 网络主播这份工作给您带来了什么?
  • 安全需求:获得财产/收入;
  • 归属需求:亲密关系;
  • 尊重需求:信心? 成就? 尊重?
  • 自我实现需求:自我价值感?
8. 在选择网络主播职业时,家人、亲戚、朋友知道吗?

- 知道。那么,他们对于你从事网络主播是什么态度?
- 不知道。为什么选择不告知他们? 担心/顾忌什么?

9. 您如何看待网络主播这份职业?

- 您在从事网络直播时,对于自身的定位是什么?
- 网络直播收入对于您而言重要吗? 为什么?
- 在您看来,从事网络直播,除了能够获得一些收入,您在工作过程中还能获得什么?
- 在从事网络直播一段时间后,您从事网络直播的工作动机有没有什么变化? 如果有,是什么? 为什么?
- 目前,在网络直播这种工作所带来的各种工作收益中,您更看重什么? 为什么?
- 您认为网络直播是一种工作吗? 这种工作与传统的服务业工作有什么区别?
- 您如何看待外界对于网络主播的(负面)评价?
- 您如何看待和评价网络主播这个群体? 动机、心态、生活方式……

10. 作为兼职的网络主播

- 除了网络主播这份工作,您有其他工作吗? 请问是什么工作?
- 您如何协调您的主业和兼职之间的关系? 如何协调不同职业角色之间的要求?

11. 工作收入

- 收入来源:直播平台分成、广告收入、其他线下商业收入
- 收入水平:每月直播平台收入多少?

12. 未来工作预期:

- 您将来会从事什么职业?

13. 您会从事为他人打工的职业吗,还是继续选择一些拥有自由空间的职业? 为什么?

(三) 粉丝互动

1. 您认为他们是处于什么动机观看网络主播?

2. 在网络直播过程时,面对众多的观众,您如何选择互动对象? 标准是什么?

3. 面对直播镜头,您会调整自己的身体迎合粉丝吗? 具体如何做?

4. 您如何吸引粉丝? 如何建立与粉丝之间的亲密关系?

5. 您享受与粉丝交流的过程吗？

6. 在直播间,您能不能判断粉丝的情绪状态？

7. 如果遇到粉丝生气、烦躁,或者有些挑逗,会迎合吗？ 侮辱时,会不会回应他们？

8. 伪装自己的情绪,还是真实流露？什么时候伪装,什么时候流露？

9. 这份工作压力大吗？ 做主播这份工作开不开心？

10. 与贵族粉丝私下会有微信之类联系吗,还是仅仅存在于直播平台？

11. 与其他粉丝之间有没有私下的互动？

(四) 直播管理

1. 直播公会对主播们有什么要求？ 工作时间安排、工作强度、工作内容要求(穿着、化妆、语言表达、情绪表达等)

2. 公司对于直播有什么管理要求？

3. 您在工作过程中,直播公会有没有强迫您做一些您不愿意的事情？ 是什么？

4. 在于公会签约时,公会是否会提供一些社会保障吗？

5. 您如何描述和评价自己与公会之间的关系？ 为什么？

二、直播管理人员访谈提纲

1. 请问您方便透露您的姓名和年龄吗？

2. 您在这里工作多久了？

3. 在您平常工作中与主播他们的接触主要是哪些呢？

4. 您的工作主要做什么呢？

5. 您觉得公司的主播们平常辛苦吗？ 他们的工作环境工作状况怎么样？

6. 您平常会看一些直播吗？ 哪种类型呢？

7. 您是什么时候接触到这个行业的？

8. 您觉得,未来直播的一个发展前景和方向是什么样呢？

9. 您对于网络直播的一个理解是什么样的？

10. 发展现状:公司有多少主播？ 兼职、全职比例？ 所采用直播平台、公司的直播类型

11. 收入:这些主播大致收入如何？

12. 招聘:主播招聘标准？ 一般而言,做主播的是哪些人？

13. 管理:贵公司在直播管理过程中存在哪些问题/挑战?

14. 主播培养:公会如何挖掘本公司的网络主播的潜力？ 如何捧主播,把新人捧红？ 如何留住公司里面发展不错的大主播？

15. 奖惩体制:公司的奖惩机制。如何规范主播的行为?

16. 看法:您如何看待社会公众对于网络主播的刻板印象？ 管理人员如何看待那些粉丝观看直播的心理？ 是否了解那些"直播间大哥"的身份等其他信息？ 这些铁杆粉丝的背景是什么？ 您如何看待网络主播这个群体？

17. 未来:您认为贵公司当下面临的最大挑战是什么？ 公司未来的发展方向?

附录六　访谈资料汇总

一、江苏青年文化消费访谈摘要

个案1(男,19岁,初中毕业):我的文化消费还是受到朋友影响挺大的。大家经常一起玩,别人都这样消费,你肯定要和他们一样,要不就是不合群,别人就不高兴再和你一起了。而且,和朋友们玩多了,觉得自己也都认同他们的消费了,大家习惯渐渐都变同样了。要唱歌嘛,大家都乐意,要想聊聊天,我们也都去固定的地方坐坐。如果出了什么新的电影,大家都会约好一起去看……所以我觉得朋友对我平时文化消费作用蛮明显的。

个案B1(男,24岁,中专毕业):我平时就是在家上网。我不怎么爱出门,外面也没有什么事可以做,我也不喜欢结交朋友,交朋友就是一大帮子人出去玩什么的,我不喜欢的,还不如自己在家里上上网,弄弄电脑呢。看书、看电视之类的事情现在都能在网络上做了,现在上网能做的事情多了,能想到的东西都可以,包括看书、写字都行的。电视不会去看,广告太多了,电影为了效果好有时候会去影院看。平时不怎么出门,也不旅游。没有朋友,就在家待着。觉得没有必要交那么多朋友。我的消费选择不会受到传媒太多的影响,主要还是自身的需求和自身的兴趣爱好。现在很多媒体宣传的文化商品服务没有什么用的,都是商业化的。我不可能阻止它发展,但我就是不关注它,不依照它……

个案B2(男,25岁,高中毕业):对我自身文化消费影响最大的是自己喜欢的,兴趣爱好吧。新的东西我会感受一下,看喜不喜欢,要是喜欢就会继续下去。父母对我的文化消费态度还可以,经济来源也是他们提供。他们对我学习培训很支持,但是对于娱乐啊,玩啊之类的消费也不反对,但也不太鼓励,反正就随我自己。父母也有他们自己的文化消费,他们比我有钱。我的文化消费内容不太受到他们影响,他们消费他们的,我自己消费我的。我的朋友都是和我差不多的类型,或者是中学同学。我们爱好基本上一样,要玩大家一起出去玩,要消费什么也是一起,所以肯定消费什么东西也是差不多的。朋友对我平时文化消费作用蛮明显的。我没有什么参照群体,我就按照自己的方式来生活消费。现在社会上宣传的白领啊,小资情调啊,也不一定就多高尚多好,但我也没有什么好反对的,他们宣传他们的,我不去理睬就行了。我消费主要还是根据自己的实力,自己的感觉来的。现在社会上很多东西我不能说反对吧,但也不太认同,但是我也不去管它。我能怎么样呢? 我又不能改变什么,干脆不理睬就好了呀,它宣传它的,我做我的。我也不是说反对,因为我也干涉不到。但是我不认可,我都看透了,都是为了赚钱。现在社会上整个文化消费氛围越来越商业化了,我觉得不适合我了。我对于这种都是一笑了之。我也没办法阻止,就是不参与……

个案 B3(女,22 岁,大专毕业):我平常比较关注流行时尚的,我喜欢看那些时尚报纸和杂志,《时尚芭莎》啊,《芭莎珠宝》啊,《瑞丽》啊,我都会去看。平时也会在电视上看一些时尚类的节目,"生活时尚频道"我经常看的。上网也会多关注这方面的信息,我觉得流行时尚对我的文化消费影响还是蛮大的。看到现在流行什么东西了,我会尽可能地去尝试一下,当然肯定是我能够承受得起的了,真正负担不起的也没办法。

个案 C1(女,20 岁,中专毕业):我想参加(培训班之类),但是没有去。因为我家庭经济条件不是很好,我想自己以后有工作挣点钱,有机会再去。我自己在家有时候会看看书,我比较爱看心理学的书和侦探方面的书……(对社会上的文化产品和服务)不完全满意。我觉得有的消费场所服务不好,很势利眼的。上个礼拜天,我和朋友去茶坊聊聊天,是 18 元无限畅饮的,付钱的时候服务员热情地介绍这个那个的,但我们每次续杯的时候他都是不情愿的样子,总是板着脸走过来,让我们看了心情也不是很好嘛……

个案 C2(男,18 岁,初中毕业):我一般都是待在家里的,做做自己喜欢的事情,那些媒体宣传的这种那种消费活动与我没有什么关系的,我看了也不会去做,没什么机会。那些都是要经济支持的,我又没有什么经济收入,还要靠父母,哪能成天去按照他们宣传的消费啊。

个案 D1(女,21 岁,大专毕业):我父母对我的文化消费还是有影响的,比如看电视都是一起看的,报纸也都是家人看同样的,知道的信息什么也都相同的。一般我做事都会和他们(父母)讨论的,他们会说出他们的想法,我再想想是应该要怎么做。所以,我觉得父母的态度啊,他们平时的文化消费习惯啊对我。

个案 D2(男,23 岁,职校毕业):我没有参照群体的。消费是我自己的事情,不用模仿别人。人家消费得再好,不符合我的实际情况,我负担不起的,想也没有用。我怎么消费还要看我自己的情况,我需要什么东西,我能买得起什么就怎样消费,这个没有什么好参照的。我觉得自己这样也挺好的。现在传媒宣传的那些消费方式都和我们有差距的,不是我们这些人去消费的。都是那些白领啊,有钱人或者有文化的人去做的,我们消费不来的。我们自己清楚的,和那些人都不是一个世界的,他们有他们的消费方式、生活方式,我们过自己的生活,不一样的,也不好比较的。所以媒体讲的那些文化消费什么的,我们也就是听听看看,真正去做的比较少了。

个案 D3(男,21 岁,高中毕业):我们又不能改变社会,要想在社会上生存就只能去适应它了,找自己合适的东西去消费嘛。好在现在社会上东西多了,各种各样的,一般我都还能适应的,也能找到符合自己的商品。我们又不能改变社会,要想在社会上生存就只能去适应它了,找自己合适的东西去消费嘛。好在现在社会上东西多了,各种各样的,一般我都还能适应的,也能找到符合自己的商品。

个案 E1(女,20 岁,大专毕业):……(父母)他们每个月给我 200 块的零用钱,具体怎么花是我自己支配,他们比较相信我……肯定有影响的,我觉得还是挺大的。比如我朋友们经常能够出去玩一天,我和他们不同,我到下午四五点钟就会想着该回家了。这就受到我父母的影响,他们都是那种以家庭为重的人,我妈妈喜欢做一些手工类的东西;我爸爸喜欢看看电视,上上网。我也受到他们影响,不太喜欢成天在外面,我一般在家看看书,上网比较多。

个案 F1(男,23 岁,初中毕业):我对自己目前文化消费的状况还是比较满意的。我现在正在参加一个社工老师推荐的培训项目,感觉比较好,是我感兴趣的服务管理方面的。通过培训,我的知识面开阔了,学会了更多的技能。在休闲方面我也很满意,我一般都是在家上网,有时候和朋友运动运动,出去聚聚,自己觉得还蛮开心的。父母对我文化消费是非常支持的,出去参加培训班也好,玩啊娱乐也好,他们都是支持的。他们给我钱,态度上也比较鼓励。要是他们反对的话,我也没办法消费了,毕竟钱都是他们给的嘛。我选择哪种消费内容最主要就是我的兴趣爱好影响,我对电脑感兴趣,我一般都是上网之类的。那些我不感兴趣的事情一般我不会去做的,不喜欢的东西不是反而折磨自己吗?人总该对自己好点,别和自己过不去。

个案 F2(男,20 岁,初中毕业):我平时在家就是上上网,我喜欢玩网络游戏,有的时候出去打打篮球,和朋友玩玩,但比较少,主要还是在家玩网络游戏。我喜欢打游戏的感觉,比较有意思,其他事情没什么兴趣也就不去做了。我对自己娱乐休闲型的文化消费更为满意,我平时喜欢玩网络游戏,父母也不反对我,所以我都在家上网玩,觉得挺满足的。教育发展类的文化消费嘛,说不上来是否满意,因为我平时基本没有参加什么学习培训,就是自己在家有空看看书,但也比较少,所以自己觉得还是娱乐休闲类的更好。还是蛮有影响的。我父母的文化消费行为对我作用还蛮大的,毕竟从小就和他们一起生活,受到他们的影响嘛。比如,我父母喜欢看电视,看各种新闻节目,国家的、地方的,看社会上发生的各种事情的报道,我每次也和他们一起看,所以我每天都看各种新闻节目的,我的信息来源很多也是从这方面获得的。因为天天看,我也觉得有兴趣了,也都习惯了,好像成为生活中必须要做的事情了。

个案 G1(男,23 岁,技校毕业):我平时还是有参照群体的。但是我的文化消费并不会受到他们的影响,或者说影响不怎么太大。因为毕竟是两个圈子的人,很多方面都不大像的,他们文化消费中不符合我实际情况的东西我想去做也做不来的。说实话,他们有的东西我也不太懂得……

个案 G3(男,20 岁,职校毕业):我平时也了解一些时尚流行的东西,经常看电视上网嘛,不可能不知道的。这些时尚的东西对我也还是有一些影响的,因为脑子里晓得流行什么,你在消费的时候就会不由自主地跟着流行了。比如新出的电影啊,就会找来看;哪个歌手出新歌了,就会下载听听,学会了去 KTV 的时候也会唱唱。不过我也没有像别人那样整天追求时尚,我就是跟着大环境走,没有去刻意地赶潮流……所以我觉得流行对我的文化消费还是有影响的,但是也就一般般吧,不算太大。我的文化消费习惯多少受到了父母的影响。我爸爸喜欢看一些历史方面的故事,家里有很多这方面的书,我从小就会跟着看,现在自己也对这方面比较感兴趣了。

个案 H2(女,20 岁,中专毕业):社会上的文化产品和服务符不符合我的需要不好说,一般吧,有的还是比较符合我需要的……但也没有特别针对我的实际情况的,反正外面那么多种文化消费的商品,我总能找到自己适合的。不符合我的我也不去管它,由它去,我只选择我喜欢的,我自己需要的就好了。我父母一般就是给我钱,我怎么花是我的自由,他们一般不过问,我也不喜欢他们管我太多。我都是成年人了,还是有权力决定自己的消费的。他们有他们自己的事情,不会成天管着我的。

二、网络主播访谈实录

(一)"不温不火,就会被遗忘"

访谈时间: 2018 年 4 月 1 日
访谈地点: 南京 costa 咖啡厅
访谈时长: 3 小时

访谈形式:面对面

访谈人:每天吃饭都是这么不规律吗?

被访主播:是啊,基本上从做主播开始,都是这样了。一般睡起来之后订个外卖收拾收拾就准备上班了。然后在每天下播时间都比较晚,也容易饿,就出去买个夜宵带回去吃。

访谈人:这样的生活大概持续多久了?

被访主播:将近两年了。

访谈人:那你做直播也有两年的时间了?

被访主播:差不多。

访谈人:你是天天都会连续直播吗? 还是说也会偶尔给自己放个假?

被访主播:直播日子久了也会自己做做调整、放松放松。毕竟直播都是有固定流程的,这种日子过得挺……怎么说呢?

访谈人:机械化吗?

被访主播:对,就是在不断地重复前一天的工作内容。

访谈人:而且就我看直播的感受就是相似的话、相似的状态、相似的流程在一天之内不断地重复。更别说,每天这么重复了。

被访主播:看直播久了的观众都能学会主播怎么做了。

访谈人:会不会有那么几个瞬间觉得这份工作挺辛苦乏味的?

被访主播:有的。

访谈人:能具体说说吗?

被访主播:我们一旦开播就要用最饱满的精神状态去面对观众。唉,但是谁生活中还没有几件烦心的事儿啊。每一次遇到不开心的事情就要迅速调整心态。就是为了在粉丝面前展现最好的自己。可是有的时候真的没办法啊,状态不好还要面对镜头强颜欢笑的时候,就会觉得委屈和不容易。

访谈人:有苦没处说大概是每个出来奋斗的年轻人的都有的一个问题。

被访主播:是啊,你不能把这种情绪传给你的粉丝啊。粉丝看你就是为了排遣压力,为了开心,你哭丧着脸多不合适啊。你更不能打电话跟爸妈说自己的不顺利,让他们担心。没办法的时候就只能自己调节情绪然后消化干净。

访谈人:难过的时候会有想要突然停播的念头吗?

被访主播:会有,但是不敢。

访谈人:不敢?

被访主播:对,不敢。一是有粉丝喜欢着我,期待着我每天直播。突然停播对他们也不负责任,更何况我们本来就是靠着粉丝支撑的一个职业,突然停播肯定会对自己有些影响。第二点,这是我的工作,我要靠着打赏挣钱,我也得生计啊。很多人可能都会觉得主播是一个轻松的职业,唠唠嗑、唱唱歌、跳跳舞、刷刷脸,坚持一段时间就可以有大把的钞票进入口袋。其实真的不是这样,不过也会劝自己说不定哪天就火了。

访谈人:那你一般都会用什么方式来调整自己呢?

被访主播:其实也没有什么特别的方式,就……自己没事儿的时候遛遛弯儿、轧轧马路,要不然就是约着闺蜜一起逛逛街啊什么的。总归说出来,还是能轻松些。

访谈人:我们再聊回你的工作啊。一般你每天直播多长时间呢?

被访主播:我一般是两个时间段。每天下午三点到六点,然后晚上八点到十点。

访谈人:每天都是固定的吗?

被访主播:对,每天都是固定的。

访谈人:那每天直播的时候的粉丝数量都差不多吗?

被访主播:固定的,我眼熟的粉丝基本上会天天都来支持我。也会有新的游客进入直播间,我会尽力跟他们互动,然后邀请他们接下来持续收看我的直播。

访谈人:你的工作内容只涵盖着整个直播过程吗?

被访主播:也不是,直播之前一般会提前两个小时就开始准备化妆道具,然后检查电脑设备。这些都是我们自己来的,而且每次下播后,都要去粉丝群里说说话、聊聊天儿。一般晚上下播之后都要聊几个小时这样子。

访谈人:你在空余时间里会关注别的主播吗?

被访主播:也会的。比如我有的时候吃饭的时候就会点进去看看别人的直播情况。一般都会看看人气高的主播,看看有什么值得我自己学习借鉴的东西。

访谈人:你觉得主播这份工作有大家想象中的那么光鲜亮丽吗?

被访主播:大家能看到的都只是你镜头前的样子,其实就我知道的很多主播,他们下播之后都是非常努力的。你必须要每天都学习新的段子、新的歌曲、新的舞蹈。我作为美妆博主也要研究不同类型的妆容,还要搭配相关服饰的。这些事情看起来很简单,其实实际做起来还是会有很多的问题的。

访谈人:直播几乎占据你大部分的时间,那你还有时间去关注自己的个人生活吗?

被访主播:咳,个人生活和工作我可能一直都没有分开过。

访谈人:你介意我问一些稍微私人的问题吗?

被访主播:哈哈哈没关系的。

访谈人:你目前有男朋友吗?

被访主播:没有呢,不瞒你说,我和前男友分手就是因为我的工作……

访谈人:因为他知道你是做主播的?

被访主播:那倒不是,我们在一起的时候我就告诉他我是做主播的了。

访谈人:那是工作中出现的问题影响了感情是吧。

被访主播:是,当时我才算刚刚起步吧,经常把时间都耗在直播间里了。我太害怕流失粉丝了,毕竟刚开始嘛。所以我线下也总是跟粉丝互动聊天,你也知道的,粉丝里面男女都有……

访谈人:嗯嗯,男朋友觉得你忽视了他的感受。

被访主播:对,然后我们就经常因为这件事吵架,最后就分手了。

访谈人:你有没有跟男朋友解释过你的工作性质呢?

被访主播:他当然知道啊,只是嘴上说着能包容,但其实还是心里有芥蒂……

访谈人:你一般都会和男粉丝们聊些什么呢?

被访主播:通常都是聊直播内容的事情。

访谈人:如果只聊工作的话应该还能接受吧?

被访主播:但是这些粉丝的质量其实是参差不齐的,嘴长在他们自己身上,有些不太好的话,你没有办法避免他们说出口。

访谈人:也是,这种时候你一般会怎么处理呢?

被访主播:有些不好的话我就会想办法转移话题。有的粉丝能够意识到我不愿意讨论这种也就不再提了,但却是也有些人一而再再而三地说一些不好的话。

访谈人:有些上纲上线了。

被访主播:嗯,就我自己而言,我自己是绝对不会主动去撩粉丝,和他们也都会保持一定的距离,不会有任何出格的事情。但是男朋友还是不理解。

访谈人:确实也是人之常情。

被访主播:所以我也能想通我们为什么分手。

访谈人:出于你内心想法,你想和粉丝们一直聊天吗?

被访主播:你问我想不想和那些粉丝一直聊天,我也不想啊,我也想多花一些时间陪男朋友,但那是我的工作,是我的经济来源,我不得不去完成的。

访谈人:确实也挺无奈的,是我我也没办法把这两方面平衡好。

被访主播:(苦笑)我尽力了。

访谈人：那这么长时间过去了，你缓过来了吗？

被访主播：也没有什么缓不过来的，就是正常生活。

访谈人：生活都恢复正常了，心里会不会有个小小的声音说"该找个伴儿了"。

被访主播：会有这样的想法。但是怎么说呢……有想法没打算就是了，毕竟我们的工作在大家眼里还是挺特殊的。

访谈人：试着找一个能够理解你的男朋友呢？

被访主播：唉，多难啊。我有时候换位思考，如果是我的话，男朋友和他的女粉丝聊天，我恐怕也会和他吵架，这是没有办法解决的矛盾，除非我们都别做主播了。不然就像我自己上一段感情一样，说是能理解其实多少都会有矛盾，最后又弄得不欢而散。

访谈人：那你准备什么时候再考虑自己的个人问题呢？

被访主播：大概只有等我以后转行了，找到其他稳定工作了，才能再去考虑成家的问题吧。

访谈人：这么迟啊？

被访主播：没办法啊，你知道吗？ 如果你的粉丝知道你有男朋友，尤其是男性粉丝，他们可能就不会来看你的直播了，谈恋爱真的会导致粉丝群体流失的，这也是我很无奈的地方。

访谈人：是不容易，那你的家人朋友都怎么说啊？

被访主播：我朋友们其实有时候也不是那么认同的。甚至有的时候会调侃说"你做这一行，既没办法谈恋爱，也赚不了那么多钱，图个啥呢？"

访谈人：你一般会怎么回应她们啊？

被访主播：我能怎么说啊，她们说的都是事实啊。我有的时候就笑笑不说话。

访谈人：哈哈，其实我也很好奇，什么让你坚持了这么久？

被访主播：其实我也不知道，总觉得都已经做了这么久了，再试试说不定会更好一点呢。

访谈人：你现在的收入能够保证手头有点儿富裕的零花钱吗？

被访主播：都别说零花钱了，有的时候连自己的吃穿住行都包不住。

访谈人：但是我看新闻里很多主播月收入都挺可观的。当然他们有很多人在诱导人打赏。

被访主播：正常的、大部分的主播根本不像大家想象中月入几万甚至几十万的。不仅挣不了这么多钱，这两年，收入反而是在缩水的。

访谈人:收入缩水?啥时候开始的呢?

被访主播:就我工作这几年。

访谈人:你知道为什么会导致这种情况吗?

被访主播:你看那些轻轻松松赚钱的其实都有很多共同点的。

访谈人:帅哥、美女主播?

被访主播:对,而且都是出了名的主播。还有就是很多为了挣钱没有底线的主播。你刚才说的骗人打赏,要么就是一脱成名。还有很多主播会私下里跟粉丝接触,很多吃喝玩乐的消费都让粉丝们买单,不仅打赏把钱挣了。

访谈人:确实是,能闹得沸沸扬扬的也通常不是什么好事儿。

被访主播:是啊,她们当初就是靠露才能赚那么多钱的,可是现在直播平台在慢慢规范,很多政策环境限制着,她们没有空子钻做不下去了,很多人也就转行了。

访谈人:像你这种靠技能的也受政策影响吗?

被访主播:政策虽然没有影响到我们,但是直播平台一直在发展,看起来机会是多了,其实对我们来说反而不利。

访谈人:越来越多的新人加入了这个行业吗?

被访主播:是啊。化妆化得好的主播太多了,比你年轻、比你漂亮的大有人在,你拿什么留住以前的那些粉丝,又拿什么吸引新的粉丝呢?

访谈人:众口难调啊。

被访主播:像我们这样的主播都不知道有多少人呢。一拨一拨新人进来活跃个几天,就成了我们现在这个样子。

访谈人:当时选择做主播的时候有想到过这些吗?

被访主播:没有啊。像所有圈外人一样觉得她们光鲜亮丽。

访谈人:凭着一腔热血就做了主播?

被访主播:我当时其实想法很简单。我没想成为网红,就想着能拿着不错的收入能够养活自己,又有人一直喜欢着我就好了。

访谈人:可是网红才意味着粉丝量啊。

被访主播:是啊,当时没想清楚。现在知道了,如果不能快速成为网红,前途几乎是一片渺茫的。没有固定的粉丝群做支撑根本就做不起来。就像娱乐圈的明星一样,不温不火就会被遗忘。

访谈人:现在还会有人频繁打赏吗?

被访主播:很少了。直播对于大家来说都已经不是什么新鲜事了。

访谈人:能举个例子说说吗?

被访主播：这么说吧，以前 100 个人看直播有 10 个人打赏，现在可能只有 1 个打赏。

访谈人：那从你的角度来看啊，从一个新人做起还有可能吗？

被访主播：很小了。除非有人捧你。少数主播赚取了大量的钱，中小主播想要再向上挤的难度比此前更高，新人想要快速上升基本不可能。

访谈人：做到现在了，你觉得自己处于一个什么样的状态中呢？

被访主播：我觉得自己快要扛不住了。太累了，收入与付出不成正比，我身边很多朋友现在浑身都是病，这个行业没有外人想的那样轻松。

访谈人：既然都已经这么累了，你还会坚持下去吗？

被访主播：再试试吧。

田野体验：

大多数人认为网络主播的工作轻松又高薪，事实却并非如此，每一个行业都有着很多的困难和艰辛，别人看到的只是主播的光鲜亮丽和比普通工作者高出几倍的工资，但很难看到他们背后的努力与付出。高淘汰率和激烈竞争给底层主播们带来了难以承受的生存压力，在感情生活方面，也有比其他人更多的顾虑。网络主播的工作对许多人来说充满了诱惑的吸引力，就像一片璀璨的星空，而真正踏入了这个职业圈子的人，即使身处在底层，也总想着多坚持一天，可能就会迎来生活的转机。我不知道这样的选择与坚持是对是错，只希望他们能够遵循本心，不辜负自己的时光。

（二）"前途一片大好，说不行就不行了"

访谈时间：2018 年 4 月 12 日

访谈地点：线上

访谈时长：1.5 小时

访谈形式：电话采访

访谈人：你好呀，您这几天还在直播吗？

被访主播：这几天有点私事要处理下，正好也没有比赛，就暂时闲下来啦。

访谈人：听说您之前是在章鱼 TV 直播的是吗？之前看过您的视频，感觉很有意思。

被访主播：嗯，后来章鱼被乐视收购，乐视体育资金断链，平台也开始拖欠主播工资，很多同事都跳槽了，我也没撑住。

访谈人:听你这么一说,对章鱼还是有很深的感情的是吗?

被访主播:当然,2010 年的时候,章鱼还是视频直播领域成长最快的平台之一,先后获得了 IDG 资本、晨兴资本的关注,又被乐视以 3 亿元收购,前途一片大好,说不行就不行了。当时章鱼是最火的体育直播平台,我就是想实现成为体育解说员的梦,所以才加入章鱼 TV,玩起了直播解说。

访谈人:那当时是因为什么原因想要做体育解说的呀?

被访主播:当时,李娜和郑洁打进澳网女单半决赛,创造了历史,也使我喜欢上了网球。因为一些网球比赛央视上还看不到,只有章鱼可以。当时的直播平台真的很火,我喜欢这个新事物,希望能和更多的人交流,也就带着热爱、尝鲜的想法试播了一次,第一次就突破了 3 万关注度,后来也就一直做下来了。

访谈人:那这么说你直播的起步阶段还是相对顺利的,不像我采访的其他主播。

被访主播:是的吧,算是因缘际会,但后来平台版权出现了问题,章鱼没法播NBA 这些篮球比赛了,我就试着去播游戏,结果连游戏也播不了了,我就有些失去信心了,后来乐视收购章鱼的时候,我们都以为曙光来了,可是没想到摔得更惨。

访谈人:现在在企鹅情况会好点吗?

被访主播:当然,企鹅在版权上有很大的投入,可以感受到其未来发展的决心和方向,这些对于我们主播来说具有决定性作用的。有了版权心里就很踏实,能够安心做内容了。

访谈人:和之前相比,现在的关注度会更多吗?

被访主播:比之前会少一点。现在我有 1.2 万粉丝,也有一个 700 多人的粉丝群,里面都是喜欢听我解说的网球迷,虽然粉丝不多,但可都是真粉,即使在我没直播的时候,群里活跃度还是很高。

访谈人:感觉你真的很喜欢主播这一行了。

被访主播:嗯嗯,我还挺享受解说的过程的,又能挣点外快,挺好的。其实初衷也不是为了赚钱,就是单纯喜欢,想创造更多可能。即使有时挺累的,但一想到是自己热爱的事就会很开心,也就不觉得累了。

访谈人:做解说或者说是内容主播一定很费精力吧?

被访主播:嗯,有时真的非常累,每次直播前,我都会反复找资料、研究球员,也会设计一些小伎俩来吸引关注。之前就早早把直播间打开,用"李娜直播预热"这种方式来吸引观众注意。有时候一天甚至需要直播 18 个小时,遇到欧美的赛事还得熬夜通宵,真的只有喜欢才能坚持下来。不过我跟你说,有时候看到喜欢的比赛就会想播,有时还会翻倍完成直播任务。这可能也是身边同事都转行了,我还留下来的原因吧。

访谈人:你有这么多铁粉,会和粉丝一起约个球或者现场看球赛之类的吗?

被访主播:有,但是不多。粉丝可能也更喜欢我做视频解说吧。现场看球可能就光顾着享受氛围了,没有那么有趣。

访谈人:之前我听说有挺多主播因为政策原因被封号的,你有听说过吗?

被访主播:嗯。其实很多主播刚开始的时候都会通过一些荤段子、黄色笑话或者更露骨的行为来博关注吧,但是我还是觉得应该有底线一点。毕竟平台政策在逐渐完善,前一段时间网信办好像还出台了什么规定。

访谈人:这么说,你平时也有关注一些时事政策是吗?

被访主播:也说不上是关注吧,偶尔会看到一些,查资料的时候也会注意点。

访谈人:还有一点我挺好奇的,做主播的难免会遇到一些奇葩粉丝,针对这个你通常都是怎么处理的呀?

被访主播:我遇到得比较少吧。我有一个朋友,之前直播的时候聊到苏南苏北的经济差异嘛,就被粉丝怼了,还差点撕起来。偶尔口嗨,说了句河南人偷井盖什么的,就被人狂骂。其实网络暴力挺严重的吧。毕竟是公众平台,而且这些事主播如果说了不对的,就算道了歉过几个月还是会有老粉丝拿这些事调侃,所以主播说话什么还是得注意点。

访谈人:你真的是我见过的最正的主播了,给你点赞!

被访主播:其实还好啦,我只是单纯地喜欢,希望也能给别人带来开心吧。

访谈人:希望你能越来越好,在企鹅闯出一片天地。

被访主播:你也是,套句流行的话,万事胜意!

田野体验:

直播平台与旗下的网络主播一样,都会经历更新迭代,甚至在很短的时间内,就会经历翻天覆地的变化。不同平台的主播们,他们的命运也随之起起落落。有些人黯然离场,有些人备感迷茫,有些人依然信心满满,这与直播平台也有分不开的关系。直播平台在主播人生的沉浮中扮演着不一样的角色,对于主播专业度的重视和支持,也对他们的发展有着不容忽视的作用。经过这次采访,我最关心的问题从主播本身,转变成了如何健全平台对于主播的管理与支持制度,让更多迷茫的人可以逐步走上正轨。

（三）"适可而止,量力而行"

访谈时间:2018 年 5 月 9 日
访谈地点:线上
访谈时长:2 小时
访谈形式:微信采访

访谈人:主播晚上好。

被访主播:晚上好。哈哈,怎么感觉你才像主播。

访谈人:啊?

被访主播:你刚刚晚上好的开场白特别像主播开麦时说的话,口气、内容,都很像。

访谈人:那我还挺有当你同行的潜力?

被访主播:不不不,就算你当了主播,也不是我同行了。

访谈人:哦哦,对,我知道你不久之前好像是转行了? 是因为平台问题吗?

被访主播:嗯,对的,之前做直播,现在改做自媒体了,更自由一点,而且能给自己和他人带来快乐就很开心。平台倒还好,只是我那种类型的主播,身体是真的吃不消。

访谈人:之前你在直播平台,主要是什么类别的主播呀?

被访主播:吃播。

访谈人:……吃播?

被访主播:对啊,你不知道吗,还挺火的呢,我们都说是吃播,其实就是吃饭直播的简称。

访谈人:所以你们的直播内容就是吃饭吗?

被访主播:差不多还真就是吃饭。

访谈人:听起来很有趣啊这种直播,吃播……一般要怎么进行直播呢?

被访主播:大部分吃播,就是在家里架个摄像头,然后在镜头前吃东西呗,也有把手机搬到户外的,比如餐厅什么的,但是一般户外的设备质量会下降,而且有人围观也挺尴尬的,多半还是在家里。

访谈人:就是吃饭、吃东西? 推荐美食吗? 还是……?

被访主播:对,不过和你们一般理解的吃饭不太一样,也不只是推荐美食,吃播的话,可能要在桌子前面摆上许多东西来吃,不停地吃,有时候一顿饭能吃上好几个小时。

访谈人:像大胃王挑战赛那样的?

被访主播:嗯,有点像的。除了这个,有时候也会去吃一些比较特殊的食物,涨涨粉,拉拉关注度。

访谈人:其实,我挺好奇你们平时都会吃些什么的,能说说吗?

被访主播:这没什么不能说的,海鲜大餐试吃呀,还有一些平时大家接触度比较低的食物,火鸡面、八爪鱼也是很多人都挑战的,我听说还有人吃蜂巢、仙人掌的。得迎合猎奇心理吧,这样才有更多人关注。

访谈人:那对身体真的挺不好的,刚开始直播的时候肯定挺艰难的吧,要想着怎么涨粉,还得要礼物。

被访主播:嗯嗯,刚开始的时候就总担心没人看,没人刷礼物,没收入。你知道,其实那时候我们基本工资挺低的,想要多赚钱还是得靠粉丝。想要关注度就得有新意,又没有什么好点子,只能跟风,就像一个怪圈。

访谈人:那你做吃播的时候有什么印象比较深刻的事吗?

被访主播:我想想啊,有,我之前吃过,嗯……(沉思)我吃过一千五百根串串。

访谈人:一千五百根? 你一个人?(震惊)

被访主播:对啊,哈哈哈哈。

访谈人:你能吃这么多?

被访主播:怎么样,没想到吧。我还吃过巨型汉堡,那种有一个大蛋糕那么大的,五碗酸辣粉,六人份的火锅。

访谈人:天哪,但你看起来一点也不胖啊,一般吃这么多都会发胖的吧。

被访主播:我有坚持健身减脂的,我们家门口健身房的老板都认识我了。

访谈人:光靠健身,就能吃这么多东西吗?

被访主播:健身主要是维持身材吧,想要吃更多东西比健身难受多了。很多吃播主播为了能吃下更多食物,采用的是其实是一些非常手段,跟自己身体过不去的那种。

访谈人:什么叫非常手段?

被访主播:一般是催吐,到洗手间去抠自己的喉咙,把吃下去的东西吐出来。

访谈人:啊……(感叹)

被访主播:对,我之前还听说过有割小肠的,就让食物可以直接进直肠,这样好消化。

访谈人:这不会有不良影响吗?

被访主播:当然有啦,特别伤身体的,而且经常催吐的人吧,他声音会哑掉,气色也会变得不好,真的是拿命在拼了。明明已经吃不下了,还要硬着头皮吃,还要装作很好吃的样子,很难受的。

访谈人:这么看确实是很不容易了。

被访主播:嗯,以身体为代价,食物摄入量绝对是超负荷的,这也是我后来离开吃播的主要原因。

访谈人:主要原因?

被访主播:嗯,其他原因的话,是因为吃播的形式,真的比较单一,很难翻出什么花样,那你知道粉丝嘛,都是喜欢新奇的东西,就算一开始靠试吃挑战涨了一波粉,一旦他们觉得枯燥了、没意思了,你的粉丝群体就流失掉了。身体垮了,钱也没了,也没人支持你,这还要怎么坚持下去啊。

访谈人:所以这些粉丝看吃播,到底是为了什么呢? 就看你们吃饭,开心吗?

被访主播:我觉得主要还是帮助他们消除孤独感吧。因为现在你知道,大部分年轻人的生活节奏都很快,压力也大,可能并不能花费比较长的时间去好好地吃一顿饭,就潦草地自己一个人吃一吃,说实话,如果你一个人在外地,一个人吃饭,确实还真的就感觉很落寞啊。他们一个人吃饭的时候,打开吃播,可能就会觉得,啊,这个主播在陪我一起吃饭,心里就会好受很多。

访谈人:这样一想好像也能理解。那有粉丝想要约你一起吃饭或者购物之类的吗? 有粉丝会有一些恶劣的言语和不当的要求吗?

被访主播:有过一些吧,不过都选择性忽视啦,毕竟线下见面也不安全,平台也有规定,超管也会对直播间进行维护,还有我有男朋友啦!

访谈人:懂了,按你之前说的,现在的吃播跟以前比已经变味了是吗?

被访主播:嗯嗯,其实吃播刚开始的时候,真的不是比谁能吃得更多,而是看谁能……嗯,怎么说呢,就是能勾起大家的食欲。

访谈人:看谁吃得香?

被访主播:对对对,就是这个意思,就像日剧《孤独的美食家》里面,吃块炖萝卜都让人觉得特别好吃。

访谈人:那吃得越多越好,其实是个误区。

被访主播:当然是个误区啦,不过现在的吃播好像真的在这个误区里越走越远了。我觉得作为主播,还是要适可而止,量力而行,以身体健康为代价真的要不得,也不值得。

访谈人:所以你转行了?

被访主播:对,我现在做美食自媒体,和视频平台签约的那种。

访谈人:美食自媒体? 和之前的吃播有什么不同?

被访主播:最大的不同就是不用像之前那样伤害身体了。我会在各个地方,大街小巷地找各种美食,最好是那种冷门的但是又真的非常好吃的。

访谈人:网红食品的候选?

被访主播:哈哈,你这种说法很有趣。我现在就只需要品尝这些美食,并且将游访经历剪辑成视频,向观众们进行打分推荐,就可以了。

访谈人:那你依靠什么营利呢?

被访主播:主要其实是商家合作,邀约我们去品尝他们的食品,由我们来带动观众自发地去品尝,捧红他们的食品和餐厅,根据点击量和转发率这种数据,我能从中获得抽成。

访谈人:推广费?

被访主播:对,就是推广费。

访谈人:方不方便透露一下,和之前相比,你的收入是多了还是少了?

被访主播:其实是少了,但我对目前的生活状态反而是很享受的。美食的任务是给我们带来快乐,而不是带来痛苦。之前的那种模式,让我觉得吃东西已经没有了满足感,但现在我将这种满足感又找了回来。

访谈人:这也很好。

被访主播:是的,现在越来越多的吃播主播已经意识到暴饮暴食对于身体的伤害了,许多都在尝试着转型,不仅仅是像我这样的美食自媒体,也有尝试着自己做饭的,和以前相比,都多了很多乐趣。

访谈人:我觉得,能找到自己舒适的状态生活,是很好的事情,祝福你们。

被访主播:这话很窝心,谢谢。

田野体验:

随着日常生活压力的增大和独自吃饭的寂寞感的累加,吃播作为一种有着一定心理治愈功效的直播种类也正在各大直播平台兴起,但在此过程中,也有逐渐从最初的带来满足感而走向了猎奇方向的趋势,甚至有人不惜以身体为代价催吐或做手术,我认为这都是完全没必要的。就像被访主播说的,做主播也需要适可而止、量力而行,无论如何,都不能以身体健康作为交换的条件。许多直播类型,起初都是正面、积极的,但在发展过程中存在着误入歧途的可能性,希望越来越多的吃播博主能意识到这个问题,并且带动吃播的良性发展。

(四)"以后那么长,不是想出来的,是过出来的"

访谈时间:2018 年 5 月 27 日

访谈地点：南京职业技术学院公寓楼

访谈时长：3.5 小时

访谈形式：面对面采访

访谈人：你是现在才吃午饭吗？

被访主播：早饭和午饭一起吃。

访谈人：现在已经是下午了哎，你就吃麦片、饼干？

被访主播：对啊，你的表情看起来好震惊啊（笑）。多吃吃就习惯了，我家里还有好多呢。

访谈人：是因为昨天睡得很晚，今天起得很迟，没时间吃饭吗？

被访主播：我凌晨四点才睡。

访谈人：啊，那我今天来采访是不是不太好啊。

被访主播：没事没事，我下午一点才睡醒呀，也睡了七个小时了。

访谈人：你每天作息都是这样的吗？

被访主播：对啊，所以我才搬出来住嘛。要是住在学校寝室，我恐怕会分分钟被舍友赶出去。而且在寝室装直播设备和唱歌设备这种东西，实在是太麻烦了，还是搬出来好，轻松自在。

访谈人：你们都习惯深夜直播吗？

被访主播：嗯，不一定，看个人吧。那些很出名的，"金字塔尖"的女主播一般会在晚上下线，凌晨时段对于我们这种普通主播来说，是一个很大的空档期，竞争压力小嘛，可以比较容易地拿到一个好的热门位置，让更多的人看到自己。

访谈人：所以你就每天熬夜？

被访主播：也不是每天，一星期熬个三四天吧。

访谈人：那也很辛苦了。

被访主播：没办法呀，我离金字塔尖还远着呢，不熬夜不努力可不行呀。

（化妆结束）

访谈人：这个妆很好看。

被访主播：是吧。

访谈人：而且看起来很自然。

被访主播：因为我不走性感路线嘛，妆容清透干净一些就好了。

访谈人：你现在在干吗？

被访主播：看教学视频。

访谈人：教学视频？

被访主播:嗯,开嗓的视频,我唱歌之前习惯要开嗓。

访谈人:这么正式?

被访主播:开嗓之后声音会比较好听,而且也方便飙高音,要是直播的时候高音没唱上去被录屏了,总感觉会变成我的黑历史。

访谈人:其他女主播也会在直播前开嗓吗?

被访主播:不多,但我是坚持的。这样自己唱得够爽,观众也能很享受很舒服地去听你唱歌,自己开心,粉丝开心就好。

访谈人:好,那我先不打扰了。

(开播后中途下播休息)

访谈人:唱得真好听。(鼓掌)

被访主播:谢谢。(喝水)

访谈人:累吗?

被访主播:不累啊,今天因为你在这里,我下播还早了呢,不然就得晚上六点半才能下播了,更迟能到八点。

访谈人:下播之后再上播?

被访主播:对。

访谈人:然后什么时候再下播呢?

被访主播:那就得一直到凌晨了。

访谈人:这个工作强度好大啊,吃得消吗?

被访主播:嗯,我还可以的,我虽然作息和一般人不太一样,但是睡眠时间还挺长的。你就当作自己不是在中国,是在美国嘛。(笑)

访谈人:不觉得难熬?

被访主播:现在已经比以前好很多了,刚开始那会儿挺难受的,熬过来就好多了。

访谈人:刚开始那会儿是什么样的,方便说一下吗?

被访主播:刚开始那会儿吧,我作为一个新人主播,没有经验、没有粉丝、没有人气,也没有礼物,经常面对着寥寥无几的观众,甚至是一个观众也没有,但还是要保持热情坚持几个小时的直播。因为一打开直播,这就是一场表演,不管是不是有人在看,你都要呈现自己最好的状态。但我是比较幸运的,刚开始的状态到现在已经改善了许多,不会觉得自己在唱独角戏了。

访谈人:渐渐有粉丝的陪伴了。

被访主播:对,粉丝是我做直播的动力。

访谈人:最开始的时候,都是怎么吸引粉丝的呀?

被访主播：就是才艺表演啦，有时也会讲一些笑话什么的，开个车，活跃活跃气氛。当然啦，不会太过分，我也不是老司机。

访谈人：有一些主播为了圈粉做一些博眼球或者出格的事，针对这种现象，你怎么看呀？

被访主播：我觉得可以理解，但是就个人而言会抵制。因为关注度代表着收入，在最开始的时候，多吸引粉丝可能是每个主播都想要的，但是不能太过分吧，得有底线。比如有的主播直接会说今天谁刷得多，晚上就跟着谁混，这样的真的……反正我是不会的。平台方这方面管得也挺严的，也有因为这个被封号的主播。

访谈人：那你一般会和粉丝怎么相处呢？

被访主播：就把他们当朋友啊。

访谈人：网友吗？

被访主播：对，在直播中，我一直把粉丝当成生活中的朋友一样去聊天，有什么情绪大家也可以一起发泄。

访谈人：那你会把自己的一些喜好推荐给粉丝吗？

被访主播：当然会呀，我觉得好的东西就会跟大家分享。比如说新歌、新电影之类的，直播时也会跟大家聊聊推荐。

访谈人：相信大部分粉丝都是很友好的，但是粉丝语言过激比较恶劣的情况也存在是吗？遇到粉丝生气、烦躁，或者有些挑逗一般会怎么处理呀？

被访主播：我遇到的这种情况不算太多吧。一般会不予理会，下播了也就过去了，没必要给自己找不开心。房管也会及时处理的。

访谈人：有遇到让你印象深刻的粉丝吗？

被访主播：当然有，我记得有个洛杉矶的粉丝，之前很长一段时间，每天我直播到凌晨，都能看见他。心里挺温暖的，也感觉很有力量。

访谈人：这么看来，你的粉丝大江南北，遍布全球了？

被访主播：哈哈哈哈（大笑），希望有一天我能很自信地把你刚刚说的话重复一遍。

访谈人：有一个问题我很好奇。

被访主播：你说。

访谈人：因为你现在还是个学生嘛，所以你要怎么去平衡学习和直播呢？

被访主播：嗯，说实话，我不太能两头兼顾的，直播上的时间抢占了我大部分的学习时间。

访谈人：会感觉遗憾吗？

被访主播：网络主播的工作能让我感觉自己过得很充实，而且我能从中收获到成就感，还是很开心的，所以不会感觉遗憾。我知道有人可能觉得这样不会有什么大的出息，但我觉得人生嘛，还是要遵从自己的内心，感觉快乐最重要。

访谈人：大家都说网络主播就是青春饭，你会对自己的未来感到迷茫吗？

被访主播：不会。

访谈人：有想过不做主播之后，要做什么吗？

被访主播：也没有，哈哈。我总觉得，以后那么长，不是想出来的，是过出来的。我现在还年轻，有冲劲，走好现在的每一步就可以了。

访谈人：看得出来你很喜欢主播这个职业。

被访主播：是的，我真的很喜欢，很享受。

访谈人：那我们都知道现在网络主播是一个饱受争议的群体，对此你有什么想说的吗？

被访主播：饱受争议确实是主播行业的艰难之处。我始终觉得，主播是个正经职业，只是有一些害群之马让人们对这个职业产生了误解。他们为了吸引人气和赚钱，无视平台规定，把自己的前途当作赌注，打各种有违底线的擦边球，这种人只会耍各种歪门邪道，我自己作为主播，也很看不起他们。

访谈人：最近这段时间，也有不少知名主播的直播间被封。

被访主播：是啊，这种事情一定会存在，但毕竟是少数。并且我相信，通过行业制度的健全、规范，这种事情以后会越来越少，所以不能因为少数就否定所有主播，也不能因此就说这个职业不正经。

访谈人：对，确实不能以偏概全。

被访主播：一个职业，只要你喜欢，能够发挥出你的长处，你通过它去获得正当的利益，这其实没有什么问题。就我所知，大部分主播都还是积极健康向上的，给人们带来快乐，传递正能量。

访谈人：像你一样？

被访主播：哈哈哈，对，像我一样。

访谈人：也希望那些走偏了的主播能向你学习。

被访主播：对，可以叫我一声被访主播老师，我不收学费的。

田野体验：

原先我觉得网络主播其实离我非常遥远，但经过这次访谈，被访主播颠覆了我对主播的印象，她就像是我身边的一个普通的朋友或是同学，三观正、年轻可爱、积极向上、充满活力，对自己的未来充满了遐想与憧憬，从不担心也许有一天会被生活挤压。被访主播对于直播行业有着超乎常人想象的热情,只因为她能从中获得快乐,获得生活的切实感,并且愿意舍弃所有的歪门邪道,认真、诚恳地去对待这一份职业,为之不断付出努力,在我眼中,其实是特别美好的一件事情。

(五)"过自己想要的生活,做自己想成为的人"

访谈时间:2018 年 7 月 2 日
访谈地点:新庄国展中心 C 馆
访谈时长:2.5 小时
访谈形式:面对面采访

被访主播:下午好呀。

访谈人:你好,感觉你本人比直播中的还要好看。

被访主播:哈哈哈谢谢,你太会说话了。你今天穿得很精神啊。

访谈人:客气了! 像你这么好看的女生,是不是属于颜值主播的行列啊?

被访主播:我还算不上,比我好看的多了去了。

访谈人:那直播圈,或者说就你所在的游戏直播行列中,对主播的分类会有哪几种呢?

被访主播:游戏直播最常见的就是技术主播和颜值主播。

访谈人:那能不能向你请教一下,你对这两种分类的理解是什么呢?

被访主播:技术主播可能更偏向于自己的游戏技术吧,靠技术吃饭的这种。一般看他们的人纯粹是为了学习技术,或者刚刚接触这个游戏,想更深入地理解游戏的一些规则,等等。

访谈人:那颜值主播呢?

被访主播:颜值主播,就是靠自己的颜值、自己的身材吃饭,游戏的技术和过程不是直播的重点,只是一种手段了。就像冯提莫之类的主播,她分区虽然会在英雄联盟这种游戏区,但她本身并不是游戏的高手,可能对游戏的理解还很简单,她玩游戏就纯粹是和粉丝的消遣,更多的还是靠自己的颜值,或者有时候唱唱歌跳跳舞,来博得观众的喜爱。

访谈人:那像你这样又好看又有技术的,是不是可以称为"颜值技术主播"了?

被访主播:哈哈哈可以的,我本身可能技术相对而言还可以,长得也还说得过去。可能这也是我的一个优势吧,两种需求都能满足了,谢谢你帮我找到了自己的优势。

访谈人:那你觉得颜值和技术,哪一个是更重要呢?

被访主播:那肯定还是技术,只有真才实学,别人才可能心悦诚服地在你的直播间里交流。

访谈人:就我的了解,像这种游戏类的技术主播,一般都是以男性为主的,那你觉得获得这样技术的关键在于什么呢?

被访主播:其实这种竞技类的 MOBA 游戏,很考验临场的判断,男性普遍水平要高于女性。但我要想呈现给我的粉丝一个足够好的表现,就一定要强迫自己去练习我的技术。可能我在直播时候是六个小时一天,但我每天操作这个游戏的时间可能会是十多个小时。同时我也会更多地向一些男性主播请教,观看他们的直播,来思考一些游戏的操作。

访谈人:看来做主播真的也是"台上一分钟,台下十年功",那像你这样又好看又有才华的女生,为什么会选择网络主播这样的道路呢?

被访主播:在那个时候,直播还没有那么深厚的观众基础,大家直播只是玩玩游戏,跟观众分享一下自己有趣的事情。那个时候直播行业还没有那么激烈的竞争,也没有那么正式化,选择直播是因为真的喜欢这个新事物,希望能和更多的人交流。

访谈人:也就是多交朋友,和别人沟通,并没有很多地考虑利益相关的问题是吗?

被访主播:是的,利益相关的一些东西在最开始并没有考虑到。

访谈人:那最开始的直播间里会有多少人呢?

被访主播:最开始其实都是很平淡的,直播间里最开始也就三四百人左右,其实已经算是很好的了。有的主播可能房间里都没有人,但还是要坚持直播,尽管没有存在感,也要坚守在自己的镜头前面,可能这也算是一种职业感吧。

访谈人:最开始的人气积累确实是一个痛苦的过程,那你是怎么提升你的人气的呢?

被访主播:其实方法还是很多的,对我个人来说,参与一些与游戏相关的节目、比赛,在观众面前刷脸,让观众认识自己、眼熟自己,走进大家的视野。也就是因为常在观众面前出现,我才能够从一开始默默无闻的小主播成长到现在。

访谈人:那现在最高的人气可以达到多少呢?

被访主播:上万。

访谈人:从一个小主播成长到一个人气上万的主播,这个过程中,你感受到最大的感受是什么?

被访主播:首先这个过程肯定是非常不容易的,从无到有的一个人气积累的过程可能谁都不愿意再经历第二次。那么这个过程中最大的感触就是个人在一些细节上的改变吧。比如说看我直播时间长一点的朋友可能知道,我以前还是很文艺很安静的,走清新路线的小主播,就每天坐在那聊聊天玩玩游戏。但后来粉丝越来越多,安静直播可能就无法满足很多人的需要了,我自己也算是画风突变吧,变得大大咧咧的,比较健谈,可以聊各种话题了。

访谈人:看得出你的感触很深啊。那么变成这种所谓的大主播以后,你的生活是不是变得风光了?

被访主播:并没有,风光可能知道算不上。跟你说实话,其实这种环境下,人很容易就失去了自我的一种判断力,这个我是吃了很大的亏的。我曾经有一段时间以为听一些人的怂恿,其实也是为了迎合他们的需求吧,做了一些违反规定的事情。

访谈人:可以详细说说吗?

被访主播:玩游戏很重要的一点就是"上分",我当时也是为了"上分",利用了系统的一个排位机制的漏洞。因为这个游戏的排名算的是胜利场数,我当时就和朋友在游戏里"卡匹配时间""互相认输刷胜场",来提升自己的分数。

访谈人:那你当时知道这种行为是违规的吗?

被访主播:一开始其实是不知道的,但后来听朋友说,好像官方要严查这种行为,但也是抱有侥幸心理吧。后来,官方针对这个 bug,对很多恶意刷分,打乱了游戏生态的玩家都处以相当严厉的惩罚。

访谈人:方便透露一下你是受到什么样的处罚吗?

被访主播:我原先是炉石传说的一个半职业选手吧,那次之后我是被禁赛了。

访谈人:多久?

被访主播:终身禁赛。

访谈人:那后果还是很严重的,你当时有想过这种行为可能带来的后果吗?

被访主播:没仔细想过,说实话真的还蛮后悔的,毕竟参与比赛也算是我一个很大的梦想。

访谈人:这次的事件带来的负面影响应该也是蛮多的吧,毕竟是官方的这种处罚。

被访主播:这个事情对我的打击真的是很大的。当时有竞争关系的主播会来抹黑我,暗地里很阴险的,比如乱传我的绯闻,很多都是那些我不好回应的事情,解释了反而像是掩饰。他们平时还不太会跳出来,一看我被禁了赛,全都抓紧机会了。好在我的粉丝还愿意相信我。

访谈人:很想知道你是如何处理这种负面事件的影响的。

被访主播:我当时就很后悔,也很焦虑吧,在很多的地方,像 QQ、微信、微博、贴吧之类粉丝活跃的地方,我都发了致歉的视频和致歉信,想挽回我的一些粉丝。当时也是承诺,以后的工作重心从比赛、直播的双向发展转变成更多地和粉丝交流互动,打造我自己的直播。

访谈人:那这种行动的效果如何呢? 会有很多人接受你的道歉吗? 还是说他们拒绝道歉,因为网络上喷子什么的还是挺多的。

被访主播:不得不说我还是真的很幸运的,我的粉丝们对我的包容程度远远超出了我的预期,他们愿意原谅我的错误。

访谈人:那真的要恭喜你了,大难不死必有后福哈。

被访主播:其实我当时都绝望了,后来感觉自己真的很幸运,没有遇到特别刁难我的那种人,大家都在鼓励我,支撑着我才走到今天。

访谈人:那么经历了这样的人生挫折,你有什么样的感悟可以分享吗?

被访主播:那次的事件对我而言真的是一次很大的打击,我当时几乎觉得自己的直播生涯要完了,一种整个世界都暗了的感觉,人生好像突然失去了方向。所以我一直特别感激那些支持我的粉丝们,如果不是他们在我思想最低谷的时候仍然支持我,我可能根本不会再有勇气走到今天,也不会有现在这种我想要的生活。

访谈人:很好奇你和粉丝交流的感受是什么样的。

被访主播:每次在直播间里和粉丝互动,给我最大的感受就是舒服,他们不会去为难我、骂我,而是在我难过的时候给我鼓励,和我分享他们的故事,那我也不能让他们失望,我也要重新振作起来,把一个新的自己展示给他们。

访谈人:看来你和粉丝的感情和很多主播不一样,按照我的理解,有的主播可能只是把粉丝当作自己的客户或者自己的服务对象,和粉丝交流就好像是很苦的情感劳动?

被访主播:对的,这种现象还是很普遍的,就像在讨好自己的粉丝,博君一笑。

访谈人:那你和粉丝好像更多是朋友,甚至粉丝像是你的恩人一样的感觉,不知道我的表述对不对。

被访主播:这么说也可以,确实没有粉丝的支持,我是走不到今天这一步的。

访谈人:那我也想听听粉丝对你的评价了。

被访主播:我印象比较深的是一个粉丝半夜给我发了一条私信,我给你找一下。内容是:"你就像一个邻家女孩,总在不经意间流露出一种可爱的气质,观众们在你直播间能更多地感受到真诚的友谊,在和主播进行着精神上的交流,而不是穿着暴露的、没有感情的推销员,卖力地宣传、吆喝着自己,只为观众老爷的一次打赏。"很多的游戏玩家看直播的原因其实很简单,一方面是想学到一些技术,更多的是想通过看直播的方式享受到更多游戏带来的乐趣。

访谈人:这个其实有点像真情独白了哈哈哈。

被访主播:对,我当时晚上看到以后超感动的。甚至还有有时候能够收到一些粉丝的私信,问我主播怎么做,能不能给一些经验的,我都会把我知道的经验一个一个地告诉他们。

访谈人:你的直播间气氛这么好,会不会有一些主播很羡慕,来问你如何营造这样的氛围?

被访主播:有的,有时候能够收到一些粉丝在直播平台上的私信,问我主播怎么做,能不能给一些经验。那我觉得还是用真诚对待粉丝,才能获得粉丝的喜爱。

访谈人:那直播对你意味着什么呢?感觉你和很多一般的主播真的不一样。

被访主播:直播对于我而言可能是我一生中很大的机缘巧合,带给了我想要的生活,而它现在也已经变成了我生活的一部分。

访谈人:那你想过自己到底喜欢什么样的生活这个问题吗?

被访主播:想过,我现在的答案是,我喜欢我现在过的生活,我喜欢能和这么多人交流心事,分享快乐。

访谈人:那你现在会参与一些线下的活动吗,或者说和粉丝的一些其他的交流方式?

被访主播:会啊,我在活动现场的时候,很真切地感受到了粉丝们对我的喜爱。我喜欢能和这么多人交流一些经验,我感觉挺快乐的,也比较有成就感。很多粉丝都说是为了见我一面,才来到活动现场的,我真的很高兴能认识他们,也很乐意把炉石传说带给我的快乐也分享给他们。

访谈人:好,那我下次也要亲临现场,感受你的魅力。

被访主播:好的,非常欢迎你。

访谈人:时间不早了,咱们今天先聊到这吧。感谢你对我们的支持!

被访主播:应该的,不用客气!

田野体验:

终身禁赛对于职业选手来说无疑是致命的打击,在这种情况下,如何摆正自己的心态,找到另外一条谋生之路,就显得相当重要。在与被访主播的对话中,她反复提及自己的粉丝,言语之中都是对他们的感激与亲近。正因为粉丝的鼓励与支持,她才会在遭受了打击后做出专注于直播的选择。我认为被访主播之所以能在直播方面重新出发,一方面是由于她确实积累了一定的人气,另一方面,在竞技类游戏中,专业性高的女性玩家相对少见,正因为稀少,所以才更容易在直播的战场中谋得自己的一席之地。

(六)"知道自己不能做什么,比知道自己能做什么重要"

访谈时间:2018 年 7 月 18 日
访谈地点:线上
访谈时长:1.5 小时
访谈形式:视频采访

访谈人:从之前您直播间的同时在线人数来看,您着实是一位很受欢迎的电竞主播呢,方便透露一下您是怎么做到能吸引如此多的粉丝的吗? 据我所知,有许多电竞主播的粉丝甚至还只有三位数,我想他们或许可以从您的成功中汲取一些经验。

被访主播:做主播这一行,开始的时候真的挺难的,我是属于技术主播类型的,先是通过英雄联盟的直播收获了许多人气,拥有了相对稳定的粉丝群体。随着绝地求生大热,我又开始钻研"吃鸡"技术,吸引了许多新的粉丝,要迎合潮流嘛。

访谈人:主播一开始的时候都要先找到自身亮点才能获得关注度是吗? 我听说有一些新主播喜欢剑走偏锋来着。

被访主播:嗯嗯,有一些主播就是走幽默风的,满嘴骚话,有时候也会口不择言,影响挺不好的吧。

访谈人:你会比较注意这一方面是吗?

被访主播:嗯嗯,因为之前玩游戏,还有一开始的时候也会因为各种失误被喷嘛,然后就回怼,对粉丝不好,还影响自己心情。现在就觉着挺没必要的,佛系很多啦,哈哈哈哈哈。

访谈人:之前看报道网络暴力的事儿挺多的,做主播是不是更容易接触到呀?

被访主播:嗯嗯,会有一部分粉丝,专门喷人,之前有名的"奠家军"这种引战的就很烦人了。但是作为主播又得注意影响,毕竟不能带着自己的粉丝一起撕×,所以,还是会选择性忽视吧。

访谈人:平台会对这部分"喷子"处罚之类的吗?

被访主播:会有呀,我直播间的房管可是很厉害的。虽然不算什么大主播,平台还是会提供一些帮助的。

访谈人:那您有这么多粉丝,遇到这种情况,他们也会维护您的吧?

被访主播:嗯嗯,但是希望"喷子"少一点吧,直播间和谐点挺好的。

访谈人:我看您的直播间还是挺和谐的,您的粉丝也不少呢。

被访主播:哈哈哈,可能我性格比较随和吧,甚至还有些小粉丝想和我一起走直播这条路。

访谈人:怎么说?

被访主播:就比如粉丝有些正在读书,告诉我感觉读书没意思,读不下去,问我做主播怎么样。

访谈人:您怎么说?

被访主播:我当然还是不想让他们走这条路的,成功的经验是不能被复制的,主播这行竞争太激烈了,不过他们的话,估计能听进去我劝的也不多。而且当上主播更多地就踏入社会了,只有真正踏入了社会才会知道读书有多幸福。

访谈人:对了,冒昧问一下,请问您抽烟吗?

被访主播:嗯?怎么了吗?我烟瘾其实挺大的,因为之前压力大嘛。

访谈人:那直播的时候?

被访主播:额,有时也会,不太能控制得住。也在尝试戒烟,但是,得慢慢来吧。(不好意思状)

访谈人:那您作为一名头部主播,收入一定不菲吧?

被访主播:不不不,其实我还不算是顶尖主播。你知道有"电竞第一女神"称号的女主播 Miss 吧?

访谈人:知道,她确实很有实力。

被访主播:怎么说呢……我大概可以说是年入百万吧,但 Miss 就更厉害了。2016 年虎牙宣布签约 Miss 的时候,费用是 3 000 万一年,她连签了 3 年,也就是 3 年间她能获得的纯平台工资就有 9 000 万,更不用说粉丝对她的打赏收益了。

访谈人:这差距也太大了吧。

被访主播:很正常。反正我对于我现在的情况很满意,也无所谓别人怎么样了。

访谈人:很满意?也就是说您不觉得每天直播对您的生活而言是一种负担吗?

被访主播:负担?怎么会!我一般七点半上播,一直播到十点半。十点半的时候,我真的以为才刚刚过了八点。和粉丝在一起的时间真的过得很快,很短暂,我几乎察觉不到什么时间的流逝。所以,直播对我来说,算是全心投入吧,乐在其中。

访谈人:有很多人觉得把兴趣变成职业会使得它不再有趣,但从您身上看来,这却是一件好事。

被访主播:哈哈!确实。而且我的直播时间相对灵活一些。直播前,我一般会在自己的直播通知群里先进行通知,然后粉丝群体里的管理人员就会将消息传播到各个粉丝群里,这样粉丝们便会闻讯准时蹲守在直播间里啦。

访谈人:这样确实方便了许多,那您觉得您的粉丝中是男粉多一些呢,还是小姐姐们占据上风?

被访主播:嗯……我觉得应该是不相上下吧。男粉丝大多会被较高的操作水平所吸引,加上有趣的直播方式。女粉丝就很喜欢幽默帅气的男生,颜值高其实很圈粉,尤其是对女生来说,而且女粉丝们通常会在主播抖机灵或者偶尔卖蠢的时候夸赞"可爱",对,女生好像会很喜欢"可爱"的男主播。

访谈人:看来您与粉丝们之间的关系相当不错,而且对自己的颜值也很有信心啊。

被访主播:那是!

访谈人:除了日常游戏直播外,您还有别的和粉丝交流的途径吗? 会接受粉丝的私人邀请吗?

被访主播:我经常会受邀出席一些大型的动漫展会、游戏比赛等活动,与粉丝面对面接触。工作结束之后,我还会在这些活动的举办地逛一逛,录些小视频什么的发布在平台或微博上。

访谈人:听起来就很吸引人呢! 看来我回去后可以找来看看。

被访主播:那我强烈推荐你去看前两天世界杯时我录的视频。

访谈人:世界杯? 俄罗斯? 现在公司福利都这么好的吗?

被访主播:当然不是公司福利,是我和另一位游戏主播自掏腰包组团去了现场观赛,顺便录了一系列视频。

访谈人:边娱乐边工作,看来您是真的很乐在其中了。那您会关注一些其他的时事政治之类的吗?

被访主播:这个相对而言少一点吧。主要还是根据自己兴趣来,想和粉丝们多分享些乐趣。

访谈人:有您这样尽职尽责的主播,您的粉丝一定都很幸福。

被访主播:还好吧。哦对了,逛街的时候还进行了几场直播,这你也可以看看,我觉得还蛮有意思的。

访谈人:会的会的。不过您身为一个电竞主播却直播了旅游生活,不会有粉丝反对吗?

被访主播:并没有。事实上,我一开始的时候也在担心粉丝会不会觉得我"不务正业",明明是个游戏主播却抢了旅游主播的饭碗,但结果(粉丝)还是很喜闻乐见的。

访谈人:您是和您那位主播朋友一起进行的直播吗?

被访主播:是的。

访谈人:那您不担心会有粉丝流失吗?

被访主播:完全不。恰恰相反,我觉得这是一种双赢,两边都能涨不少粉丝。更何况,我相信我的粉丝和我自己的实力。

访谈人:您真的是一个很自信的人。但众所周知,网络主播是一个"来得快也去得快"的职业,您觉得您还能做多久呢?

被访主播:我其实并不是很担心这一点。

访谈人:哦?

被访主播:的确,2017年开始整个主播行业收入都没有前两年挣得那样多,但是游戏主播抗风险能力相对还是较强的,不太担心饭碗不保。其他领域,特别是没事卖个萌,露个胸,偶尔唱个歌的主播就不好说了,没有壁垒的主播肯定是越来越难混,我们吃的都是技术饭。

访谈人:确实很有道理。那您对那些"无保障"的主播有什么建议吗?或者说,您觉得怎么样才能混好"网络主播"这个圈子呢?

被访主播:一开始的时候,我觉得知道自己能做什么,找准定位非常重要。但是到了现在,我觉得,就像那句话说的一样,知道自己不能做什么,比知道自己能做什么更重要。有些主播,他就是觉得自己什么都能做,不知道自己不能做什么,本身一手好牌,偏偏要去触碰底线,我也不知道他们是不是飘了。

访谈人:也有可能是您提不起刀了。

被访主播:哈哈!也许吧。我感觉他们这就等于是在自掘坟墓吧。总之,不顾规则、哗众取宠的恶果最终都会反噬到自己身上的,最近不少主播都摊上了这种事儿被封杀了,那我作为一个主播,当然是会引以为戒的。

访谈人:实在是非常有料的一段话啊。相信会让许多人都引以为戒的。

被访主播:过奖过奖。

访谈人:我之前在观看您直播绝地求生的时候注意到您的英语非常不错,能与外国队友流利交谈,是有专门练过吗?

被访主播:那个啊……练到没练过,只是之前在美国留了两年学而已。

访谈人:留学? 方便透露一下学习的专业吗?

被访主播:我主修计算机。

访谈人:那您的综合条件完全可以找一份不错的工作,为什么选择成为电竞主播呢?

被访主播:还是兴趣吧。更何况我现在混得还不错不是吗? 换一份别的工作,说不定还没现在的情况好呢。

田野体验:

被访主播在我眼中是个非常优秀的人,采访过程中,我能从他的谈吐中看出他的个人修养,他甚至讲了一口非常流利好听的英语。我觉得按照他个人的条件,哪怕不做主播也能在别的领域做得很好,但他偏偏选择走了网络主播这一条路,而且一走就走到了接近顶峰的位置,他的选择并不是一时兴起,而是他自身的积累给了他这样选择的底气。在我看来,他最令人敬佩的地方在于一直脚踏实地,从不会像某些主播一样祸从口出,哪怕已经成为头部主播,也依旧奉行"知道自己不能做什么,比知道自己能做什么更重要"的原则,不禁让我想感叹一句,果然主播有了壁垒才能不断开拓自己的生存空间。

(七)"生活的态度最重要"

访谈时间:2018 年 7 月 23 日

访谈地点:直播间

访谈时长:2.5 小时

访谈形式:面对面采访

访谈人:晚上好啊,两位主播!

被访主播:你好你好。

访谈人:你们两个都长得这么好看,凑在一起就感觉特别般配,能跟我说一下你们俩是怎么认识,然后在一起的吗?

被访主播 A:你说吧。

被访主播 B:你说呗,大男人还害羞。

被访主播 A:行,那我说,开始我没有把它完全当作一份工作。开始直播的时候,就是自己感觉好玩儿,同时还能和那么多人交流,而且受约束比较少,可以释放压力,所以我有时候也会看看别人的直播。有一次我偶然看直播的时候就关注她了,多好看的妹子,然后我知道她和我是一个公司的,平常我下播了,有时间就去看看她直播。也没有跟她接触过,然后那年公司年会嘛,我就去了,然后发现她也在,嘿嘿,就特别开心,然后就才算是搭上话。上去跟她交流,发现她也关注过我,认识我,我就特别开心了,然后跟她聊着聊着发现跟我是一个城市的,哇,对吧,这不就给机会了,后面就加了个微信,就慢慢就平常没事了就找她聊天啊,后面就熟了呗,然后就在一起了。可以说,直播让我遇到了正确的那个人吧。

访谈人:那你们这算真的还特别有缘了,那后来呢,后面还有别的什么事吗,那你们不是也算公众人物嘛,怎么想到公开恋情了?

被访主播 B:本来我们都打算就谈着,私下里偷偷的,因为就像你说的,粉丝里面也有一些男粉啊肯定是喜欢我的,要是公开了,肯定会掉粉的,但到后面他一直在鼓舞我说要不就胆大一点,都公开了,毕竟遇到一个特别喜欢的人不容易,然后我们就都公开了。

被访主播 A:公开的时候压力还是很大的,但我也没想那么多呗,反正就喜欢她嘛,这样也让她有安全感一点,这么做了之后,虽然说还是有一小部分人就不喜欢我们了,刚开始的时候还有一些粉丝骂我们什么乱七八糟的话,就我的粉丝跑去她的直播间骂她,她的过来骂我,还有互相对喷的,但是大部分的人还是给了我们祝福啊什么的,后来也就慢慢地好了。有的铁杆粉丝,我还是比较享受和他们聊天的过程,有时候也能获得一些安慰。

访谈人:那些骂人的粉丝都很过分吗?

被访主播 A:我这个人比较自由,要是对方真的确实过分的话,我就会发火的。

被访主播 B:对对对,然后后来还有互相串门的,哈哈哈(笑)。他们关系还处得特别好。

访谈人:那还真是蛮好的了,那后来粉丝有留给你们什么特别感动的印象吗?

被访主播 B:印象啊……我想想,倒有一个,经常跑到我的直播间过来叫嫂子,跟我说他真的是上辈子拯救了世界,才会这辈子交到我这么漂亮的女朋友,这个我倒是记得很清楚了,因为后面带起了好多人跟着叫我嫂子。

被访主播 A:那是我也帅好不好。

访谈人:哈哈,没错,你们真的很般配了,那,你们现在生活状况是什么样的?

被访主播 A:生活状况……我们俩就住了一个套间,有两间房间,然后两套直播设备嘛。就平常自己直播,互不打扰。直播完了,一起有时间了就做做饭吃,没时间了就出门买点东西,或者吃点夜宵。

被访主播 B:对,然后嘛就平常还互相串个门,出现在同一个屏幕里有的时候还特别有趣,观众好像还更喜欢这样,有时候他会教我打游戏,他过来我会带他跳舞,虽然很丑,但是就有那种特别环节的感觉。

被访主播 A:我老带她打游戏,你是不知道,她刚开始特别菜,玩吃鸡、打LOL,之前不玩游戏嘛,然后就连自己都找不到在哪里,但是毕竟是妹子嘛,可以理解,不过她学得还挺快的,玩得多了后面就基本上可以带着她经常一起玩了,有时候偶尔还能 carry 几把。

被访主播 B:你还好意思说我,那来比跳舞,你怎么不说你是干吗的,刚开始教你跳舞,整个人和木头一样,动也不会动。

访谈人:哈哈,看你们斗嘴还真挺有意思的感觉,我看平常你们的微博啊,然后大多数都是一些秀恩爱的照片啊视频啊之类的,你们感情状况应该特别好吧。

被访主播 A:我跟她在一起之后也没怎么吵过架,好多粉丝还一直关注我们的感情,有次直播的时候随便提了一句跟她最近有点小矛盾,粉丝们简直比我还要在意,说让我一个大男人多担待点,不该惹女生不开心什么的。我有时候会调侃他们,说你们怎么这么爱操心,但实际上知道他们都一直在关注我们,一想就特别感动,觉得有这么多人关注我们的幸福,真的就很幸福了。

被访主播 B:对对对,而且有些粉丝特别可爱,经常私信我说让我教被访主播 A 跳特别骚的爵士舞,他们特别喜欢看这个。

访谈人:哈哈哈我也想看他跳这个,跳起来一定格外好看。那,你们俩感情现在进行到哪一步了呢?

被访主播 A:我们正在筹备装修新房,然后去领证、举办婚礼。不过就是房子有点小了。

被访主播 B:嗯,我们现在不算有充裕的资金,房子不大,但还是能把家装饰得温馨、舒适的,这样以后在家直播,也会更开心呀。刚开始的时候吧,我们俩直播情况也没那么好一点,就生活都挺拮据的,平常有什么稍微贵一点的东西都不敢买,更别提房子了,不过现在想想已经过来了,要结婚了,以前就没那么重要了。毕竟金钱不是最重要的,生活的态度最重要。

访谈人:哇!你们已经快要结婚了!(震惊)恭喜恭喜,真的太幸福了吧!真的是网络直播带给你们的缘分啊。那,有考虑过换个待遇更好、更大的平台吗。

被访主播 B:谢谢了,暂时还没有这个想法哎,现在平台待遇也不错,工作相对自由,挺多朋友也是通过平台认识的,已经挺知足的啦。我们现在想的是之后我们俩结婚的时候,到时候也开直播,直播给我们一直支持我们的粉丝们看,我知道有直播婚礼的,会收到很多打赏,但我们也不是为了收他们的礼品,只是说也能让那些一直见证我们感情的人开心。有他们的见证,也更有意义。

被访主播 A:是的,你到时候也可以过来给我们捧个场啊。

访谈人:好啊好啊,这是肯定的,那我问得也差不多了,那就祝你们之后生活美满、家庭幸福了。

被访主播 B:好的,谢谢你。

田野体验:

采访之后印象最深的就是被访主播 A 和被访主播 B 一直在不经意间给我发狗粮,随便一个问题都能答出满满的甜蜜感,而且两人的互动简直默契到令人惊叹。就像表现出来的那样,他们确实是一对非常甜蜜般配的情侣,对待彼此的态度与对待生活的眼光都让人很羡慕。成为主播对他们来说最大的收获就是遇见了彼此,让他们想更加用力地好好生活。就像他们说的那样,金钱不是最主要的问题,更重要的是自己的态度。生活就像布满鲜花与荆棘的一条道路,有人只看见荆棘,有人却只看见鲜花。

(八)"向内认知,向外行走"

访谈时间:2018 年 7 月 29 日
访谈地点:线上
访谈时长:2 小时
访谈形式:微信采访

被访主播:喂,佘同学,我是团子。

访谈人:你好,团子。现在方便进行采访吗?

被访主播:嗯,可以的。

访谈人:之前被你圈粉是因为那个舒服雷欧姆蛋的直播,当时就觉得,哇,这个 up 好可爱! 那你是在什么契机下准备做一个美食区 up 主的呢?

被访主播:因为我日常就是喜欢逛 b 站啊、看直播之类的,然后美食又是我的爱好。我喜欢把自己做的好吃的甜品什么的给朋友们尝,初衷也不是赚钱。他们就是说你这样可以去当 up 主啊,边做边播。也可以和更多的人分享我的美食吧,就开始直播了。

访谈人:你在现实生活中是什么样的呢?

被访主播:生活中我可能没有网络上那么活泼吧,话比较少。平时直播的时候,边做东西边聊天不会那么无聊,其实是有点类似于自言自语那样子。

访谈人：当时为什么会给自己取这个名字？

被访主播：其实也是随便取的。柯基是我家的狗嘛，叫小黄。然后团子是我家猫的外号，大名叫老白。

访谈人：哇，羡慕了，猫狗双全的大户人家。

被访主播：哈哈哈哈哈没有没有。

访谈人：平时和家里的宠物有没有什么特别好玩的故事呢？

被访主播：它们两个性格就是截然不同的那种，像我家黄就是特别爱咬东西，爱到处跑，平时看起来特别傻，也有点二，比较黏人，大白就是很安静很高冷，喜欢抢小黄的玩具。

访谈人：也算是半个动物圈 up 主了吧，会不会经常和观众分享它们的日常？

被访主播：它们才是主角，比我人气要高。有时候粉丝就会说"我们不要看你，老白和小黄呢？"我觉得要是我们家宠物会说话会做饭的话，直播间应该没我什么事了。

访谈人：哈哈哈，那你是什么时候喜欢上美食制作的呢？

被访主播：应该是小时候就比较喜欢在家鼓捣一些吃的啊面食之类的。长大之后在外地上学也比较习惯自己做吃的，就习惯成自然了吧。

访谈人：我看你的直播大多是一些创意性很强的菜品，《食戟之灵》里的菜品还原之类的。怎么想到做这些有挑战性的创意美食的？

被访主播：算是半个松冈粉吧。当时《食戟之灵》特别火嘛，我也有追，原作里面那些菜就是现实生活中存在的，当时就觉得作者大大太强了。而且当时正好 b 站有一个活动，就参加了。当时没有抱太大希望，还好大家还比较喜欢这个系列。

访谈人：当时自己做的时候会不会担心会翻车啥的？

被访主播：会担心啊，但是尝试得多了，画风逐渐跑偏，就成了美食圈的清流了哈哈哈。

访谈人：点击量比较高的视频是哪些系列呢？

被访主播：大家比较喜欢《深夜食堂》《食戟之灵》《卫宫家的饭》。我自己比较喜欢"美食实验室"，主要是一些黑暗料理，麻婆豆腐冰激凌、青芥末盖饭、枇杷膏鸡尾酒、三文鱼刺身蛋糕之类的。

访谈人：你个人最喜欢吃哪类食物、甜点、零食之类的？会推荐给粉丝吗？

被访主播：我口味比较杂，好吃的都喜欢吃。当然会推荐给粉丝，好的东西就要和大家分享嘛。

访谈人:很多女生都喜欢会做饭的男生嘛。那你有没有觉得自己的特长特别加分在这方面?

被访主播:好像没有吧哈哈哈,我周围基本上是男性朋友比较多。也许可以给未来的女朋友做好吃的哈哈哈?

访谈人:单身又做得一手好菜的小哥哥。

被访主播:哈哈哈哈哈。

访谈人:近期最想做的事情是什么呢?

被访主播:带小黄老白去体检。

访谈人:目前是全职签约做美食主播吗? 还是有其他的工作呢?

被访主播:哦,不是全职直播。我本职是在一家传媒公司做策划运营。

访谈人:平时会很忙吗?

被访主播:还好吧,工作时间弹性挺大的。忙的时候特别忙,但是不忙的时候也有很多自己的时间。就是根据工作时间来调整,忙的时候就抽空录一会儿,空闲时间就用大段的时间直播,也算业余时间的爱好吧。

访谈人:未来会一直在 bilibili 直播吗? 有考虑过换一个管理严格一点、收入更高一点的平台吗?

被访主播:没有考虑过哎,其实 b 站对于 up 主们会有很多奖励机制,偶尔会有一些礼物发放,我就在微博或者 b 站评论区给粉丝抽奖。而且像 Bml、bilibili world 这些活动上也认识了很多有意思的 up 主,平时会一起交流视频制作、番剧啥的。像我这种类型的 b 站原生主播可能去了别的平台也比较难发展吧。

访谈人:看你最近发了广州的 Vlog,是有向生活区转型的倾向吗?

被访主播:啊,这个就是去广州出差的时候,正好有两天空闲,然后群里就叫我去找他们玩,一起做视频,我之前也没有做过,转场特效啊那些也是他们教我的。

访谈人:都是 up 主吗?

被访主播:嗯,对。特别感谢他们。

访谈人:有粉丝约你,想要一起吃饭、购物之类的吗?

被访主播:这个暂时还没有哎,不过倒是有挺多粉丝给我推荐各种甜品店之类的,倒是没有想带我去。(玩笑状)

访谈人:平台有相关规定说不能和粉丝线下活动之类的吗?

被访主播:没听说过哎,好像没有。不过和粉丝开展一些线下试吃活动之类的也有助于保持热度吧。

访谈人:你觉得现在对你来说比较重要的事情是什么?

被访主播：平衡好生活和工作吧。

访谈人：那生活中有关注一些时事吗？直播的时候会跟大家聊聊热点话题之类的吗？

被访主播：比较少吧，我主要是做内容的主播嘛，直播内容也大多是自己擅长的元素。

访谈人：最后，分享一句你印象比较深的句子，谈谈你对它的理解吧。

被访主播：我非常喜欢《北京女子图鉴》里的一句话："向内认知，向外行走。"无论是作为一名主播也好，媒体从业者也好，它既是我的经济来源，也是我"向外行走"的途径，会带给我更多元的体验。

田野体验：

与被访主播进行完这一场访谈后，竟然感觉自己从他身上学习到了不少东西。被访主播做直播只是工作之余的一个选择，而这个选择让他给许多人传递了快乐与温馨，能够把握好本职工作与直播工作之间的平衡点也让我觉得很厉害。作为主播，也需要由外向内进行思想洗礼，一个人只有真正认识自己的时候才会透彻，才会明白许多道理，同时也要尝试着走出去，多经历一些事情，无论是好是坏，都是成长上的必经之路。

（九）"做主播，有时也是再就业的一种思路"

访谈时间：2018 年 3 月 16 日
访谈地点：直播间
访谈时长：1.5 小时
访谈形式：面对面采访

被访主播：不好意思啊，我家有点乱，一楼全是试穿的衣服。

访谈人：没事没事，我看你楼下是工作的地方吧，还有直播设备。

被访主播：对的，一楼是工作区，休息区在二楼，我们上楼谈吧。

访谈人：好。

访谈人：你是什么时候开始做淘宝主播的？

被访主播：去年（2017）年吧，在做主播之前我做了三年"淘女郎"，毕竟做"淘女郎"不能长久，还是要转型。

访谈人："淘女郎"是干吗的？

被访主播：就是给淘宝的商家做模特啦，对，在之前做"淘女郎"也给我现在做主播积累了一部分人脉吧。我原来是想跟闺蜜合伙开网店的。

访谈人:那你后来不开了?

被访主播:是啊,开不下去了,刚开始想着手上还有一批商家,有货源,开网店的那会儿,拍照运营寄快递都是靠我一个人,忙得连喘息的机会都没有,可生意很差,没办法啊,当时我房子,别看现在有100多平方(米),当时只有40平(方米)。

访谈人:生活很艰苦啊。

被访主播:嗯,整个人啊,皮肤变差了,额头也起了很多痘痘,后来不得不放弃了开店。

访谈人:不管怎么说,你后来就做淘宝直播了,可以说是有做淘宝直播的职业基础了。

被访主播:嗯对滴,在我之前有些人通过淘宝直播赚到了钱,我就开始去尝试。其实我做这行也不算早吧,第二年进入的,第一年没赶上。

访谈人:也不算晚吧。

被访主播:嗯嗯……当时我告诉自己还有机会。刚开始的时候做得也不好,因为之前没有做过直播,商家的第一反应就是拒绝。原本以为以前合作过的商家会支持,但效果并不是很理想。后来就一家一家沟通,最后决定从自身会搭配衣服的技巧作为突破口。

访谈人:哦哦。

被访主播:因为同样的一件衣服,我比较擅长搭配出不同的风格,而且我住在杭州嘛,杭州这边是电商互联网比较发达,马云老家。你来这边一趟也挺远的,高铁两个多小时吧,我前几天刚去的南京……

访谈人:哈哈哈是的哎,是挺远的,我们见一面还真不容易,我看你也挺忙的哦。

被访主播:的确,你看我刚刚下播,还没来得及卸妆。每天早上十点开播一直播到这个点。现在我的粉丝习惯已经养成白天看直播了,就不需要在晚上开了。晚上的流量虽然大,但是大主播多,竞争力强。我们吃住都在一起,基本上每天都在屋里。

访谈人:你们生活不单调吗?

被访主播:习惯就好了,因为工作太忙,大家平时也没时间出去逛街、找男朋友,下播以后回复粉丝信息都要回复到半夜,还要跟助理一起处理售后工作。

访谈人:那你工作很辛苦了。

被访主播:已经比以前好多了,你看我还有两个助手,一个在我直播的时候给我搭把手,换衣服,下播以后整理衣服,收快递发快递,一个主要和商家和粉丝沟通,订单下了也要及时追踪。

访谈人:给粉丝推荐的衣服你都了解吗? 就是你怎么保证质量呢?

被访主播:质量肯定是要保证的呀,我播的产品我都是亲自检验的。

访谈人:是商家给你试用吗? 还是你去验货?

被访主播:不是的,他们先寄大样过来,我标签还不能剪,检验完了再寄回去,这样才敢跟粉丝介绍啊,别人看你的直播买了你推荐的东西,总不能不负责任吧。

访谈人:嗯。

被访主播:嗯……我是一个大大咧咧的人,直播的时候也是有啥说啥,对有的衣服还要挑毛病,衣服起球、扎人、手感如何等等。

访谈人:对对,这样才能留住粉丝。产品不好会砸了招牌,产品好不愁复购率。

被访主播:对啊,我的粉丝们支持我,给我打赏,我自然也不能亏待她们啊。我不仅保证质量,还尽量帮她们拿到最优惠的价格。有一次我就跟一个商家吵了一架。

访谈人:最后拿到最优惠的价格了?

被访主播:肯定的,不然以后肯定不帮他播啊。

访谈人:哈哈哈哈,那你还很敬业。

被访主播:还好还好。现在大家都被主播们的收入吸引,但是背后的辛苦却不知道啊。不管怎么说,虽然累,也要尽力做好,反馈更好的产品给粉丝。

访谈人:那么做主播对主播的比如相貌、气质、年龄有要求吗?

被访主播:有影响吧,但不是决定性的,粉丝一方面追你的人设,一方面追你的商品,只要你的商品有品质,用户对你的忠诚度就会很高。颜值上,其实只要你不丑,都可以做这行,相对而言限制很小。我有许多同行都已经是孩子的妈妈了,它的门槛没有那么高,所以其实做主播,有时候也是再就业的一种思路吧。

访谈人:你觉得你的粉丝怎么样?

被访主播:她们大多跟我身高、身材接近,因此在穿衣服搭配方面我们可以说是比较有共同语言。我能和粉丝像闺蜜一样互相分享,不仅仅是穿衣打扮,包括生活工作上的事情都会一起分享。现在也经常会跟粉丝们说些生活上的趣事,比如家里装修什么的,这样的感觉很好,哈哈哈。

田野体验:

主播的工作环境完全没有我想象中的好,尤其是淘宝主播,工作地点就是一个面积不大的房间,里面堆放着各种拍摄道具和需要试穿的衣服,而且工作强度很大。我觉得,如果换作我做这份工作,我恐怕连三天都坚持不下去,因为这和我理想的工作情况差别太大了。所以,我觉得像被访主播这样的主播,能够日复一日地坚持下来真的非常不容易。不论从事怎样的工作,获得的成果与付出其实都是对等的。

(十)"创造更多可能性,就是我做直播的意义"

访谈时间:2018 年 10 月 5 日
访谈地点:线上
访谈时长:2.5 小时
访谈形式:咖啡馆

访谈人:能先和我说一下 VR 直播是什么意思吗?

被访主播:就是把 VR 技术和直播结合起来的形式。

访谈人:那你在 VR 直播中做什么呢?

被访主播:我是 VR 主播,对内还负责策划工作,一方面呢,我自己研究 VR 直播技术的完善和推广,另一方面,在提供 VR 直播的平台上担任主播。

访谈人:VR 应该是最近几年刚刚兴起的新事物,我也是第一次听说将直播和 VR 结合到一起的,说实话,还是挺好奇的,哈哈哈哈。

被访主播:的确,知道 VR 直播的人确实还不是特别多,目前来讲,停留在尚未完全普及的阶段,在直播中关注 VR 的水友们更少。

访谈人:那是不是也意味着直播关注度,粉丝更少呀?

被访主播:是的。刚开始的时候,水友也少,直播就挺难的。

访谈人:后来是怎么好起来的呢?

被访主播:专心做内容吧。VR 慢慢普及,直播关注度也就慢慢上来了。

访谈人:有想过刚开始的时候通过一些比较抢眼的方式去先拉动关注度吗?

被访主播:当然有想过呀。刚开始的时候总是担心没人看,但是又不能做些越线的行为,毕竟平台会实时监管的。

访谈人:这两年 VR 越来越多地应用在直播领域,您认为是什么原因呢?

被访主播:之前 VR 直播一般都用在演唱会或者体育赛事上嘛,都是那种比较重大的事情,但是现在全景相机的价格越来越低,VR 也变得比较平民大众了。所以很多平台都看中这个市场,注入资金抢滩。

访谈人:大致有哪些平台呢?

被访主播：国外有 Facebook、YouTube、Twitter，国内有淘宝、唱吧、花椒。

访谈人：这么多？

被访主播：对啊，这几年 VR 直播技术越来越好了，用户接受程度也越来越高。不过，比起国内，国外的 Facebook、YouTube、Twitter 的功能更加健全，还有 360 度 VR 直播功能，对推动社交也有好处。

访谈人：那么这个 VR 直播和普通直播有什么区别呢？

被访主播：在 VR 全景直播当中，由用户来决定看到的内容，而不是内容决定用户。这是内容上和普通直播很不同的一点。

访谈人：VR 直播和普通直播相比，它的劣势和优势在哪方面？

被访主播：劣势就是相比较而言确实贵啊，而且麻烦，操作流程复杂。全景相机、拼接合成服务器、编码上传、点播机房分发与用户收看，哪里像普通直播那样，一台电脑或者一部手机就可以直播。优势是交互性更强，没有空间限制，可以身临其境。哦，还有，比如你看演唱会，路费、住宿费、门票等都是一大笔费用，用 VR 直播的话在这一块是可以节约一定成本的。

访谈人：那对于像你一样的 VR 主播来说，有没有觉得和普通主播不一样？

被访主播：其实，虽然 VR 直播但对于用户的体验来说差别比较大，但对于我们主播来说，和普通直播没有太大区别，比如我在直播的时候，想到哪就说到哪吧，只要不谈很敏感或偏激的话题就可以，所以主要是面向的受众不一样，比较局限，而且没办法发挥 VR 互动的优势。

访谈人：那有考虑过做一些线下活动来增加互动吗？

被访主播：有想过，但是比较难，一方面是设备，另一方面，可能我的粉丝也不太有这方面的需求吧（无奈）。

访谈人：其实我挺好奇你跟粉丝的关系是怎么样的，会有那种粉丝变为现实生活的朋友吗？

被访主播：有几个，下播了也会聊一些设备、技术方面的事，线下见面的话没有，也得注意个人安全是吧。

访谈人：当初你是为什么想要成为一名 VR 板块的主播呢？是因为这方面内容做的人少，竞争会少一些吗？还是有其他原因？

被访主播：也不是，我之所以成为一名主播，就是对 VR 这项技术很感兴趣，被吸引而来，初衷并不是为了赚钱，而是想创造更多的可能性吧，让更多的人了解这项技术，这对我来说，可能就是 VR 直播存在的意义吧，也是我从事直播的意义。

访谈人：看来您是真的很喜欢 VR 这个东西啊！

被访主播:哈哈,我是个技术宅。平时除了偶尔的直播活动和娱乐活动,几乎一心都在研究,经常会忙到连饭都忘记吃,也不想睡觉。

访谈人:那你有关注过这方面的时事吗?

被访主播:当然有,科技引领生活嘛。

访谈人:政治方面呢?

被访主播:政治? 这个没有哎。

访谈人:那您觉得目前 VR 直播还存在什么问题? 以后的发展前景怎样?

被访主播:最大问题还是技术和成本。按照目前直播平台现有的 VR 直播技术,在直播中模拟形成现场的感觉,真的不怎么行。而且 VR 直播是要专业团队的,视频的拍摄成本也高。

访谈人:有计算过这方面的成本吗?

被访主播:之前计算的数据是十分钟就要 10 000 元。对观众来说,观看成本也更高,单位成本大约是电视的 10 倍,手机的 100 倍。

访谈人:我的天,这么高? 那想通过 VR 直播营利的话,不是很困难吗?

被访主播:就是很困难的,成本很难回收,它发展虽然是靠技术,但也得看消费者。我们能做的就是更努力一些吧。

田野体验:

在进行采访之前,我对 VR 直播其实完全不了解,我知道 VR 也知道直播,但将这两样东西合在一起就闻所未闻了。被访主播是个看起来柔柔弱弱的女孩子,但我能从她身上看见蕴藏着的巨大能量。她一边做主播,一边参与研究 VR 直播技术的完善和推广,在自己喜欢的领域贡献着自己的力量,去推动整个产业的发展与运行,真的是非常了不起的一件事情。

(十一)"通过直播平台感受到公益的力量,并且响应它"

访谈时间:2018 年 12 月 27 日

访谈地点:线上

访谈时长:2.5 小时

访谈形式:电话采访

访谈人:您现在直播的内容和其他的户外直播不太一样,是吧?

被访主播:嗯对,我的直播不像虎牙上的其他户外直播那样去各种地方探店、探险啊这种,而算是一种公益直播吧。

访谈人：那您一般都直播些什么呢？

被访主播：就直播一些慰问福利院的儿童、寻找街头的流浪汉这样的公益内容。

访谈人：嗯，那确实比较好，对社会也能做出贡献，那您一天会直播多长时间呀？粉丝多吗？

被访主播：一天大概 8 个多小时吧，就四处漂泊的那种。（笑）粉丝还好，慢慢都成了关系挺好的朋友，有时候大家也会一起募集些物资什么的。

访谈人：哇，那也挺辛苦的吧。

被访主播：还行吧，有时候确实挺辛苦的。我每天早上出发，然后去寻找那些街边的流浪汉，忙的时候饭也来不及吃。

访谈人：那您是怎么去寻找的呢，开车吗，还是？

被访主播：我有一辆二手的"房车"，然后带上我的两部手机，一部用来通话啊什么的，一部就用来录直播。

访谈人：那您睡觉不会就直接睡在车里吧？

被访主播：嗯，有时候忙起来就直接睡在车里，毕竟是"房车"嘛，虽然它是二手的。

访谈人：哈哈哈哈哈哈，您还挺幽默的。（笑）

被访主播：做直播这行，不幽默的话没多少人观看呀，但我做这个公益直播，并不是需要特别多的人观看我直播并且打赏我，我更希望的是大家能通过这个平台感受到公益的力量，并且响应它。这对社会也是件好事。

访谈人：对，那您怎么想到要做这个公益直播的呢？是一直想做直播还是突然就决定去做了？

被访主播：我想到用这种方式做直播并不是一时兴起，也不是平白无故，是因为我的个人经历。

访谈人：什么样的个人经历呢？方便透露一下吗？

被访主播：是这样的，我是出生于农村的，在我们当时那个年代，可以看的书、读的报都很少，连温饱问题都难以得到保证。

访谈人：对，你们那个年代是挺辛苦的。

被访主播：谁说不是呢？之后啊，有一年，班里来了一个插班生，他的生活条件和我们一比就显得很好，不仅吃得饱，穿得也很时尚。

访谈人：那这样优越的条件，很多人都会羡慕吧？

被访主播：反正我看了是很羡慕，哈哈，自此之后啊，我就在心里暗暗下决心了，以后啊，不光是我自己，我也想让更多的像我这样的孩子，过上比较好的生活,至少温饱不用愁吧。

访谈人:这样啊,所以您就致力于去福利院慰问儿童了。

被访主播:嗯,但是更让我坚定这份做公益的心的原因还有一个,那是源于我的父亲。

访谈人:您的父亲? 具体是什么样的事呢?

被访主播:我的父亲,患有老年痴呆症,在他76岁那年曾经走失过,我们全家找了他四天四夜才找到,但找到不久,他就离开了人世。在当时那种情况下,失去了亲人,哎,那种痛,其实对我来说,真的是一次非常沉重的打击。(悲伤)

访谈人:那确实是比较让人遗憾的事,但您现在所做的,就可以让这种悲剧少发生一些了。

被访主播:对啊,当时我就想,如果当初我的父亲并没有走失的话,那是不是就不会这样了? 或者说如果这个世上的好心人再多一点,那亲人走失的悲剧是不是就能减少了? 那时候我就开始思索人生了。

访谈人:所以您是从那个时候就开始做公益了?

被访主播:是的,我是个摆摊卖东西的,做做小生意,在同龄人中赚的钱并不高。等到闲下来的时候,我会去看福利院的儿童,给他们带点书看看;然后白天的话,我一般是起早做生意,中午收摊后,去搜集那些寻人启事,再去寻找流浪者,比如烂尾楼、乡道边、公厕,这些地方我都会找的。

访谈人:那后来您为什么会选择去直播这样的公益行为呢?

被访主播:很长一段时间过后,我觉得这种传统的救助活动只是守株待兔,仅是靠我自己的力量,可能有些微弱。

访谈人:所以您就想到了直播这种方式去更好地去帮助别人吗?

被访主播:嗯,算是一次偶然的机会吧,我在刷朋友圈的时候,看到有人分享了一个直播的链接,到这个时候我才知道有"网络直播"这件事。当时我就想,直播平台既然能让唱歌、玩游戏成为直播内容,那是不是能让那些正能量的事情成为直播内容呢? 然后我就开始注册了虎牙直播平台的账号,进行直播。

访谈人:那您一开始直播的时候有没有遇到什么困难呢?

被访主播:一开始直播的时候,直播间的观众并没有几个人,而且即使这是一种公益行为,还是有很多人质疑我这是在作秀。(无奈)有时候我将自己去福利院的事件呈现在直播间里时,直播间里要么就是辱骂,要么就是质疑这些公益活动。我也很无奈啊。

访谈人:有考虑过换个自由度更高的直播平台吗?

被访主播:这个倒没有,还是首选大平台吧,这样能看到的人也更多一些,能影响更多的人。

访谈人:那您现在直播间观看您直播的人数大概是多少?

被访主播:现在直播间观看人数差不多八九千吧,有时候多一点,上万,有时候少一点,四五千。

访谈人:您刚刚也提到了质疑、作秀,确实有很多观众认为您这种做法是为了博观众眼球、赚观看量,您是怎么回应的呢?

被访主播:我觉得,就是做自己喜欢的事嘛。我也不是很富裕,家里还有女儿需要抚养,通过直播不仅可以让更多人关注到公益事业,另一方面,也可以通过直播获得一些收入,养活自己和家人的同时,也能更好地把这件事做下去。

访谈人:那你觉得网络直播对您做公益有什么帮助呢?

被访主播:我觉得直播更有那种代入感,它的感染力很大,比如在我直播的过程中,直播间的粉丝会和我一起寻找信息和线索,一起求证。

访谈人:能举个例子吗,粉丝们是怎么和你一起帮助这些需要帮助的人的?

被访主播:我记得特别清楚的一次就是,我和一个流浪汉交流时,由于地域关系,他讲的方言我是真的听不懂,但这个时候,直播间的粉丝们就给我翻译,他们会告诉我这个流浪汉说了些什么,方便了我们之间的交流。

访谈人:当您看到那么多的人得到帮助的时候,内心什么感受?

被访主播:当然是很开心了。我很欣慰那些福利院的儿童能受到更多的帮助,还有那些流浪者可以和家人团聚,真的是一件好事。

访谈人:在越来越多的人得到帮助的这个过程中,其实大家对你的质疑声也越来越少了,毕竟你的粉丝也越来越多了。

被访主播:嗯对,现在我直播间的订阅人数是 10 万左右,这同时也是这一个公益直播行为受到大家响应的标志嘛。

访谈人:那您有关注社会上一些公益行为吗?

被访主播:当然有,但是毕竟我条件有限,不能像他们一样给这部分弱势群体直接的帮助,还是尽量多影响一些人吧。有时候我也会关注一些国家政策方面的,希望政府能够给他们提供更多的保障吧。

访谈人:那您以后有什么打算,会把这个公益直播继续做下去吗?

被访主播:那当然了,只要我还做得动,我就会继续做。毕竟正能量是整个社会都需要的,你说是不是?

访谈人:嗯嗯,希望直播平台上能有更多像你一样充满公益之心的人。

被访主播:其实现在有挺多平台都开始了做公益的直播,我真的觉得这件事挺好的。

访谈人：嗯，我们也希望更多的观看直播的观众们能够了解并参与到这件公益之事上来。

田野感悟：

通过直播做公益，在我看来非常有意义。也许在与被访主播对话前，我还对公益直播有着一点"作秀"的偏见，但在与他对话后，我已经完全消除了这种偏见，并且支持他的工作，因为他可以忽视所有反对的声音，去做一件无愧于本心、传递正能量的事情，我也被他的执着与善良所打动。我相信在将来，"直播＋公益"将成为一种新型的、可以普及的公益传播方式，让公益活动获得更多关注、更高信任。

三、直播运营人员访谈实录

（一）直播运营人员 1

被访者：某网络直播公司远营人员
访谈时间：2019 年 10 月 8 日
访谈时长：1.5 小时

访谈人：很高兴您能接受我们的采访，不知道您是否方便透露下您的姓名和年龄呢？

被访人：我姓方，具体就不说了吧，年龄你猜猜？

访谈人：三十？

被访人：要真是三十就好啦，我都快四十了。

访谈人：那可真是看不出来，您是一直在这里工作吗？

被访人：不是，做的一直是招聘这一行，但之前在另一家单位，这两年才刚转过来。

访谈人：是之前的单位不好吗？怎么会想来做主播公司的人事？

被访人：没有没有，首先是想换换环境，原来担任 HR 的时候一直是做传统企业的校招和招聘会这块，感觉挺无聊的，但是自己毕竟是 HR 的身份，所以还是想把自己的专业技能和经验运用起来，就还是想做招聘这类的工作，后来通过了解网络主播的招聘工作和其他传统企业相比还是蛮有特色的，另外这两年网络主播那么火，顺便紧跟潮流，时代所需嘛。

访谈人：那您平时岂不是可以接触到很多主播？

被访人：也不能说很多吧，主要还是招聘时候会见见。发发工资、传递消息什么的，现在都可以网上操作。

访谈人：这样啊，那能不能说说招聘时候的一些经历或者要求？说不定有人就会想来应聘呢。

被访人：希望多点人来吧。主播这个行业还是蛮特殊的，说门槛低吧，竞争也激烈。比如女生，这里我们还是要会把眼光首先放到那些颜值高的女生，但话说回来和传统企业有的有明确要求比如四六级或者 985、211 之类的不同，有些人你看起来好像普普通通没什么出彩的地方，简历也平平淡淡，但是一张口我们就能看（听）出来这个人以后肯定能火。就比如××，你看她长得不怎样，可就是当了一姐，还是口才呀。

访谈人：这样看起来还真是每个人都有可能成为主播呢。

被访人：可以这么说，不过也不准确。比如就我们现在来说，找主播主要找这几类，首先就是好看的女孩子，这类人首先很多，不是开玩笑哦，相比于那些直播质量很高单凭一张嘴的主播来说，她们已经算是很好找了，毕竟还有化妆和美颜呢对吧，哈哈哈！这些人有一个好处，就是很容易吸金，说白了就是根据她的流量所获得的礼物，再直白一点就是带给公司的利润率很高（大概意思为相同流量可产生更多的利润），你明白我意思吧？比如我的一个朋友也是当主播的，情人节当晚就收到了 40 万的礼物。

访谈人：40 万人民币？

被访人：没错，我们公司刨去扣税的 40%，剩下的 24 万我们和主播四六开，也就是说她当晚就为公司带来了近 10 万的利润，而且关键是她的流量并不高，也就是说她并不是一个个例。

访谈人：那看来你们更多还是想通过这些吸金的高颜值女孩子赚钱了。

被访人：没错，但这也只是我们的一个方向之一，你说我们一个平台要是只有女孩子不就乱了吗哈哈哈哈！还是要满足不同人的胃口。

访谈人：那你们还会招聘哪些人呢？

被访人：这也就是我接下来要说的，还有一个大类就是游戏主播。游戏主播是直播行业的一个传统板块了，到现在各家的王牌主播也基本都是游戏主播，比如你看 AABB、CDD、××社，不都是游戏主播么。游戏主播这块和那种网红主播最大的区别就是，这些人能带来的流量特别大，极其大。

访谈人：极其大……是有多少啊？

被访人：这么给你说吧，现在 AABB 不说别的，光粉丝数就有 1 000 万（经核对平台粉丝数约为944.5万人次)!

访谈人:1 000万人?

被访人:没错! 粉丝数和观看人数不同,有的平台会在观看人数上给不同的主播加比例,但是粉丝数是每个ID只有关注了才增加,不是后台可以操纵的,所以就相当于有近1 000万人关注了他,这么多人你想想可以给平台带来多少流量啊。

访谈人:那这些游戏主播薪酬也不低吧……

被访人:对的,年薪少则百万多则千万,这还不算礼物的分红。不过这些大咖一般都不是我们去接触了。通常情况下都是公司的大BOSS直接去挖墙,大家为了他们真的争得头破血流,主要原因就在于他们的粉丝和其他主播的粉丝不同。他们的粉丝对于主播本身的黏性很高,而对平台的黏性很低,就比如前一阵子××跳槽,原平台本来就不大,××一走平台流量从前三直接掉出了前十,现在不及原来的十分之一。

访谈人:怪不得大家会这么看重他们呢,不过这工资也太高了吧……公司真的可以通过他们收到的礼物回本吗?

被访人:当然不会只从礼物了! 流量这么高,当然要充分利用了。比如带来的广告收入,当然了还有一点很重要,就是可以通过他们带来的流量,去带动别的主播,我们私下也会让那些大主播去带一带别的小主播,"查查房"(意指让大主播在直播时进入其他主播的直播间,从而提高其他主播的受关注度),一而再再而三地还是会有一些粉丝也开始看别的主播的直播间的,这样也好培养培养我们自己招聘的一些年轻的主播。

访谈人:所以,大主播主要就是带来流量,再通过流量培养其他的小主播。

被访人:没错,否则就大材小用,资源浪费了对不对,哈哈哈!

访谈人:看来主播行业的招聘和传统模式差别还真是很大啊。

被访人:对呀,所以说还是很有挑战性的! 比如我现在就很头痛招新主播的问题。

访谈人:现在公司人不够吗? 怎么还希望多点人呢?

被访人:不是人不够,是有名气的、够红的不多,多招点人广撒网嘛。而且主播这行业大家都知道,更新换代得不要太快,一不小心就过气。

访谈人:对哦,真的感觉有时候常能听到的主播,怎么说凉就凉了呢?

被访人:主要有两个方面的原因,首先就是,直播行业现在还好,之前实在是太乱了,有些主播火到一定地步就开始有些膨胀,比如单方面撕毁合同跳槽、私下聚集粉丝聚会(上千人的大型聚会),甚至宣传毒品什么之类的都有,后来终于开始整治了直播行业,好多主播比如原来很火的 AAB,直接就凉了,那些单方面撕毁合同跳槽的主播也基本上了国家失信名单,所以蛋糕大了还是需要管理,这些人凉了也是好事,否则就太乱了。

访谈人:这样呀,我说当时他们怎么说消失就消失了呢,不过整治确实是好事。

被访人:对的呀,不过也不是所有的主播因为这些原因丢了热度,比如还有一个重要原因,有些直播板块的热度下降也会导致有些主播的热度下降,尤其是在游戏板块,比如之前很长一段时间×××游戏很火爆,它的板块也就特别热,当时的大主播也基本都是×××板块的主播,后来×××热度没这么高了,××又火了起来,有些机智的主播看到后马上改了直播内容,从×××主播直接变成了××主播,而有的主播不知道是因为钟爱×××游戏,还是没有意识到这样的问题,紧接着热度就下降了,久而久之造成粉丝大量流失,即使回过来直播热度高的游戏也基本没人看了。

访谈人:这样呀……那现在有没有哪些新型的直播板块呢,能不能具体举个例子?

被访人:让我想想……就说吃播吧,你有看过吗,就那种专门直播给人看吃东西的。

访谈人:看过一两个,吃饭时候看到,感觉挺热闹。

被访人:热闹就对了,就是要这个效果。一般吃播面试的话,就是让他们当场表现一下,吃什么,怎么吃,吃多少,都有讲究。而且也不能一味光吃不跟人互动对吧,那还得看他们的互动能力好不好。总之也挺复杂的。

访谈人:听出来了,听得我都头晕。

被访人:哈哈,不要紧,反正你也不做这一行对吧。其实吃播还真挺难的,容易胖不说,吃多了还会吐。

访谈人:好惨啊,这对胃也很伤。

被访人:嗯对,做主播的多多少少都会有点毛病。

访谈人:真的辛苦啊,那他们的工作环境好吗? 工作内容没办法改,环境总能提升一下吧?

被访人:这我具体的也不太清楚。但应该就是按一般标准来的吧,看着还行,都有布置什么的。当然,做得好的那些肯定环境会给他提一提。福利还是有的。

访谈人:看着还行,您平时是会在他们直播的时候去围观吗?

被访人:围观不行的,公司规定了不行。我就有时候也会自己上他们直播间看看,有的还蛮有意思的。

访谈人:那您平时看哪类直播比较多呢?

被访人:什么都有吧,没什么偏好。游戏不怎么看,毕竟不懂。要说多的话,购物开箱之类的。

访谈人:那我跟您倒是差不多,每次看开箱都控制不住自己想买的手。

被访人:是的是的,也不知道那些主播怎么弄的,就让人特别想买。

访谈人:那也是他们吃饭的本事,不厉害点可不行。据您所知,他们的收入高吗? 感觉我看见的直播都是打赏一条接一条的那种。

被访人:那你看的是首页推荐吧。那种越火越往上推的打赏当然多了,一般的小主播其实收入很一般的,不比别的行业好多少。

访谈人:那看来我得多自己搜索搜索,全面关注一下。时间差不多了,感谢您能答应我们的采访。

被访人:不客气应该的,也希望能对你们的研究有所帮助吧。

(二)直播运营人员 2

被访者:某网络直播公司运营人员

访谈时间:2019 年 11 月 23 日

访谈时长:2 小时

访谈人:真不好意思啊,这么晚了还要打扰您。

被访人:这没关系的,因为白天有的时候会比较忙,不太好接受采访,就只能定在这个时间段上。你们不也是等了这么久。

访谈人:哈哈哈,我刚才在等的时候大概在旁边看了看,在主播直播的前期,您好像会做一些就是类似内容对接方面的工作是吧?

被访人:是的,因为主播其实不是他一个人在工作,我们相当于是一个团队在完成一个事情,主播作为台前,我们就是幕后。不仅要关注到他直播过程中的表现、问题、粉丝这边的情况,当然还要在下播之后总结,然后激励主播策划新的直播内容出来。算是一个统筹的角色吧,但是可能会做得更细一点。

访谈人:我一直以为这些都是主播自己的事……

被访人:那工作量就太大了,很多主播一天纯直播就要直播七八个小时,如果再抽出时间考虑这些问题的话都不用睡觉了哈哈哈。

访谈人:也是,那除此之外,您的工作还包括什么呢?

被访人:我们管理的话可能不止一个主播,只要是我们的主播,他们创造出来的内容我们都需要负责,而且其实对我们来说,我们对主播就只能通过各种各样的形式给予他们帮助和激励,并不是说完全代替他们去做内容生产。像很多类别的主播,比如说美妆啥的,哈哈哈哈,你说我也不了解对吧?

访谈人:是。那您平常会看直播吗?通常都是哪些类型的主播啊?

被访人:看看别家的主播吧,算是一种借鉴学习?什么类型都会看,因为我个人管理的主播也涉及美妆、才艺、游戏各个类别的嘛。

访谈人:那你在观看时的侧重点主要是什么,别人的直播内容?

被访人:是的,除了这个,看看最近直播间里面在流行什么东西,然后看看什么类型的主播会更加受到粉丝朋友们的喜欢,他们的直播有什么新加入的有趣的环节可以借鉴的。

访谈人:除了这些之外呢?

被访人:然后的话,大概一周就要对所有负责的主播进行一个数据统计,比如说什么粉丝量、打赏量、互动量什么的,整理收集这些东西,然后向上汇报。

访谈人:也就是说你们其实对主播的相关数据是有一定要求的是吗?

被访人:这肯定的啊。没有要求的话,我们这些人总不能喝西北风去啊。他们的相关数据就等同于我们的收入啊。

访谈人:那主播打赏也不完全归他一个人啊。

被访人:对,我们的工作就是协助他们……我们的存在就是为了他们有更好的发展,更高的收入。毕竟很多主播其实本来不是做这一行的,是我们通过各种调查了解挖掘出来的潜力股,然后公司利用人力和物力的各种资源让他们成为真正的主播。

访谈人:嗯,在招聘挖掘的时候有没有什么标准啊?

被访人:有很多的,现实一点的话要看脸。吃这一碗饭,肯定要对颜值设置一个门槛的,毕竟现在是一个看脸的社会嘛。除了这个条件以外,我可能会比较关注他本人对主播这个行业的态度和看法。然后就是看这个人的表现力吧。在镜头前会不会表现,敢不敢勇于展现自己,有没有什么才艺吧。这些就是硬性的条例,有很多人在你跟他接触交流的时候就能够知道他适不适合做一行了。现在我慢慢工作时间长了,挑人的时候可能就会凭感觉了。

访谈人:您有大概了解过这些做主播的人原来都是干什么的吗?

被访人:了解过一些吧,有很多关系好的主播,在跟我们聊天的时候就会讲到很多原来的事情,但是有的可能会闭口不提,当然这种情况下,我们也不会去逼问人家的,毕竟是人家的隐私嘛。

访谈人:您所知道的都有做什么的啊?

被访人:有的就是学生兼职,时间比较富裕的;还有的本来可能是无业游民然后觉得这一行门槛比较低吧,就来尝试做做,没想到做得还可以就继续了。

访谈人:那有没有那种就是您想不到会来做主播的这种?

被访人:有,我们这边有个小姑娘,家里挺有钱的。大概有钱的那种程度就是,不好好学习就要去继承家里产业的那种哈哈,没想到她居然来做了主播。刚开始来的时候,我就问她为什么想要来做这一行,她也是还小,就想尝个新鲜劲。我当时不太能理解哈,我就问她她爸妈怎么看的,她告诉我说,她爸妈觉得她反正还小嘛,想做就去试试呗,反正热乎劲儿过去了,如果太辛苦她也肯定不会坚持下来的,到时候就知道自己该干吗了。

访谈人:那这种家长还是挺开放的。

被访人:还不是家里没什么压力,如果她家庭条件很一般,要靠这个来维持生计的话,做父母的八成都是不同意的吧。

访谈人:也是,您刚才说有学生兼职的啊?我还一直以为能签约的主播几乎都是全职的呢。

被访人:也有兼职的,兼职的大半还是学生。毕竟时间多啊,其他工作哪儿有那么轻松,下了班还有精力搞这个。

访谈人:那您这边兼职和全职比例大概有多少您知道吗?

被访人:这个我还真不大清楚,因为总的数据我们很少能够接触得到,我们每个运营人员的话最主要还是负责自己手底下管理的这些个主播。按我这边儿来看吧,1 比 5?公司的话可能会再少一点儿,很多运营手底下都没有兼职的。

访谈人:您大概做这一行多久了?

被访人:我想想啊,差不多……到今年年底整 3 年了。

访谈人:那应该算是比较有经验的运营了。这么算下来的话,你差不多就是在 2016 年加入的这个行业对吧。我看网上都把 2016 年称作直播元年呢。

被访人:是的,2016 年七八月份的时候来的。

访谈人:那您从一个直播行业的鼎盛时期做起,然后到现在直播行业好像进入了一个不温不火的阶段。您自己心态上会有什么变化吗?

被访人:肯定有的,当年跳槽选择干这一行,就是因为感觉好像发展前景还不错,也没想到这么快就不太行了。

访谈人:不太行的意思是?

被访人:嗯……从我个人的角度就是工资比预想中的是有一定差距的。从主播那边看的话,就是她们的粉丝量啊,能维持住现有的人群就已经很不错了。

访谈人:是啊,网友新鲜劲都过去了嘛,2016 年我大一的时候,我手机里还有好多看直播的软件呢,后来觉得没意思了就卸载了,像我这种用户应该不在少数。那您当时是怎么接触到这个行业的啊?

被访人:最开始的接触其实也是作为一个直播软件的用户,然后关注了几个自己感兴趣的主播。就挺好奇的吧,因为我原来学的东西跟媒体是挂一点儿勾的,然后我就想自己尝试做做主播,看看能不能做出什么东西来,但是做了一阵子粉丝量挺不乐观的,可能是因为我长得不够帅吧哈哈哈,但是我还是对这些运营什么的挺感兴趣的,就想着能不能尝试转作幕后,这才在网上关注到现在的这个公司然后跳的槽。

访谈人:跳槽之前您觉得这个行业是什么样子啊?

被访人:当时觉得挺有意思的,感觉钱好像来得挺容易也挺快的,还能跟小网红接触,觉得挺兴奋的。

访谈人:那来了之后心态有什么变化吗?

被访人:太有了!每个行业都很不容易吧,所有的事情都不像外表看上去的那么简单。就是有的工作可能辛苦能够被大家看得到,但是主播就要用光鲜亮丽的外表去掩盖自己辛苦的那部分。

访谈人:是,工作了这么久,现在您会不会对网络直播或者网络主播有着别样的理解?

被访人:在我的眼里,网络主播就是一个普通的职业吧。网络直播就是他们挣钱的方式和手段,他们的工作实际上像是明星和博主的结合体,但是他们更直接,直接地面对粉丝进行才艺表演、技能展示或者是其他的。工作关系,我私下和主播们接触是很多的,他们很多人可能就是稍微有点儿才艺、长得好看点儿的普通人而已。

访谈人:听起来好像和任何一个行业都差不多,那您了解过大众对网络主播的评价吗?

被访人:嗯嗯,当然了,我平时上网的时候也会去看看这些东西。

访谈人:我大概概括了一下啊,提起网络主播,人们可能最常想到的就是"低俗""没底线""天价打赏"这些负面的印象,那您如何看待社会公众对于网络主播的刻板印象的?

被访人:挺正常的吧,毕竟要不是我从事了这个行业,我可能也会这么想。网络毕竟是一个很虚拟的东西,它想让你看到什么你就只能看到什么,或者说你想看到什么,就会选择屏蔽你自己不想接受的东西。很多社会公众可能就是因为一些不太好的新闻,比如哪个主播又在直播的时候露哪儿哪儿了,说了什么过分的话,或者是哪个孩子又为了打赏主播偷了爸妈多少钱,这样的新闻太多了。

所以公众可能先入为主地先给他们贴上各种标签,于是他们就认为整个主播群体好像都是这个样子的。就像我一开始给我自己的父母来形容我的工作一样,他们会觉得你这什么工作啊,甚至夸张一点儿,他们会觉得这种工作不正经。因为他们隔了太多层东西看这个行业了。我尝试解释过,但是没用的……已经不奢求人人都去理解它了,就不要再去污名化它就好了……

访谈人:对,这其实也是我们的一个目的吧。

被访人:不仅是网络主播吧,任何一个行业都是,不要因为个别的人就否定这个群体里面的所有人吧。

访谈人:我有一点啊,特别好奇,天价打赏到底是不是真的? 有没有这种情况出现过?

被访人:有是有,但毕竟还是极少数极少数的,你说咱们大部分粉丝群体都是工薪阶层,谁能有那么多闲钱去给一个其实毫不认识的一个人啊? 就凭喜欢? 喜欢也不能当饭吃啊,大家伙还是得生活啊。都是极个别的土豪可能会偶尔大手笔地打赏几次,但是他们也不傻,还是观望的时候多过打赏的时候。

访谈人:那这些默默打赏高价的"大哥"们,你们有了解过他们的身份信息吗?

被访人:了解是了解过,毕竟我也好奇嘛。而且,出于对主播本人的各种情况考虑,我们会大致猜一猜,你有的时候需要从他们互动的言语判断他打赏的意图啊。有的人可能就是有钱通过这种方式来获取到别人的关注,顺便也是喜欢这个主播。但是有的人他就不这么想啊。俗话说无事献殷勤非奸即盗,更何况这不是什么小钱啊。

访谈人:那一般这个时候,你们都会做些什么呢?

被访人:就时刻提醒主播们保持理性吧。不要因为偶尔几次打赏就被冲昏头脑,做一些越界的事情。毕竟有些错误可以犯,再改正就好了,但是有的错误你犯下了就真的断送前程了。

访谈人:对对对! 很多被封杀的主播也都是图一时爽快了。那既然打赏大价钱的是少数,那咱们主播的真实收入一般都在一个什么样的区间范围内啊?

被访人:具体的话,我们不方便透漏太多。大概说个范围吧,正常情况也就几千块钱,能上万都是很少很少的,然后也会有不少人甚至都上不了四位数,当然这其中不排除兼职的啊,总体来说,基本上就是这么个情况。

访谈人:确实跟我想象中的不太一样。刚才说到直播中的一些乱象哈,那咱们公司有没有为了避免公司旗下主播在直播过程中发生类似的不良事件的一些条例之类的东西啊? 就是规范主播行为的一些?

被访人:肯定有的,基本上成型的直播公司都会有的。

访谈人:能具体给我们说说吗?

被访人:首先就是在筛选网络主播的时候,肯定要对这个人的人品、三观各方面进行一个判断。我们在签这个主播合约的时候里面就有一项是明令禁止的东西,一旦违约就要进行赔偿并且解约拉入主播黑名单的。举几个例子,禁止色情、血腥等违反法律的内容出现,这个肯定都知道什么意思,不要想着一脱成名或者是用过分低俗的言语和粉丝交流;第二点就是禁止过度社交,其实主播这边出的很多问题是因为主播和粉丝之间没有把握好一个界限,过分干涉了对方的私人生活;第三的话就是禁止用语言诱骗粉丝打赏,因为很多粉丝群体还是青年,对很多东西没有办法有自己的主观判断,别人说啥他就信啥,再加上有可能对主播盲目崇拜,就会做出一些不理智的打赏行为。

访谈人:那你们如何判断主播在直播过程中做出了这些违规行为呢?

被访人:直播其实是可以回看的,也就是有存档。再加上,如果你真的做了以上某些事情,有很多的粉丝是可以看到的,他们会进行一个举报和反馈,我们再针对他们的举报内容核查。

访谈人:听起来工作量好像挺大的。

被访人:对,监管这一块确实挺难的。一个人直播四五个小时,你不可能说派人把他们整场直播都盯下来,其实大部分还是粉丝这边的反馈。

访谈人:那对有些做得好的主播有没有什么奖励机制啊?

被访人:有的,有惩罚就一定要有奖励啊。对于那些表现好的主播,我们会阶段性地奖励一些奖金,要么就是可能会利用公司的人脉资源让他多上几次直播的广场的顶上被更多人看到。

访谈人:大部分人都会选择第二种吧?

被访人:是的,毕竟奖金只是眼前的一点儿小钱嘛,红了才是一个赚钱的长久之计。

访谈人:公司都是怎么捧人的啊?

被访人:公司跟一些平台有合作的,我们可以不定期地向他们推荐一些主播,然后平台会帮我们把他们推上广场。还有就是我们也会对主播的专业内容进行一定的培训,比如才艺类的主播,唱歌跳舞的,都是要不断学习才能跟得上时代潮流的。

访谈人:假如你把这一名主播捧红了,他因为自己已经积攒了足够多的人气选择跳槽到更大的公司去怎么办?

被访人:这其实也是我们一直以来担心的问题,更是公司发展过程中的一个挑战。留住人真的是很难的,毕竟我们公司的名气有限,且我们同类型的公司太多了,所以资源也是有限的,捧红了主播之后有的时候很难再往前推上一把,甚至原地踏步或者短时间内就又不红了。这个时候我们还是会挣扎一下,了解一下主播跳槽的原因,是因为发展前景问题还是说其他的,尽量把能解决的问题都解决了,然后去争取更多的资源吧。

访谈人:这么听下来,感觉运营要负责的面好广啊。大到未来发展前景,小到直播过程中的细枝末节都要涉猎。那您觉得主播和主播运营谁更辛苦一点儿?

被访人:都辛苦,因为每个人付出的点不一样,也很难去比较。

访谈人:主播具体付出在那些方面呢?

被访人:除了直播过程,要花大量的时间去固粉吧,固粉其实是一项挺艰难的工作。你可能因为很小的一个点就吸引他喜欢上你,他也同样可以因为很莫名其妙的一个点就不再关注你,人的喜好是一种很神奇的东西。他不像数据,一就是一,二就是二,这种东西说不清。你必须花心思去打动别人。

访谈人:那你们作为直播运营人员是怎么理解这些粉丝们观看直播时的心理呢?

被访人:从聊天内容里,有的时候能看出来,一些粉丝就是单纯无聊,打发时间的。比较常见的其实是,想通过互动才博取关注,或者是一种别样的陪伴吧。你不光能看到你喜欢的主播,还有一群有相似喜好的朋友们,应该是他们释放压力的一种方式吧。只要不说一些过分的话,做出一些过激行为,我其实蛮喜欢这群粉丝们的。有时候我也会去跟他们聊聊天,也算是变相地了解一下粉丝需求嘛。

访谈人:那还挺好的,我觉得你对这个行业还挺有自己的见解的,那你有没有想过未来这个行业可能会如何发展呢?

被访人:这个的话,其实我也没想过,也不好说。因为一个新兴行业的爆红实在是太不稳定了,所以未来如何发展也不是我一个运营能说清的,我就希望现在能够通过有效的管理让这个行业越来越好吧……

访谈人:嗯嗯,顺其自然也挺好的,我大概了解了。那今天就先这样吧,也挺晚的了,就不再耽误你休息的时间了。

被访人:嗯嗯好,如果你们还有什么需要,下次再联系我也成。

访谈人:好的! 今天辛苦了!

（三）直播运营人员 3

被访者： 某网络直播公司运营人员

访谈时间： 2019 年 1 月 10 日

访谈时长： 1 小时

访谈人：你好，非常感谢你今天能抽空来接受我们的采访。

被访人：不用谢，我过一会儿还有事情要处理，我们速战速决吧。

访谈人：好的，我看你的工作非常忙碌的样子，你主要是负责什么工作的呢？

被访人：我负责公司的直播运营，也有做过直播平台的管理员。

访谈人：管理员就是直播间的房管吗？

被访人：不是完全一样，直播间的管理员也分为不少类型的，主要是看他们所拥有的权限，有些直播间的管理员呢，可能只能负责一间直播间，查封里面的不良内容，封禁这一个直播间里的观众，但像我这样的，相当于超级管理员，是拥有封禁直播间的权限的。

访谈人：所有的直播间都可以进行封禁吗？

被访人：是的，只要出现了违规的不良内容，被举报或者被发现了，我们都可以对它进行处理。

访谈人：那你和主播接触的机会多吗？开个玩笑，他们会不会见到你就想溜？

被访人：哈哈哈，这倒不会啦，公司里的主播我们对他们都是有明确的规范的，只要他们不违规，就不会有什么问题，我们私下交流啊公司团建什么的也是挺开心的。

访谈人：团建？方便透露一下你们公司大约是个什么样的内部构成吗？

被访人：我们公司有招募部、运营部、行政部和客服部等等，分工还是挺明确的，因为我们不是大的直播公司嘛，所以每个部门的人员不算特别多，管理起来也比较方便。

访谈人：那你们公司的主播多吗？一般是什么直播类型的？

被访人：签约的？签约兼职的挺多，有三四百人，每天几乎都在公司的直播间里直播的有二十个左右。各种直播类型都会涉及一点，以游戏主播和唱歌舞蹈才艺类为主，因为本身这两个类型在直播类型里占比也是相对比较大的，基数大。

访谈人：他们的收入水平怎么样？

被访人:兼职主播的收入还是看他们的直播时长和礼物打赏,一般都是由直播平台直接分成发放的,我们这边的工资不固定。全职主播是有基本工资保底的,也是根据他们获得的成绩来看,有好几个档次。

访谈人:方便透露一下你们这里全职主播的保底工资有多少吗?

被访人:一般都有三四千元,主播更多还是靠打赏收益吃饭的,真正的头部主播也不会看得上这些基本工资了。

访谈人:公司的主播们平时工作辛苦吗?

被访人:辛苦啊,当然辛苦,在我们公司的主播都是全职主播了,就这么一个饭碗,要赚钱,要人气,得从早播到晚的。每天都窝在一个不大的直播间里直播,一坐好几个小时,甚至十几个小时,真的不容易。

访谈人:他们的直播环境或者说是工作环境怎么样?

被访人:公司给他们提供的环境肯定是正规、干净、整洁的,设备也很齐全,和家里做直播比起来各有利弊吧。家里的话可能给他们感觉会更自由、更舒适、更放得开、更豁得出去,但是我们这里强调的就是一个制度化的管理。

访谈人:有时候太放得开反而容易出事吧。

被访人:对,就是这个意思,在我们公司直播间的主播都很有分寸的,不会来事儿。

访谈人:你们招收主播的标准是什么呢? 找那种不会来事儿的?

被访人:颜值、才艺、特长、性格,综合考量吧,会来事儿的那种也不太能要,如果能压下去还好,压不下去我们也管不来,要不起的。

访谈人:向你们公司递交简历的,大多是什么样的人?

被访人:还真的各种各样的都有,有完全没有工作经验的学生,也有工作了好几年然后离职的那种所谓的社会人士,五花八门,没有什么经验的年轻人相对来说肯定是更多一些的。

访谈人:像这种完全没有经验的年轻人,你们会招收他们吗?

被访人:看具体情况,优秀的、合适的就会。

访谈人:那你们公司肯定还要对他们进行培养。

被访人:是的。

访谈人:我一直对主播的培养推广很好奇,因为我们都知道现在这个时代就是一个造星的时代嘛,很多艺人、主播,都是靠包装,公司给他们立好人设什么的,你们也是这样吗? 对于主播你们是怎么包装推广的呢?

被访人:你是指把新人主播捧红吗?

访谈人:对。

被访人：我们会向直播平台那边争取一些推广位，找团队对新人主播进行一些包装啊。但其实，一方面靠我们捧，另一方面还得看主播个人到底争不争气，或者说是讨不讨喜，能不能圈粉，具不具备圈粉的能力。如果一个主播他怎么捧都捧不起来的话，公司也不会去浪费这个资源，网上也经常说，强捧遭天谴嘛。

访谈人：对于新人主播，公司会去挖掘他们的潜力吗？

被访人：这是当然，我们会培养他们的各种技能的，包括一些直播技巧，帮助他们设计适合他们的路线，也就是和艺人包装那种很像，只不过可能和那些大的经纪公司相比，相对没有那么专业，毕竟行业内部还是有差距的。

访谈人：现在也有很多主播出了名之后会进军娱乐圈哎，你们公司有这样的吗？

被访人：我们会给他们接拍一点合作视频、vlog和网剧，但真的进军娱乐圈的是没有的，娱乐圈的门槛也不是那么低的。

访谈人：能接到合作和网剧的，都是公司里发展比较好的主播了吧，一般这种情况下，他们会不会想要跳槽到更大的直播公司？你会怎么留住他们呢？

被访人：我们给他们的条件肯定是优厚的，他们也要有一个自己的考量。他们去了更大的直播公司，可能只是凤尾，好的推广机会都被大主播拿走了，但是如果留在我们公司，他们就是鸡头，有更多的推广机会啊，对于主播来说曝光率是非常重要的，大部分人都是宁当鸡头不当凤尾的。

访谈人：那就你个人而言，会去观看一些直播吗？

被访人：当然会啦，做这一行嘛，得先了解，才能去做的。

访谈人：你会比较喜欢看哪一类型的直播呢？

被访人：我会比较倾向于看游戏直播，一方面是我也喜欢打游戏，另一方面是确实游戏直播里的主播质量会比较高，哪怕你不玩这个游戏，你去看，都会觉得很有趣。

访谈人：我有了解过游戏直播，很多游戏主播确实技术很好，还很有人格魅力。

被访人：对，其实主播的人格魅力也很重要，性格不好的，我们做直播这一行的也不怎么待见的，而且那种性格不好的主播，容易有黑料，之后万一犯了事情，都会被翻出来说的。还有那种人品不好，但是装得很好，早期黑料全被挖出来，口嗨什么的，最后弄得人设崩塌，粉丝、平台和他个人都受影响，而且很多东西是洗不白的，哪怕是直播平台的一哥一姐，出了原则性的问题，舆论也压不下去了，被平台封杀，人气流失了，这性质很严重，很可能就再也没法上播，有这种先例的。

访谈人:你之前说你们公司的主播都不怎么会来事儿。

被访人:对。

访谈人:那你们是怎么对他们的行为做出规范的?

被访人:我们公司是有一套比较完整的奖惩机制的,奖励的话,奖金、推广,惩罚就是减薪、封禁、开除等等。

访谈人:你们在进行这类直播管理过程中,会遇到什么问题吗?

被访人:一般问题都是由粉丝引起的。我之前查封过一个主播,那个主播呢,违反了规定,但是他很会卖惨,之前立的人设也是那种阳光单纯大男孩的类型,粉丝就觉得是我们太上纲上线了,还会说到什么阴谋论,比如有竞争关系的主播恶意拉踩,这种情况不太好处理,因为有些粉丝他们就是盲目的,但你不能因为可能会失去这些粉丝,就放弃你制定的规则。

访谈人:对于粉丝,你们这些直播管理人员怎么看待呢?

被访人:具体是哪一方面?

访谈人:比如你觉得他们观看直播时的心理是什么? 为什么会给主播们打赏?

被访人:很多种吧,陪伴,共鸣,能满足他们的某种愿望或者幻想吧,他们高兴,他们喜欢这个主播,觉得他们可爱、讨喜、厉害或者和他们有话讲,那就愿意掏钱啊,主播和粉丝在直播过程中各取所需。

访谈人:公司有尝试联系过某些主播的铁杆粉丝吗?

被访人:我们公司是不希望主播和某些粉丝交往过密的,很多主播都是年纪轻的小姑娘,没什么定力,和粉丝如果交往过密,容易出问题的。我们很担心主播和粉丝的关系会越界,毕竟我们做这一行的,更希望直播它是一个正经的行业,而不是说,主播就是被粉丝金主包养出来的,这很不好。铁杆粉丝的话我们确实会比较关注,给他们定期发放一些粉丝福利,签名、交流机会这一类,但我们真的坚决反对主播和粉丝私交。

访谈人:那你认为,你们公司当下面临的最大问题是什么呢? 有什么未来的发展规划?

被访人:公司当然是想发展得越来越好,在众多的直播公司当中脱颖而出,但真的很难。直播行业发展得太迅猛了,我们也就是在里面大浪淘沙,主播更迭也是很快的,我们的问题就在于怎么维持住现有的热度,再通过正当途径去提升这个热度。

附录七 网络直播文化消费调研日记

一、被污名化的网络主播

（一）调研背景

一直以来，"网络主播"在大众的印象里，甚至在社会和媒体舆论中，都并非一个积极或者正面的词语。一提及"网络主播"，总是会有对他们来说不太客观的论调出现，有些人甚至会将"网络主播"一词与卖色相、锥子脸、低俗、不务正业、不正当等联系起来。网络主播被污名化的事件已屡见不鲜，但是真正的网络主播究竟是什么样子的，本篇调研日记，聚焦被污名化的网络主播，探索其真正的直播状态。

（二）调研概况

调研时间：2018 年 8 月 19 日
调研目的：了解被污名化的网络主播真正的直播状态
调研平台：YY 直播
直播类型：秀场直播

被访主播是一个才艺主播，平时在直播间中一般会唱歌跳舞，拥有了不少的粉丝。但是，就算主播只唱自己的歌、只跳自己的舞，仍有不少观看的粉丝通过粗鄙的弹幕行为对主播构成"污名信息"。如主播跳完一支舞，在电脑屏幕前更换下一首舞曲的背景音乐时，会下意识地把手捂在胸前，以防造成不必要的"直播事故"，但这时有些粉丝则会发布一些带有性侮辱的弹幕，如"把你的手拿开"，而笙儿对于这类弹幕往往是视而不见，她们只是在直播间继续进行直播。

这些不雅观的弹幕使得直播尤其是主播被污名化，让人们对直播产生了误解，正如花椒大主播周鸿祎所说："弄得直播行业就像是做夜总会的一样，很多主播在歧视下抬不起头来。"

然而,其实很多平台都对主播的行为和着装规范作出了明确的规定,如女主播的服装不能过透过露,并且设置了专门管制视频的部门,以保证直播间的"绿色直播"。

在现在全民直播的时代里,总有些网络主播被很随意地贴上污名化的标签,然而,这些网络主播在直播间所做的,只是安分地进行自己的直播而已,对于这种随意贴上污名化标签的行为,网民们应拒绝盲目跟风,而用自己的双眼去理性判断。

(三) 调研感悟

在现在的社会里,我们需要承认的是,总是会有一些人戴着有色眼镜去评判网络主播。这一切"刻板印象"都要归咎于直播行业刚刚发展时候的乱象,以及大众传媒在新闻报道中的舆论导向。

实际上,直播行业在近几年发展的过程中,已经在向不同的领域慢慢地扩展,这意味着网络主播的身份变得更加多元化。无论是网红主播,还是普通素人主播,他们不再是大众印象中的靠"颜值""脸蛋"去卖弄风情,他们开始传播知识和技能,他们展示日常生活的点滴,他们甚至只是面对镜头闲聊,他们只是直播平台的"数字劳动者"。

因此,在如今"全民直播"的时代,我们要对"我以为"的刻板印象说"不!"用自己的双眼去理性思考。

二、不同平台粉丝打赏情况

(一) 调研背景

在如今网络发达的时代,网络直播成了人们日常娱乐的一种方式。网络直播的产业链上,粉丝打赏已成为常态,而不同平台的粉丝打赏情况是有差异的,本次调研以粉丝的打赏为主题,分析不同平台的粉丝打赏情况。

(二) 调研概况

调研时间:2018 年 4 月 1 日—2018 年 4 月 30 日
调研目的:了解不同平台粉丝打赏情况
调研平台:斗鱼直播、熊猫直播、哔哩哔哩、虎牙直播

（三）直播平台

1. 斗鱼直播

调研时间：2018 年 4 月 1 日

调研平台：斗鱼直播

直播类型：游戏直播

《绝地求生》是一款战术竞技型射击类沙盒游戏。该游戏中，玩家需要在游戏地图上收集各种资源，并在不断缩小的安全区域内对抗其他玩家，让自己生存到最后。

在这次直播过程中，因为该游戏需要高度的专注力，主播与粉丝们并没有过多的交流，仅是在击败其他玩家、成功"吃到鸡"，即得到最终胜利的时候疯狂大笑。与此同时，直播间内的粉丝们也会以不停发弹幕直到达成刷屏效果，并通过给主播送礼物的方式来表达激动之情，而主播也会给粉丝们发红包来表达喜悦和感谢。

直播间内的礼物，实际上是对主播的打赏，是他们收入的主要来源。在斗鱼，礼物的价值从一元、六元、一百元、五百元到两千元不等。打赏最多的前三位观众会在直播界面右侧突出显示，这其实是一种对粉丝的激励手段。但平台的营销手段是他们的生存方式，我们作为观众还是应该量力而行，理性消费。

在直播屏幕下方，还有一个针对游戏内容的竞猜板块，这种带有些许赌博心态的方式亦是平台营利手段的一种。

不过值得注意的是，不论是主播在直播过程中有意或无意的言语，还是观众们发送的弹幕评论，都存在许多低俗化的内容，例如粗话、脏话等。观看游戏直播的，不仅有成年人，还有许多的青年，但不管对哪个年龄层次的人来讲，这样的内容都是有负面影响的，直播平台应对此种情况出台一定的限制措施。

2. 熊猫直播

调研时间：2018 年 4 月 12 日

调研平台：熊猫直播

直播类型：户外直播

这次户外直播的内容是主播请他的俄罗斯朋友全家吃中餐，友人脸上的笑容直接地传达出了他们的愉悦之情。我是在吃晚饭的时候看到的这次直播，看着屏幕中的饭局,我的食欲也好了很多。不仅是因为俄罗斯友人享受美食的表情,还因为他们的高颜值,难怪古人说"秀色可餐"。他们使用俄语进行交流,虽然听不懂,但还是能感觉出他们之间的关系亲密。

不同于斗鱼平台上人民币与虚拟货币1:1的充值率,熊猫直播平台上的充值率是1:10,但相同的是可打赏的礼物金额(指虚拟货币)也从一元、五元、十元、一百九十九元、九千九百九十九元到两万九千九百九十九元不等。

在直播屏幕右侧有赛手信息和粉丝车位两个板块,分别显示了主播的受欢迎程度与粉丝贡献的排行榜。万变不离其宗,无论直播平台的营销形式和手段怎么变化,其最终目的都是诱导观众消费,从而实现营利。我们身为网民能做的就是端正自身心态,不冲动消费,不消费上瘾,合理的消费能使人心情愉悦,过度的消费则会让人事后感到后悔。

3. 哔哩哔哩

调研时间:2018 年 4 月 22 日
调研平台:哔哩哔哩
直播类型:购物直播

哔哩哔哩(bilibili)现为国内领先的年轻人文化社区,该网站于 2009 年 6 月 26 日创建,被粉丝们亲切地称为"B 站"。

B 站的特色是悬浮于视频上方的实时评论功能,爱好者称其为"弹幕",这种独特的视频体验让基于互联网的弹幕能够超越时空限制,构建出一种奇妙的共时性的关系,形成一种虚拟的部落式观影氛围,让 B 站成为极具互动分享和二次创造的文化社区。

哔哩哔哩直播是 bilibili 弹幕网顺应直播发展潮流,推出的国内首家关注 ACG 直播的互动平台。其内容有趣、活动丰富、玩法多样。

我观看的此次直播的主题是包包大种草。主播在这次直播时一共介绍了十二款不同手包,分别从尺寸、颜色、功能等角度向观众展示了每个手包的特点。无论是直播时,还是直播结束后,都有许多观众向主播询问价格多少,如何购买。我看的时候也很心动,可惜贫穷。由此可见,购物类主播的主要收入来源除了平台分成以外,还有为观众代购商品时赚取的中间差价。

哔哩哔哩是一个综合性的直播平台,金仓鼠是 bilibili 直播的通用货币,主播可在直播中通过用户使用金瓜子投喂的道具获得金仓鼠。金仓鼠和人民币的兑换比例为 1 000:1 100 元以上可提现。因此,虽然给主播送礼物时显示的金额或许有些吓人,但其实并不可怕,花费大小(指人民币)从一位数到四位数不等。

在直播屏幕的右侧,有五个排行榜,大致可以分为两个类别,主播的受欢迎程度与自己身为粉丝对主播的贡献度。

4. 虎牙直播

调研时间:2018 年 4 月 28 日
调研平台:虎牙直播
直播类型:户外直播

不同于上次的吃播,这次户外直播的内容是山林探险,体验农家乐。这是一次群体直播,主播和他的朋友们抓野鸡、挖竹笋、做竹筏,处处透露着生活的乐趣,十分的吸引人。现在的人大都身处都市,因此对山野有一种天然的向往之情,主播正是抓住了这一特点,吸引了大批的观众。同时,主播与朋友间的自然相处,都会让观众产生亲近感。

虎牙平台上有两种虚拟货币,金豆和银豆,其充值汇率分别是 1∶1 000 和 1∶10 000,礼物的价值从最便宜的一毛到最贵的五千不等。

粉丝贡献榜依旧位于直播屏幕右侧,分为一周贡献和实时贡献两种,不仅列出了前三名,还以颜色来划分贡献等级。

(四) 调研感悟

如今,粉丝打赏越来越成为直播间互动的一种主流,不同平台所给予的充值政策有所差异,但是,不管形式怎么变化,给网络主播送礼物这一最终目的并没有发生改变。由于为主播充值得越多,他在直播间的"身份"便越"尊贵",于是便有了那些花费巨额给主播刷礼物的粉丝,有些人甚至在违法的边缘试探,如镇江某房地产公司的会计王某,曾经疯狂挪用公款在直播间打赏,曾一次性打赏 200 个女主播,个别女主播最多被打赏超过 160 万元。在刷礼物的过程中,我们必须注意根据自身的实际情况进行打赏,切莫为了满足自己的"炫富"心理而盲目充值。同时,主播不应该无底线地"忽悠"粉丝给自己送礼,而是让粉丝在送礼时考虑自身的经济状况,保留自己做主播的人格底线。

三、粉丝与主播间的互动文化

(一)调研背景

在直播间里,粉丝与主播之间的互动,成为直播间的主要内容。本篇调研日记以斗鱼直播平台为例,解析粉丝与主播之间的互动文化。

(二)调研概况

调研时间:2018 年 5 月 15 日
调研目的:了解粉丝与主播间的互动文化
调研平台:斗鱼直播
直播类型:游戏直播

一开始了解被访主播是在自己玩一款叫作《绝地求生》的游戏的时候,大家一般习惯把它叫作"吃鸡",因为自己刚刚入了《绝地求生》的坑,想要提高一下自己玩这个游戏的技术,所以就去斗鱼上看主播的视频,希望从中学到一些"吃鸡"的小技巧。当时看到被访主播的直播间观看人数达到了 100 多万,心里还是有些震惊的,出于好奇,我也进入了被访主播的直播间进行观看。

被访主播今年 23 岁,作为"新青年",她的直播过程还是比较有趣的,这应该也是她拥有 700 多万粉丝的原因。被访主播拥有自己的粉丝 QQ 群,加入了她的粉丝群之后,每次她直播的时候,群里的管理员都会@全体成员,告诉大家,被访主播开播了。

被访主播一般是每天的 18:00 左右开始直播,在直播的一开始,她会在直播间里聊粉丝投稿的各种话题,并一一进行解答,向粉丝们分享自己的故事,等到 19:00 之后,被访主播便开始直播《绝地求生》这款游戏。在直播游戏的过程中,被访主播一般会选择与随机队友组成双排进行比赛,粉丝们通过"弹幕"的形式,与被访主播进行文字交流,有时候被访主播也会和粉丝一起打"水友赛",在游戏中是可以进行语音聊天的,所以粉丝们一般会很乐意和她一起玩游戏。由于该游戏赛制的限制,只可以有四名队友一起组队,因此粉丝们纷纷给被访主播刷礼物,刷礼物排行前几的人就会被被访主播"pick"。

在斗鱼平台上,只要为主播送 6 块钱的礼物,就可以获得粉丝勋章,每天坚持给喜欢的主播送礼物即可增长亲密度,亲密度增长即可提升粉丝徽章等级,等级越高,特权越大。另外,如果你在斗鱼平台上充钱成为"斗鱼贵族",你进入主播的直播间时,就会有横幅提示,主播看到"大佬"光临直播间,就会欢迎。感受到了主播的热情,粉丝们也就会心甘情愿地打赏主播。

"鱼乐盛典"是斗鱼举办的决出"年度巅峰主播"的全民狂欢盛典,今天是"全站争霸赛"的最后一个晚上了,成为年度十大游戏、娱乐主播,将可参加年度总决赛,所以被访主播今天早早地就开始了在直播间里的直播,呼吁粉丝们给自己打赏,帮助自己上榜。每当粉丝给被访主播送了礼物之后,被访主播总会在直播间感谢他们,粉丝感受到了被访主播的"谢意",又会给被访主播送礼物,帮助被访主播入围年度十大游戏主播。

为了回馈粉丝送给自己礼物,被访主播也会在直播间设置"抽奖"的环节,奖励有现金红包、游戏皮肤等等,但是抽奖的资格是有限制的,这些人必须是关注了被访主播、给被访主播刷了规定数量的"幸运水晶"(直播间的一种礼物的名字)或者其他礼物的(不同的主播设置的抽奖条件不一样)。另外,主播也会在QQ群中发红包、与粉丝聊天,给粉丝动力与支持,让粉丝们继续为她们冲榜。粉丝送的礼物多了,主播自然就记住了这些粉丝,在平时的直播中就会刻意关注。

粉丝们给主播刷了礼物,这些主播们需要完成一定的任务才能收到奖励。如,斗鱼中推出了一种"酬勤"的打赏方式,类似于虚拟货币。通过在斗鱼直播,可以获得酬勤。酬勤分为初级、中级和高级三个等级,每个等级的支付金额和对主播的月直播时长的要求是不一样的。等级越高,粉丝支付的金额越高,主播在这一个月内要进行直播的小时数也就越高,所以一般主播都会计算自己的直播时长,来保证自己在这个月里能够拿到酬勤奖励。

为了维持住自己的粉丝数量,被访主播除了直播之外,还会在斗鱼平台中发布自己的动态,同时,也会做一些小视频,让粉丝能够非直播时间段内看到自己的"痕迹",从而增强粉丝的黏性。

(三) 调研感悟

直播间的方式,可以使粉丝和主播之间及时互动交流,粉丝们感受到了主播的热情,会愿意花时间去观看喜欢的主播的直播,并且打赏他们,来获得心理上的满足;而主播收到礼物之后,也会采取抽奖、发红包之类的方式来回馈粉丝,实现双方物质、精神上的沟通。这便是我观察到的粉丝与主播的互动文化。

四、揭秘游戏主播的直播状态

(一) 调研背景

在新媒体时代,各种游戏开始火爆起来,人们只需要下载这些游戏,配上一部手机,或者一台电脑,便可以在游戏的世界里尽情遨游。游戏主播便应运而生。

这篇调研报告聚焦游戏主播,以斗鱼和虎牙直播平台为例,揭秘游戏主播的直播状态。

(二) 调研概况

调研时间:2018 年 12 月 1 日—12 月 5 日
调研目的:了解游戏主播的直播状态
调研平台:斗鱼直播、虎牙直播
直播类型:游戏直播

(三) 调研平台

1. 斗鱼直播

调研时间:2018 年 12 月 1 日
调研平台:斗鱼直播
观看方式:手机

本次线上调研内容是大型 MOBA 竞技类游戏——《英雄联盟》(简称 LOL),英雄联盟有上百个不同个性的英雄,并且拥有排位系统、符文系统、匹配系统等多个有趣的系统,也是目前为止中国影响力最大的一款游戏,形成了自己独特的电子竞技文化。在之前,英雄联盟已经作为运动项目登上了亚运会的舞台,中国也拿了冠军。

本次调研平台是斗鱼,斗鱼是目前为止比较好的平台之一,多次举办大型斗鱼嘉年华,培养了形形色色的主播,采用手机观看的方式,有横屏和竖屏两种模式,竖屏观看窗口较小,又有几个板块聊天、主播、排行榜、贵族、直播,分别对应与主播互动聊天,主播介绍,观众送礼物的排名,金主的进驻以及过往直播内容,等等。横屏观看时则精简了很多,还可以发弹幕与主播进行互动。

本次调研时长一个小时左右,在此过程中,主播在打游戏的过程中时常与观众进行互动,增加关注度,以及举办抽奖活动来炒热度。与朋友进行双排的过程中还时不时有说脏话的行为,在平常有的主播直播过程中还会开启竞猜模式,有赌博成分在其中,这些对于青年来说,影响极其恶劣。包括之前的斗鱼大神卢本伟,教唆粉丝骂人被封杀,这在本质上还需要网络平台进行监管。

斗鱼中金额兑换礼物相当于七成的比例,比如,6块钱相当于4.2鱼翅,而最贵的道具盛典超级火箭需要2 000鱼翅,也就相当于2 857元人民币。

2. 虎牙直播

调研时间: 2018年12月5日

调研平台: 虎牙直播

观看方式: 电脑

《王者荣耀》是腾讯公司开发的一款运行在安卓、ios平台上的MOBA类手机游戏,自2015年公测,玩法与《英雄联盟》极其相似。

虎牙直播平台是以游戏直播为主营业务的弹幕式直播互动平台,虎牙直播以游戏直播为主,涵盖娱乐、综艺、教育、户外、体育等多种直播内容。截至2018年第一季度,虎牙直播拥有约9 290万月平均访问用户,移动月平均访问用户约为4 150万,日人均观看时长达135分钟。

本次调研观看形式采用的是电脑观看。可以看到,电脑观看比手机观看多了很多板块和元素。上面可以更好地找到你想要看的内容,更加方便,下方则开启了比赛竞猜、礼物赠送等内容,礼物分层价值不限,右边则可以更方便地与主播互动,弹幕开启和关闭,更方便你与其他观众的交流。

主播是一名职业选手,本次直播内容是他与自己战队成员一起打训练赛。职业选手相比于业余游戏玩家来说,因为其华丽的操作,超人的手速,对于观众而言更具有吸引力。所以在中午饭点的时候,人气热度达到了117万多人。在其标题栏也写的是"输送500"即输一把送五百块人民币,这也有一定的吸引作用。在直播过程中,主播也时不时与观众互动,在他讲到一些好玩的地方时,还有助手专门在一旁放哈哈大笑的音频,调动气氛。往往这类职业选手对于直播有着天然的优势,所以大的直播平台公司也会经常在不违反原则的情况下去与职业选手达成协议、签合同,满足双方利益。

(四) 调研感悟

在线上调研期间,我发现观看游戏的观众相比下较多,而且吸引的"金主"也较多,有的金主往往一掷千金打赏一些主播,对于金钱毫不吝啬。直播的类型还有很多,存在的问题也很多,这就需要我们去进行研究,努力解决问题。

五、解析斗鱼直播平台的优势

(一) 调研背景

对于直播,我自从有了手机就开始关注,第一个使用的直播 APP 我清晰地记得是龙珠 TV,刚开始仅仅是关注一些自己所玩游戏的主播,后来慢慢开始看一些职业电竞比赛,渐渐地我被一些主播的直播风格和精湛的技术所吸引,即使没有经济实力来刷礼物,也会点下关注,发发弹幕,做一些不用花钱的事情来支持下自己所喜欢的主播。后来,在高考完的暑假开始接触斗鱼、虎牙、熊猫这几个比较知名的直播平台,这几个平台现在属于中国直播行业的龙头。这三个平台属于综合类直播平台,各种类型的直播内容都有,所以给观众的选择更多。随着斗鱼的正式上市,其资金更加雄厚,从其他平台不惜重金挖来各种直播领域的大主播,他们的粉丝也跟着主播来到了新的平台,斗鱼花重金买来的不是一个人,而是一群人,一群潜在的"客户"!

到了大学,晚上上床后没事就看看斗鱼直播,从之前的只看游戏主播,到现在渐渐地喜欢看一些户外主播和娱乐主播。既然我在斗鱼看直播看得比较多,而且最近斗鱼正在搞一年一度的"年度鱼乐盛典",这篇调研日记我就从最近的年度盛典出发,来聊聊我对斗鱼这个平台和主播的一些看法。

(二) 调研概况

调研时间:2018 年 11 月 1 日—11 月 30 日
调研目的:分析斗鱼相较于其他直播平台的优势
调研平台:斗鱼直播

首先,斗鱼 TV 的前身为 ACFUN 生放送直播,于 2014 年 1 月 1 日起正式更名为斗鱼 TV,在今年获得腾讯的独家投资并赴美上市。可以说现在的直播领域,斗鱼算是第一,应该没有哪个平台的实力可以与斗鱼相比。斗鱼走的是一条直播多元化,内容精品化的道路,其直播内容涵盖游戏、娱乐、综艺、体育、户外等多种直播内容,所以其用户量也是最大的。

最终在删手机软件时只留下斗鱼,有很大一部分原因是因为其内容全面,各个领域都有一些比较知名的优秀的主播，可以满足我用一个应用就可以在不同情况下看不同类型的主播这一需求。我相信大多数选择斗鱼的人都有这种想法。

　　进入斗鱼的页面，你可以清楚分辨出哪个是大主播，哪些是小主播，因为斗鱼在每个直播间都会显示实时热度[热度＝用户数（历史场次用户数、当前用户数、贵族在线）＋收益（历史场次收益、当前收益）＋弹幕（区分不同等级用户的弹幕）＋内容质量（90秒留存、观看时长、分享转发数量、关注数量、搜索量等）＋互动（抽奖、充能、连麦、鱼吧发帖等）＋开播情况（直播时长、直播有效天数）＋视频（主播上传视频条数、视频播放次数等）＋历史收益、历史有效人数、历史鱼吧发帖等，加上各种实时热度得出房间总热度，从高到低排序]，热度越高，说明这个主播越受欢迎。斗鱼的礼物分为免费礼物和付费礼物，免费的礼物也可以增加直播间的热度，付费的礼物从几角钱到几十万人民币不等，其中开通皇帝需要人民币12万元。当然，花了这么多钱，肯定是有回报的，最大的回报可能就是这些用户每进入一个直播间，所有的主播都会欢迎"某某皇帝"的到来，然后就是对"皇帝"一波吹嘘，希望"皇帝"能够再刷些小礼物再离开。"皇帝"之下，还有"国王""公爵""伯爵""骑士"等头衔。也正是因为这些头衔，粉丝们无形中在斗鱼也有了像主播们那样的等级。

　　最近一个月，斗鱼都在搞年度盛典，从最开始的分区争霸赛，到后来的全站赛，再到最后的巅峰主播争霸赛，前前后后持续了将近两个月，这种比赛的形式也是五花八门，什么争夺小时榜后有 buff 加成，然后还有几个主播组成战队进行比赛，但不论比赛形式是什么样的，其本质就是刷礼物，只要你钱够多就无所畏惧，之前的分区赛，像户外板块，娱乐版块竞争比较激烈，如果主播想从自己的分区脱颖而出，至少得刷出200～300万人民币的礼物，成为分区冠军后，就要开始全站十大主播和年度最佳主播的争夺了，而在昨天年度最佳主播的争夺中，最终旭旭宝宝获得年度冠军的称号，而获得这个称号，他收到了人民币价值2 000万的礼物，直播间热度曾一度达到2.9亿，这打破了斗鱼的纪录，使得斗鱼的服务器一度瘫痪，成为名副其实的"斗鱼一哥"而第二名乡乡九户外收到了500＋万的礼物，说实话，看那些人刷礼物真的很过瘾，然后就和室友开玩笑说，××什么时候也给我点几发超火？再开通个皇帝？

　　仔细观察，你会发现这2 000万的礼物大部分出自某个人或某几个人，这几个人也就是人们口中的大哥，而这些大哥有些是主播的自己公司的，有的是主播自己的小号，那么就有一个问题为什么主播要自己拿出那么多钱来送礼物，他明知道即使是自己给自己刷礼物也会损失将近一半的钱，但他还要自己刷，而且还刷那么多,这到底是为什么呢? 我是这么觉得:主播这么做一定是算过一笔账,这么刷,自己必须是稳赚不赔的,那么问题就来了,亏得这些钱谁来补贴给主播呢? 在这背后一定是平台和主播间有一定的协议,平台这么做无非就是为了捧红某位主播,抬高他的身价,这正符合现在大多数大的直播平台的战略——艺人经济,这些平台通过一些手段来捧红一些主播,当这些主播在这个平台的热度降低后,将其交易到其他平台,来赚取高额的转平台的费用;并且,当一个主播身价变高,影响力变大,直播平台就可以通过安排更多的线下活动来赚钱,比如冯提莫就是一个很好的例子,当年的斗鱼一姐,在 2018 年开始进入娱乐圈,参加各种综艺节目的录制以及一些影视片的拍摄,她就是斗鱼很成功的一个例子!

(三) 调研感悟

在我看来,目前斗鱼是做得最好的直播平台,首先,他的直播种类很多,从游戏到娱乐主播再到户外、美食主播等,而且每个分区都有一些很优秀的主播,发展很平衡,不论什么样的观众都可以找到自己喜欢的主播;其次,斗鱼在监管这块还是做得比较好的,每个直播间都有属于自己的超管,一旦发现直播内容有问题,立马会将直播间封掉。如果某个主播的行为有损国家形象,不积极健康向上,即使是再大的主播,斗鱼也会对其进行永久封杀。除了以上两点,斗鱼在优胜劣汰这点做的也算可以,他通过一些激励措施和一些比赛来促使主播提高直播内容的质量,如果主播一直停滞不前,那么他一定会被淘汰,这对观众的观看体验来说,是一件好事。

六、剖析才艺主播的直播状态

(一) 调研背景

本周挑选了几个具有代表性的直播平台进行了线上调研。分别是一直播、虎牙直播和映客直播这三个平台。首先,这几个平台都覆盖了 iPhone、Android、Apple Watch、Ipad 等各种设备。用户都能够拿出手机,下载映客直播,通过几个简单操作步骤就能够开启直播。但不同的是,映客平台崇尚极简主义;虎牙主推游戏,并从游戏出发带动平台的其他业务拓展;一直播与新浪微博达成直播战略合作伙伴,虽然平台很年轻,却有大量的名人使用。本篇线上调研日记着重于对“一直播”平台上的一位才艺主播的观察展开分析。

（二）调研概况

调研时间:2018 年 12 月 13 日—12 月 20 日
调研目的:了解才艺主播的直播状态
调研平台:一直播
直播类型:秀场直播
主播名称:程程 CHA

首先说起调研平台。既然"一直播"同微博关联在一起,所以很多主播会通过微博话题来对自己的直播进行宣传推广。同时,微博用户可以通过"一直播"在微博上直接发起直播。用户不仅可以通过一直播这个 APP 对直播进行观看,还可以用微博平台观看直播。微博上的各类明星本身可以为一直播平台带来流量,这种绑定和关联,"一直播"更加凸显了直播的便利性。

比较几个才艺主播,能够发现通常在秀场中人气较高,能在同类型主播中脱颖而出的主播,通常都会拥有以下几个特点。第一、颜值过人。第二、才艺超群。第三、性格平和近人。在以下文章中会进行具体分析。

直播时长:该主播通常每天直播时长长达 8 到 9 个小时,最基本直播时间在下午三点到六七点和晚上十点十一点到一两点,一般情况下,周日休息停播一天。

直播界面的分布:首先,用户会进入直播广场。其中布满了大大小小的直播间入口,单单就是一张精心挑选的照片和几个关键词构成。此时此刻,用户看的时候首先会对自己感兴趣的门类,也就是关键词进行一个筛选,在这之后就是拼颜值的时刻。爱美之心人皆有之,大家都会更倾向于进入一个长得好看的主播的直播间去。一进入直播界面,首先占据视觉中心的一定是直播本人,这非常符合一直播平台的宣传口号"举起手机你就是焦点。"等到你观看直播时间达到几分钟之后,就会在屏幕下方自动弹出推荐关注主播的消息。所有主播的直播界面都是相同的,在左上角是主播身份及认证,下方则是主播收益的金币数额,点开这个金币数额可以看到主播月收入榜的排名。而在界面右上角的是正在观看直播的用户头像,一般情况下在这个直播间贡献评论和打赏最多的在场榜上有排名的人头像更加靠前,能够被所有人看到。一直播界面上独特设置了一个"PK 荣耀榜"。该功能是两个主播进行随机匹配连麦之后,对连麦时间段内的两个主播直播时的人气、评论、打赏等各个互动环节进行比拼后选出胜利一方。

直播互动:同类型的主播人数过多,竞争压力也大。唱歌是最简单的才艺展示了,在观众心里各个主播的歌唱能力一定有个高低之分的。这时候,同一首歌你能比其他主播唱的更胜一筹,无疑是非常吸粉的。另外,稍微专业一点儿的主播会配置一套专业的直播设备,例如话筒、控制台和电脑连接。直播事业刚起步的主播则是选用最简单的耳机和话筒。相比之下,有专业设备的主播间氛围更好,在整个直播过程铺满音乐并且以各种音效辅助配合,缓解互动时只有自己说话的尴尬。

直播刚开播时,主播通常会用聊天的形式热场,对各位粉丝朋友们进行欢迎。除了粉丝,直播间还有固定的管理人员对评论区的言论进行审核,当然还有粉丝自发地对主播看不到的新进来的用户表示欢迎。偶尔评论区有不当言论时,通常容易引发骂战。此时,主播会及时地引导粉丝,避免粉丝们做出不理智的行为。才艺表演通常都会有固定的时间点,通过直播间的热度和粉丝流量可以发现在才艺表演之前直播间内人数会突然增多。相应地送礼物和评论的人也随之增多。通常能够得到主播单独互动的粉丝都是在主播开播以来,不论是评论、打赏做过很大贡献的粉丝。但是有很多新的粉丝也会提出各式各样的互动要求,比如点歌。粉丝点了一首主播不会唱的歌,这时候,平易近人的主播的处理方式就会更加吸粉。他们会许诺粉丝,自己直播下线后对这首歌曲进行学习。并且欢迎她明天同一时间点再来点这首歌,就可以唱给她听。或者,他们会将歌曲播放出来给粉丝听,自己会一点儿就跟着哼哼一点儿,尽可能地满足粉丝要求。

(三) 调研感悟

当今的"全民直播"的环境,看似对主播的门槛较低,甚至可以说是没有门槛,但其实越没有门槛,越难把这件事情做好。活跃在大众视野范围内的主播其实就总是那么几个,并且他们的背后都是经纪公司或者一个大的团队在运作的。虽说,直播好像是一个造梦平台一样,但不是所有主播都是像新闻里写的那样"月薪百万"似的光鲜亮丽。更多地是努力在屏幕前展示出自己最好的一面,去努力迎合受众。对于粉丝来说,不要一味地将自己的想象的人设架在主播身上,毕竟他们也是最普普通通的一个群体。每个人都会有优缺点的,因为被喜爱,才会变得好像与众不同。不要因为喜爱做出一些不理智的事情,比如在自己无法承受范围之内的打赏或者是因为主播去做一些不符合道德伦理的事情。主播和粉丝之间最好的关系应当是互相激励,共同进步。

七、直播间外的泯然众人

（一）调研背景

网络主播，究竟离我们多远？这是困扰很多人的一个问题。通过直播间的弹幕，你们可以即时互动，这时你们很近；而这种互动又是隔着屏幕，你不清楚此时的你们隔着几条大海河流，这时你们很远。网络直播，把五湖四海的人聚集在了一起，发挥着自己独特的作用。

倘若抛开主播的身份，你会发现，这些网络主播走出直播间，也是普普通通的人。也许，在下一个转角，你遇到的那一个，也是一名网络主播。

本篇调研日记聚焦身边的一个主播，解析她在直播间外的生存状态。

（二）调研概况

调研时间: 2018 年 7 月 25 日
调研目的: 了解主播在直播间外的生存状态
调研平台: 哔哩哔哩
直播类型: 生活类直播
主播名称: 空心的团之酱

身边的同学中，有一位是做网络主播的，她平时在直播间主要是和粉丝们聊聊一天的生活，有时候唱唱歌，和粉丝们分享自己在生活中遇到的有趣的事，现在拥有 8 000 左右的粉丝量。这位同学的 B 站 ID 是"空心的团之酱"（以下简称为团团），她一开始是在 B 站做小视频的，这便给她做直播积累了一定的粉丝基础。所以在团团直播的时候，直播间的观看人数并不是很少。她是从 2016.7.4 号开始投的稿，为什么想要做 up 主呢？因为她超级喜欢同是做视频的"桐琦荣二"还有"hajime 虾饺"，B 站比较符她的设定，所以她就开始在 B 站投稿原创视频，一开始她会模仿自己喜欢的大大的风格，后来就形成了自己的风格。到了17 年，她在做视频的同时，也会在直播间进行直播。

她选择做直播，首先是出于兴趣，她很乐意和大家分享自己在生活中的点滴。

"虽然播放量只有几百，但我这种小透明看到了有弹幕或者评论就超开心，有了关注自己的人简直想写一万字的感谢信。"——团团之前在做视频的时候,有很多粉丝的评论,但是她不能每条都及时回复她们,而直播刚好可以满足这种即时互动的需求。比如,当团团向粉丝们分享了一个生活小妙招时,她可以在线和粉丝描述该怎么进行操作,帮助粉丝实时解决操作过程中遇到的困难等等,达到随时互动的效果。

那些在直播间光鲜亮丽的主播,谁又能想到,她们就是在平时生活中和你嬉笑打闹的好友。你们一起上课,当回答不出老师提问的问题时她们也会紧张;你们一起吃饭,当学习了一天感到饥饿时她们也会大吃大喝;你们一起看电影,当看到恐怖紧张的情节时她也会感到害怕……直播间外,她们也和普通人一样。

(三)调研感悟

网络主播,在大众的印象里,似乎离自己有些遥远,然而,倘若我们细细品味,便会发现网络主播的另一面。就是这样一个普普通通的团团,在直播间活出了自己的态度,因为喜欢,所以坚持。网络主播并不是那么遥不可及,当你走近了他们的生活,你会发现,他们只是你我身边的普通人,只不过他借助网络直播平台来追求自己的梦想。走出直播间,他们也泯然众人矣。

八、直播间正能量的崛起

(一)调研背景

直播作为新时代的一种新的传播形式,呈现出爆炸性发展的态势,但也正是因为"新",导致该行业的繁华与乱象并生,拼颜值、秀下限,甚至打法律的擦边球,这样一种几乎与"低俗"画等号的眼球经济,即使一时喧哗,却难掩被时代摒弃的重重危机。

但同时我们也应该看到,直播因为极强的互动性和现场感,受到年轻人的喜爱和追捧,如果通过社会各方的积极规范和引导,让直播给年轻受众们带来更多积极的影响,未尝不是一件好事。因此,我们不可否认直播过程所带来的积极影响。

值得庆幸的是,乱象中不乏清流,正能量的种子正在直播行业内生根抽芽。本篇调研日记聚焦于 YY 平台的正能量直播,探索直播间正能量的崛起。

(二)调研概况

调研时间:2018 年 6 月 8 日

调研目的:了解直播间正能量的崛起
调研平台:YY 直播
直播类型:正能量直播
主播名称:赵广军

在图书馆学习了一整天之后,晚上 8 点,我回到宿舍,打开了 YY 直播,想要寻求一些放松,这时候,一个叫做"生命热线"的直播间吸引了我的注意,点进去一看,发现这是 YY 平台上的一个替人解惑的心理类正能量直播。

在直播的类型中,秀场直播、游戏直播等屡见不鲜,但是这类公益直播却很少看见,这便吸引了我的兴趣,我便进行了深入的观察。

主播名叫赵广军,他是 YY 平台上的一名主播,与平台上大多数年轻的主播不同,他属于 70 后,而 YY 直播并没有拒绝这类主播,而是为赵广军开放了"生命热线"的平台,让他通过直播的形式,用自己的实际行动来传递正能量!

之前,赵广军是一名全国道德楷模,他拥有着十多年志愿者服务的经验,在 2004 年,他自费开通"生命热线",专门为生活中遭遇不幸和承受压力的人减压。在他多年的工作中,他帮助了很多偏离生命轨道的青年重新走上了光明之路。2017 年 3 月,赵广军来到了 YY 平台,开启了自己的直播间,让"生命热线"延续其"听你诉说,为你解惑"的路线,在每周一到周五晚 20:00—22:00 之间,赵广军都会在每期邀请一位心理类、公益类的嘉宾,分享故事与案例,同时在直播现场接听观众的来电,倾听他们的诉说,让他们解开心头的困惑。通过"生命热线",坚持"用心灵影响心灵,用生命挽救生命",赵广军和他的团队成功地挽救了多名轻生者,使那些游走在生命边缘的心灵重新获得追求梦想的勇气。

赵广军的直播,不专注于粉丝打赏,于他而言,他只是在做他想做的事。就是这样一种正能量的举动,让多少个彷徨者在这个喧嚣的社会中拥有了一个倾诉的渠道。

现在互联网上有各种各样的直播,不乏有直播才艺的、直播游戏的等等,而我认为这种公益的正能量直播是我们当今这个社会有需要的、必不可少的一种直播类型,它更多地传播了一种正能量,一种文化素养。放大了说,现今,我们应该考虑的,是我们的社会需要什么。缩小到一个直播间里,我们需要的,正是这种不断向人们传递正能量的直播。

在如今直播内容众多的时代里,我们应该鼓励这类正能量直播,对当今乱象丛生的直播间进行监管。对于伤害民族感情行为:零容忍,斗鱼主播"陈一发儿"因调侃南京大屠杀被封杀的事件还历历在目;对于为博眼球没有底线行为:零容忍,对于"直播造人""换衣服忘记关摄像头"这些行为必须严格封禁,这种人的成功是对所有通过努力慢慢前行之人的侮辱;对于开挂等违禁行为:以合理过渡的方式处理,最终彻底消除所有开挂行为,"卢本伟"开挂"打脸"事件已成为人们言语间的笑料……

直播间正能量的崛起已成为必然之势,而这"正能量"能传播得多远、多久,那就需要全社会的共同努力。

(三) 调研感悟

在网络直播的时代,直播的类型不断丰富,直播间的内容不再局限于秀场直播、游戏直播等,正能量的直播类型如今也已掀起了一股热流。多个直播平台分别推出"直播+公益"的形式。如斗鱼在平台中加入"正能量"的栏目分类,传播社会上的正能量;"六间房"带着主播去敬老院慰问老人;龙珠直播推出"阳光龙珠"的栏目分类,宣扬公益的力量……

在当前的直播行业中,有很多传播正能量的主播,他们有的致力于弘扬传统文化,有的热心环保公益,甚至有的投身乡村扶贫……这些正能量方向,除了平台的引导之外,还有主播的自发行为,传播了正能量。

当然了,没有规矩不成方圆,仅靠个体的自觉去扭转行业的野蛮生长有些不切实际,只有直播平台的严格管理和政府层面的监管同时发力,才能让行业的发展更规范,而规范方能更红火、更长久。平台推出了一种"超管"的职业,超管会随时监控各个直播间,一看到有涉及与社会主义核心价值观不符合的直播,就会封禁该主播的直播间。

近两年,监管部门层层深入,频出重拳,从实名制到"黑名单",多个"直播监管令"相继发出。如今,面对日益成熟的直播市场,监管这个"紧箍咒"还应继续加紧,不仅要解决政府监管主体权责不明的问题,避免多头监管、无效监管,同时也要颁布相关法律法规积极引导各直播平台走向传播正能量的正途。

同时,随着行业的不断成熟和政府监管力度的持续加大,网络直播行业的游戏规则正在悄然发生变化,单纯依靠低俗和同质化的直播赚取流量的路子已被封死。直播平台也愈发明晰自身的监管职责,并通过对主播们的积极引导,来凸显直播的社会价值和正能量。例如作为直播行业的中流砥柱之一,虎牙直播这两年来一直积极倡导"绿色直播",号召主播们通过直播募集课外书,为留守儿童建设图书馆,以及通过直播帮助果农解决产品滞销问题等,都展示了信念,呵护正能量的种子,遍地开花成主流。

附录八　江苏青年文化消费图鉴

一、教育学习类文化消费

图 1　传统纸质书籍的阅读感和
收藏感使其依然受到青年群体的喜爱

**图2 相比于价格较高、体积较大的实体书籍,很多青年更倾向于在学习中
选择价格低廉、方便携带的电子书刊**

图3 网络课程的出现使老师与学生之间的教学和交流跨越了时间与空间的距离

图 4　对于考研、考公、出国留学等考试,线下集训培训班是一种高效的学习方式

二、休闲娱乐类文化消费

图 5　乐于分享的青年会在读书会上与同龄人交流自己的想法

图 6　为了游戏中更加绚丽的特效和精美的皮肤，
青年会选择在网络游戏中进行充值购买

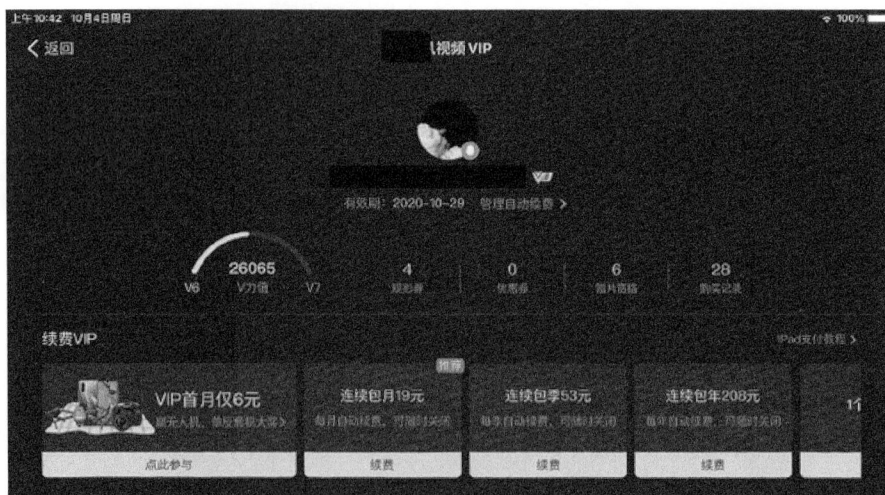

图 7　许多视频网站为自己拥有版权的影视资源观看设置了会员门槛，
而不少青年也会为了获得更好的观看体验而充值会员

图 8　手办作为影视和动漫作品的文化衍生实体物品，
受到许多青年粉丝的热爱

三、体育健身类文化消费

图 9　为了更好的运动体验，青年会选择租借设施更加完善的运动场地

图 10　青年选购名牌运动装备，可以在运动中避免受伤，
然而这也易成为青年间互相攀比的项目

图 11　健身卡消费在如今追求完美体形和健康的潮流下
已经成为了青年体育健身消费的主要形式

图 12　青年会选择体育健身课程来获得更专业的体育训练指导

四、旅游观光类文化消费

图 13　距离江苏 4 000 公里的新疆具有独特的风土人情和
自然风光,是江苏青年国内长线旅游的目的地之一

图 14　江苏青年在出境旅游的过程中感受不一样的文明

后　记

　　《江苏青年文化消费研究》的写作终于告竣,一点欣喜和轻松之余,仍感浅薄甚至拙劣,不免惴惴不安:文化建设是中国特色社会主义事业总体布局的重要组成部分。文化消费关乎大众品位与价值导向,以一己之力而言是无法窥其堂奥的。作为高校思想政治教育工作者,将青年文化消费纳入理论探索的视野,难辞其责,所以这种诚惶诚恐之心一直督责自己做最大的努力。

　　我对于青年文化消费这一问题的思考,源于 2011 年,当时刚刚从事高校共青团工作,也正值互联网特别是互动社交平台兴起之时。结合自己的工作实践,我强烈地意识到,青年对社交网站、软件、平台的需求,其实也是一种文化消费的过程。特别在利用互联网进行娱乐、交友、学习的过程,青年产生了大量的互联网络上的消费行为,自己强烈地感觉到,对新形势下的青年文化消费行为要进行理性的思考,必须将视野关注到文化消费的主体——大学生,而大学生的网络文化消费的程度与水平,则是这一课题应该关注的重点与难点。因此,将选题关注到了这一类群体消费行为,即大学生网络文化消费问题,以期通过研究获得一些方法论上的指导。2015 年,主持了江苏省高校哲学社会科学研究基金资助项目"江苏省高校学生文化消费现状及对策研究"。

　　之后,自己也发表了相关的论文,陆续主持了江苏省 2015 年度社科基金项目、江苏省教育科学"十二五"规划 2015 年度课题、江苏省现代教育技术研究2015 年度重点课题。研究的主题和关注的焦点大都集中在大学生群体的网络文化体验消费,包括该群体相关的学习行为、创新创业领域等等。但一直有个心愿,虽然从事高校共青团工作,忙忙碌碌,但自己亟待跳出所从事的具体行政工作,在大的研究框架领域来进行思考分析,对青年文化消费行为理论专门做点深入研究,当然,自己也在这些年里就资料的准备和阅读做了一些浅薄的功课,但是苦于无暇且学识有限,难以遂愿。而这期间,党的十八大报告指出,要牢牢把握扩大内需这一战略基点,加快建立扩大消费需求长效机制,扩大国内市场规模。扩大文化消费是扩大内需的重要组成部分,增加文化消费总量,提高文化消费水平,是文化产业发展的内生动力,这将文化消费提升到一个新的高度。党的十九大报告指出:"满足人民过上美好生活的新期待,必须提供丰富的精神食粮。"这就对我们推动文化事业和文化产业发展提出了时代要求,即坚持以人民为中心,坚持把社会效益放在首位、社会效益和经济效益相统一,不断满足人民日益增长的精神文化需求。这为自己着笔研究,打下了坚实的理论基础。

在整理这些年研究基础之上,2018 年申请到江苏省社科基金后期资助项目。此后准备出书的这两年,又相继申请到了 2018 年度江苏高校哲学社会科学研究重点项目"文化自信战略下的青少年文化消费研究"(课题号:2018SJZDI121)、江苏省教育科学"十三五"规划 2018 年度课题"'双一流'建设进程中的大学文化自觉与精神塑造研究"(课题号:D/2018/01/03)、2018 年度江苏共青团和青少年工作研究课题"青年网络主播群体的媒介参与研究"、2020 年度江苏省文化和旅游科研课题"非物质文化遗产传播手段创新研究"(课题号:20YB20)等。这些课题或多或少跟本书的选题密切相关:或体现宏观青年文化研究,或展现具象青年个体行为关联,或偏重于青年网络文化消费行为,或侧重于青年文化传承现状。这两年的研究过程,丰富了本书的内涵与外延,也从一个切口体现了党的十九大精神在文化领域的重要繁荣与发展。

《江苏青年文化消费报告》一书即将付梓之际,心里感慨颇多。但更多的是感恩,感谢在畅游学海的过程中有诸多良师益友的陪伴与帮助:得益于工作在全国著名的、具有百余年办学历史的南京林业大学,及其拥有的专家学者赐教,特别是王全权教授、陈相雨教授、陈元媛副研究员等的鼓舞。得益于团江苏省委社会联络部汤江林部长、江苏社科院张卫研究员、江苏省社科院张青龙研究员、南京大学余富强博士、盐城师范学院丁炫凯副研究员、南京大学中国智库研究与评价中心研究员王传奇博士、南京林业大学校友陆涛、常州大学魏锦扬老师、江苏科技大学董会老师的指导。得益于我的同事肖岩、韩艺飞,我的硕士研究生葛子豪、许佳,还有已经不在人世的汤志鹏同学的帮助。得益于调研团队中的佘予萱、陈麒福、王莹等同学的协助。得益于零点研究咨询集团、夜游人文化传播有限公司、汇星传媒有限公司、九秀传媒有限公司,以及唐斐、张嫣然、李雪慧等行业老总的相助。得益于国内外相关领导者的讲话和报告,以及很多专家学者的学术见解和研究成果。书中基本注明了来源。这些思想者和实践者的劳作使我获益匪浅。要感谢的还有很多很多,在此一并表示诚挚的谢意。因自己水平有限,书中的错误尚望方家不吝赐教。

党的十九大报告着力指出:"文化兴国运兴,文化强民族强。没有高度的文化自信,没有文化的繁荣兴盛,就没有中华民族伟大复兴。要坚持中国特色社会主义文化发展道路,激发全民族文化创新创造活力,建设社会主义文化强国。"期望能够以此研究成果进一步丰富文化消费的理论框架,助力青年问题研究贡献力量。

作者谨识